ARTILLERIE

RÈGLEMENT

SUR

LES MANŒUVRES ET LES ÉVOLUTIONS

DES BATTERIES ATTELÉES

Approuvé par le Ministre de la guerre le 12 juin 1863

V. BERGER-LEVRAULT et FILS, LIBRAIRES-ÉDITEURS

PARIS } STRASBOURG
RUE DES SAINTS-PÈRES, 8 } RUE DES JUIFS 26

1863

STRASBOURG

IMPRIMERIE DE VEUVE BERGER-LEVRAULT.

EXTRAIT

DU REGISTRE DES DÉLIBÉRATIONS

DU COMITÉ DE L'ARTILLERIE.

(Séance du 2 juin 1863.)

———

Les changements apportés au matériel de l'artillerie depuis l'adoption des bouches à feu rayées, ont nécessité la révision du Règlement du 12 mars 1836 sur les manœuvres et les évolutions des batteries attelées.

Le Comité a l'honneur de soumettre à M. le Ministre de la guerre, le travail relatif à cette révision.

Il croit devoir y joindre l'exposé de la marche qu'il a suivie, et les motifs des principales modifications qu'il a adoptées.

Le Comité, reconnaissant que les principes contenus dans le Règlement de 1836 sont bons, n'a apporté que peu de changements au mode d'exécution des mouvements. Il a tenu même à conserver, à quelques exceptions près, tous les commandements adoptés dans le Règlement de 1836, afin d'apporter le moins de perturbation possible dans les habitudes actuelles de manœuvres.

Les seules améliorations que le Comité ait jugé utile d'introduire, consistent dans un classement des mouvements plus méthodique et plus conforme à une bonne progression, et dans un remaniement du texte, ayant pour objet de le rendre plus concis, plus facile à apprendre, et plus propre à être détaillé sur le terrain.

Pour atteindre ce but, le Comité, éloigné de tout esprit d'innovation, a pensé qu'il convenait de prendre pour modèle l'ordonnance du 6 décembre 1829 sur l'Exercice et les Évolutions de la Cavalerie; cette ordonnance étant en effet en vigueur dans les régiments d'artillerie pour les instructions à pied et à cheval, il a paru qu'il y avait avantage à en suivre la méthode, et à en adopter, autant que possible, la forme et le langage pour les manœuvres et les évolutions des batteries attelées.

Le travail du Comité est divisé en trois titres, ainsi qu'il suit :

TITRE Ier. — *Bases de l'instruction.*

TITRE II. — *École du canonnier-conducteur.*
École de section.
École de batterie.

TITRE III. — *Évolutions de batteries attelées.*

TITRE Ier.

BASES DE L'INSTRUCTION.

Le Règlement de 1836 ne comporte pas, à proprement parler, de *Bases de l'instruction.*

Ce qui pourrait être compris sous ce titre se trouve disséminé, soit dans la Conduite des voitures, soit dans l'École de batterie et même dans les Évolutions.

On a cru devoir rassembler sous un titre unique ces notions éparses, et dégager ainsi le texte des différentes Écoles, de tous les détails qu'il n'y a pas lieu de donner sur le terrain, ou qui ne font point partie essentielle de la manœuvre.

TITRE II.

ÉCOLE DU CANONNIER-CONDUCTEUR.

Le Comité a donné à la Conduite des voitures le titre d'*École du canonnier-conducteur*, par analogie avec les dénominations adoptées pour l'instruction individuelle, dans les Instructions à pied et à cheval.

L'*École du canonnier-conducteur* est réduite à une seule leçon divisée en deux parties ; elle ne comprend que les mouvements strictement nécessaires ; le reste des mouvements destinés à compléter l'instruction individuelle des conducteurs est reporté à l'*École de section*.

ÉCOLE DE SECTION.

Après un mûr examen, et conformément à l'avis de la majorité des Régiments d'Artillerie, le Comité a cru devoir adopter une *École de section*. Les recrues l'exécutent sous la direction du capitaine-instructeur, immédiatement après l'*École du canonnier-conducteur*. Elle forme ainsi un intermédiaire naturel entre cette école et l'École de batterie.

Cette gradation, qui a pour avantage d'assurer l'uniformité dans l'instruction de détail, semblerait au premier abord devoir apporter quelque lenteur dans la marche de l'instruction.

Il n'en est rien cependant; on peut affirmer au contraire que pour mettre les hommes de recrue en état d'être employés utilement, il faut moins de temps en se conformant aux dispositions du Règlement proposé, qu'en suivant celles du Règlement de 1836.

Dans un cas d'urgence, en effet, tout canonnier qui a été suffisamment exercé à l'*École du canonnier-conducteur* et à l'*École de section*, peut être immédiatement utilisé dans les manœuvres d'une batterie de guerre. Or, en suivant la marche indiquée dans le projet, ce résultat peut être obtenu en 30 leçons environ, tandis qu'en se conformant aux Règlements actuellement en vigueur, la Conduite des voitures qui ne donne aux hommes aucune notion des mouvements d'ensemble, des formations en batterie, etc., comporte à elle seule 28 leçons.

ÉCOLE DE BATTERIE.

L'adoption d'une *École de section* a permis de dégager l'*École de batterie* de tout ce qui se rapporte à l'instruction de détail.

On a supprimé, en outre, toutes les formations en batteries qui comportent un doublement de voitures, en admettant ce principe, que le commandant de la manœuvre doit faire prendre à l'avance aux voitures, la disposition relative la plus avantageuse pour se mettre le plus promptement possible en batterie.

Enfin, sur les quatre changements de front qui figurent dans le Règlement de 1836, le Comité n'en a conservé que deux. Il lui a paru que ces deux changements de front et leurs symétriques étaient suffisants, et qu'il n'y avait pas lieu de pousser plus loin l'étude de mouvements dont l'utilité en campagne est contestable.

Il résulte de ces suppressions que l'*École de batterie* du projet, comparée à celle du Règlement de 1836, présente, dans son texte, une diminution notable.

APPENDICE.

L'*École de batterie* est suivie d'un *Appendice* contenant les mouvements que peut effectuer une batterie qui manœuvre sans caissons. Ces mouvements sont particulièrement applicables à l'artillerie à cheval; les 36 coups que chaque bouche à feu transporte avec elle, pouvant être le plus souvent suffisants pour appuyer les mouvements de la cavalerie, ou exécuter un coup de main.

Cet *Appendice* contient en outre certains mouvements applicables à une batterie qui marche à l'ennemi, et qui ont pour objet soit d'augmenter les intervalles entre les pièces, soit de faire prendre à l'avance aux caissons leur distance de batterie.

TITRE III.

ÉVOLUTIONS DE BATTERIES ATTELÉES.

Le Titre III comprend *les Évolutions*; cette partie du travail est, à peu de chose près, la reproduction de la partie correspondante du Règlement de 1836, sauf en ce qui concerne l'enchaînement des mouvements, lequel a dû être mis en rapport avec la progression adoptée pour l'*École de batterie*.

EN RÉSUMÉ, le travail du Comité, bien qu'il contienne certaines parties nouvelles, telles que : les *Bases de l'instruction* et l'*École de section*; comprend cependant moins de texte à apprendre que le Règlement de 1836.

Il présente de plus une progression méthodique, en rapport avec celle du Règlement sur les manœuvres à pied et à cheval. Enfin le mode de rédaction se rapproche autant que possible de celui adopté dans ce même Règlement, d'où il résulte cet avantage que l'étude du Règlement proposé est préparée et considérablement facilitée par celle du Règlement sur l'instruction à pied et à cheval, qui a dû la précéder.

En conséquence, le Comité a l'honneur de demander à M. le Ministre de prescrire que le Règlement ci-joint soit immédiatement appliqué par tous les corps de troupes de l'Artillerie.

ARTILLERIE.

RÈGLEMENT

SUR

LES MANŒUVRES ET LES ÉVOLUTIONS DES BATTERIES ATTELÉES.

TITRE PREMIER.
BASES DE L'INSTRUCTION.

ARTICLE Ier.

Formation d'un régiment d'artillerie dans l'ordre en bataille.

Les batteries attelées d'un régiment en bataille sont distinguées par la dénomination de 1re, 2e, 3e, 4e, 5e....; elles sont formées sur la même ligne, dans l'ordre de ces numéros, en commençant par la droite, à 20 mètres d'intervalle dans les RÉGIMENTS MONTÉS, et à 26 mètres dans les RÉGIMENTS A CHEVAL. [1]

---

1. Les mesures indiquées en mètres pour les intervalles et les distances expriment les espaces vides entre les éléments désignés.

1

Cet ordre des batteries dans les régiments est l'ordre primitif et habituel pour les rassemblements, revues, etc.

Dans les manœuvres, les numéros des batteries d'un régiment en bataille sont relatifs à leur position sur la ligne et variables avec cette position, mais partant toujours de la droite du front, sans qu'il y ait jamais lieu de tenir compte des inversions.

Chaque batterie de manœuvre se compose de six bouches à feu et de six caissons, et du personnel nécessaire pour servir et conduire ces douze voitures.

La batterie se divise en trois sections, distinguées par les dénominations de : section de droite, section du centre et section de gauche. Dans chaque section, les voitures sont désignées par les dénominations de : pièce et caisson de droite, pièce et caisson de gauche.

Dans les manœuvres, les dénominations des sections dans la batterie et des pièces dans la section sont relatives à leur position sur la ligne et variables avec cette position, suivant le principe admis pour la désignation des batteries dans le régiment.

DANS LES RÉGIMENTS MONTÉS, l'ordre en bataille est sur deux lignes parallèles; les bouches à feu sur leurs avant-trains, chacune suivie ou précédée de son caisson. Les pièces forment une ligne, et les caissons l'autre ligne.

La distance entre les deux lignes est de 1 mètre.

Dans chaque batterie, l'intervalle entre les files est de 10 mètres.

Chaque voiture est attelée de quatre chevaux, et conduite par deux canonniers-conducteurs.

Les canonniers-servants, au nombre de six par pièce, sont placés des deux côtés de leurs bouches à feu, face en avant, à hauteur de leurs postes (voir le Règlement sur le service des bouches à feu de campagne), ou sont montés sur les coffres.

Lorsque les servants sont montés sur les coffres, ils y sont placés dans l'ordre suivant :

	Sur l'avant-train de la pièce.	Sur l'avant-train du caisson.	Sur l'arrière-train du caisson.
A droite.	Le pointeur.	Le 1er servant de gauche.	Le 2e servant de droite (artificier, garde-coffre).
A gauche.	Le pointeur-servant.	Le 1er servant de droite.	Le 2e servant de gauche.

DANS LES RÉGIMENTS A CHEVAL, l'ordre en bataille est sur trois lignes parallèles.

Dans la formation les pièces en tête, les bouches à feu sur leurs avant-trains forment la 1re ligne; les canonniers-servants, au nombre de huit par pièce, réunis en pelotons, sur deux rangs, en arrière de leurs bouches à feu, forment la 2e ligne; chaque peloton de servants est formé dans l'ordre suivant:

PREMIER RANG.	DEUXIÈME RANG.
Premier servant de gauche.	Premier servant de droite.
Garde-chevaux.	Garde-chevaux.
Pointeur.	Pointeur-servant.
Deuxième servant de gauche.	Deuxième servant de droite (artificier, garde-coffre).

Les caissons forment la 3e ligne.

La distance entre la 1re et la 2e ligne est de 1 mètre; de même entre celle-ci et la 3e.

Dans chaque batterie, l'intervalle entre les files est de 13 mètres.

Chaque voiture est attelée de quatre chevaux, et conduite par deux canonniers-conducteurs.

Dans la formation en bataille les caissons en tête, les caissons forment la 1re ligne; les pièces forment la 2e, et les pelotons de servants la 3e.

Place des officiers et sous-officiers de l'état-major d'un régiment dans l'ordre en bataille.

Le colonel, à 25 mètres en avant du centre du régiment, ayant derrière lui le capitaine-instructeur, et derrière cet officier le brigadier-trompette.

Le lieutenant-colonel, à 4 mètres de la droite du régiment et à 12 mètres de distance en avant du front.

Les chefs d'escadrons, vis-à-vis du centre de l'intervalle des deux batteries¹ qu'ils commandent,

Le major, à 4 mètres de la gauche du régiment,

} sur l'alignement du lieutenant-colonel.

Le colonel se porte partout où sa présence est nécessaire.

Le lieutenant-colonel, partout où le colonel juge à propos de l'employer pour assurer l'ensemble des mouvements.

---

1. Dans les manœuvres, on appelle quelquefois *Division* l'ensemble des deux batteries placées sous le commandement d'un même chef d'escadrons.

Le major surveille l'alignement général de la 2e ligne de voitures, à moins que le colonel ne l'emploie autrement.

Le 1er adjudant-major, sur l'alignement de la 1re ligne, à 2 mètres de la droite du régiment. Toutes les fois qu'on marche en bataille, le guide à droite, il est chargé de.donner les points sur lesquels on doit se diriger, de surveiller les guides et la direction de la marche.

Le 2e adjudant-major, sur l'alignement de la 1re ligne, à 2 mètres de la gauche du régiment. Il est chargé des mêmes fonctions que le 1er adjudant-major, lorsqu'on marche en bataille avec le guide à gauche.

Le porte-étendard, entouré de l'escorte de l'étendard formée sur deux rangs, est placé au centre du régiment, au milieu de l'intervalle de deux batteries, sur l'alignement de la 1re ligne.

L'étendard est escorté par deux sous-officiers placés l'un à la droite, l'autre à la gauche du porte-étendard, et par trois brigadiers placés au 2e rang.

Le capitaine-trésorier, le capitaine d'habillement, l'officier adjoint au trésorier, les médecins-majors, le médecin aide-major, le vétérinaire et les aides-vétérinaires sont placés sur un rang, et dans l'ordre où ils sont ici nommés, à 25 mètres en arrière de la droite de la 1re batterie, mesure prise du derrière de la dernière ligne à la tête de leurs chevaux.

A 2 mètres à leur gauche, sont placés le chef-armurier, le chef-artificier, les sous-chefs-artificiers et les maîtres-ouvriers.

Un adjudant est placé derrière chaque chef d'escadrons, et derrière cet adjudant un trompette.

Les guides-généraux de droite et de gauche se placent à 1 mètre en arrière des adjudants-majors.[1]

Un adjudant est à la tête des trompettes, dont il dirige les mouvements.

Les trompettes, formés sur deux rangs, sont placés à 25 mètres en arrière du centre du régiment, sur l'alignement du capitaine-trésorier.

La musique, formée sur deux rangs, est placée à la gauche des trompettes.

Les trompettes d'une batterie isolée sont placés de la même manière, mais sur un rang.

Place des officiers, sous-officiers et brigadiers, dans la batterie en bataille.

Le capitaine-commandant est placé au centre de la batterie, la croupe de son cheval à 4 mètres en avant de la tête du cheval du chef de la section du centre.

Le lieutenant en premier commande la section de droite.

Le lieutenant en second commande la section de gauche.

Le troisième officier (lieutenant, ou sous-lieutenant) commande la section du centre.[2]

Chacun des chefs de section est placé au centre de sa section, sur l'alignement des conducteurs de devant de la 1re ligne de voitures.

---

1. Les guides-généraux sont deux maréchaux-des-logis choisis dans les réserves des batteries.

2. Dans les batteries sur le pied de paix, l'adjudant de batterie commande la section du centre.

Le maréchal-des-logis-chef est placé au centre de la batterie, à 2 mètres en arrière de la dernière ligne ; il remplit les fonctions de chef de la ligne des caissons.

Les six plus anciens maréchaux-des-logis sont chefs de pièce.

Les six plus anciens brigadiers sont chefs de caisson.

Les chefs de pièce ou de caisson sont placés près et à gauche du conducteur de devant de leur voiture.

Lorsque la batterie manœuvre isolément, le capitaine-commandant est accompagné d'un trompette, qui se place à 1 mètre derrière lui.

Composition de la réserve de la batterie.

Le capitaine en second commande la réserve de la batterie. Il a sous ses ordres : l'adjudant de batterie, les 7e et 8e maréchaux-des-logis, le maréchal-des-logis-fourrier, le brigadier-fourrier, les six derniers brigadiers, les ouvriers en fer et en bois, les bourreliers, les maréchaux-ferrants, un trompette. La réserve se compose en outre des canonniers-servants et canonniers-conducteurs montés et non montés, des chevaux et des voitures qui ne font pas partie de la batterie de manœuvre ou de combat.

Disposition particulière pour les revues et inspections.

Dans une revue ou inspection, le lieutenant-colonel et le major se rapprochent de la 1re ligne et se placent sur l'alignement des chefs de section.

Les chefs d'escadrons se placent sur le même alignement, à 3 mètres de la droite des batteries qu'ils commandent.

Les capitaines-commandants se placent à la droite du chef de la section du centre de leur batterie.

Les capitaines en second, lorsqu'ils assistent aux revues et inspections, se placent au centre de la ligne des caissons de la batterie de manœuvre, sur l'alignement des conducteurs de devant.

Les adjudants qui accompagnent les chefs d'escadrons se placent à 3 mètres de la droite des 1re, 3e, 5e, etc., batteries, sur l'alignement des conducteurs de devant de la ligne des caissons.

Les trompettes placés derrière les chefs d'escadrons rejoignent les trompettes.

Les trompettes et les musiciens, formés sur deux rangs, sont placés sur l'alignement de la 1re ligne de voitures, de manière que leur gauche soit à 10 mètres de la droite de la 1re batterie.

Les trompettes d'une batterie isolée sont placés à 4 mètres de la droite de leur batterie, et formés sur un rang.

DANS LES RÉGIMENTS MONTÉS et DANS LES RÉGIMENTS A CHEVAL, la formation est sur trois lignes : la 1re ligne est formée des bouches à feu ; la 2e ligne est formée des canonniers-servants réunis en pelotons, sur deux rangs, à 6 mètres en arrière de la volée des pièces ; la 3e ligne est formée des caissons, à 15 mètres en arrière de la volée des pièces.

DANS LES RÉGIMENTS MONTÉS, chaque peloton de servants est formé dans l'ordre suivant :

PREMIER RANG.	DEUXIÈME RANG.
Premier servant de gauche.	Premier servant de droite.
Pointeur.	Pointeur-servant.
Deuxième servant de gauche.	Deuxième servant de droite (artificier, garde-coffre).

Le colonel, après avoir fait mettre le sabre à la main[1] et commandé l'alignement, ordonne aux trompettes de sonner, se porte vivement au-devant de la personne à qui on rend les honneurs, salue du sabre et reste à portée de recevoir ses ordres.

En l'accompagnant dans sa revue, il lui cède toujours le côté de la troupe.

Lorsque la personne à qui on rend les honneurs passe entre les lignes, ou derrière la 3e ligne, les officiers font *demi-tour à gauche*, et se portent ensuite droit devant eux.

Les officiers supérieurs, les adjudants-majors, les capitaines-commandants et les chefs de section s'arrêtent à hauteur de la volée des pièces : le lieutenant-colonel, à la gauche du 1er chef d'escadrons ; le 1er chef d'escadrons, à la gauche du 1er adjudant-major ; le major, à la droite du 2e adjudant-major ; les capitaines-commandants, à la gauche des chefs des sections du centre. Les capitaines en second ne font *demi-tour à gauche* que lorsque la personne qui passe la revue passe derrière la 3e ligne ; leur demi-tour exécuté, ils se portent en avant, et s'arrêtent à hauteur des roues de derrière des caissons.

L'inspection finie, tous les officiers se remettent

---

1. Dans les régiments montés, les servants sont au port d'armes, la baïonnette au canon.

face en tête par un *demi-tour à droite*, et reprennent leurs places de bataille.

Rassemblement d'un régiment avec ses pièces.

Le *boute-selle* et le *boute-charge* ayant été sonnés; les chevaux étant sellés, harnachés, chargés et bridés, on sonne *à cheval*.

A la sonnerie *à cheval*, chaque batterie est rassemblée sur une seule ligne, à proximité de son casernement.

Les canonniers-servants sont placés à la droite, et réunis sur deux rangs, par pelotons contenant chacun les servants d'une pièce, dans l'ordre suivant:

Régiments montés.

PREMIER RANG.	DEUXIÈME RANG.
Premier servant de gauche.	Premier servant de droite.
Pointeur.	Pointeur-servant.
Deuxième servant de gauche.	Deuxième servant de droite (artificier).

Régiments à cheval.

PREMIER RANG.	DEUXIÈME RANG.
Premier servant de gauche.	Premier servant de droite.
Garde-chevaux.	Garde-chevaux.
Pointeur.	Pointeur-servant.
Deuxième servant de gauche.	Deuxième servant de droite (artificier).

L'intervalle entre les pelotons est de 1 mètre.

Les canonniers-conducteurs, avec leurs attelages formés sur un seul rang, sont placés à 2 mètres de la gauche des pelotons de servants, et dans l'ordre suivant :

Attelage de la 1re pièce,

Attelage du 1er caisson,

Attelage de la 2e pièce,

Attelage du 2e caisson,

et ainsi de suite jusqu'aux chevaux du 6e caisson, l'attelage de chaque caisson étant placé immédiatement après celui de sa pièce. Dans chaque attelage, les chevaux de derrière sont à la gauche des chevaux de devant.

Les chefs de caisson sont placés sur le rang des canonniers-conducteurs, près et à gauche du conducteur de devant de leur caisson.

Lorsque la disposition du terrain ne permet pas de rassembler chaque batterie sur une seule ligne, chacune d'elles est formée sur deux lignes. Les canonniers-servants occupent la 1re ligne, et les canonniers-conducteurs la 2e.

Les appels sont faits, les inspections passées et les rapports rendus, comme il est prescrit pour les rassemblements du régiment à cheval. (Voir les Bases de l'instruction du Règlement sur l'instruction à pied et à cheval.)

Le lieutenant-colonel ayant reçu les différents rapports, et s'étant assuré que toutes les inspections ont été passées, donne ses ordres à l'officier supérieur de semaine pour faire sonner l'*assemblée* et réunir le régiment au parc.

A la sonnerie de l'*assemblée*, dans chaque batterie, le chef de la 1re section, ayant sous ses ordres les chefs des 1re, 3e et 5e pièces (un chef de pièce par section), prend le commandement des canonniers-servants.

Les chefs des 2e et 3e sections, ayant sous leurs ordres les chefs des 2e, 4e et 6e pièces, prennent le commandement des canonniers-conducteurs.

Les chefs de section et les chefs de pièce se placent au centre de la fraction de troupe qu'ils commandent, la croupe de leurs chevaux à 1 mètre en avant du 1er rang.

Le chef de la ligne des caissons se place sur l'alignement des chefs de section, à 2 mètres de la gauche de la batterie.

Les capitaines-commandants conduisent leurs batteries au parc, en les faisant marcher par le flanc.

Après la réunion du régiment au parc, le lieutenant-colonel en passe l'inspection; et à l'arrivée du colonel, il lui fait son rapport et prend ses ordres.

La troupe d'escorte de l'étendard est formée, et l'étendard est reçu, comme il est prescrit pour les rassemblements du régiment à cheval. (Voir les Bases de l'instruction du Règlement sur l'instruction à pied et à cheval.)

Lorsque l'effectif des batteries d'un régiment ne permet pas à chacune d'elles de fournir le personnel, en hommes et en chevaux, nécessaire pour servir et atteler une batterie de manœuvre, l'adjudant-major de semaine, à la sonnerie de l'*assemblée*, forme successivement chaque batterie de manœuvre par pièce et par section, en donnant à chacune d'elles son complet en personnel. Dès qu'une batterie de manœuvre est rassemblée, il en remet le commandement au capitaine désigné d'avance à cet effet, lequel la conduit au parc.

Dans les camps et aux armées, en cas d'alerte ou de surprise, à la sonnerie *à cheval*, ou à la sonnerie de la *générale* répétée par tous les trompettes, comme il s'agit de se mettre sous les armes le plus tôt possible, les chevaux sont sellés, harnachés, chargés et bridés avec la plus grande célérité; chaque homme se rend isolément au parc, les pelotons de servants se forment à proximité de leurs pièces, et les conducteurs attèlent de suite leurs voitures. Dès qu'une batterie est attelée, le plus ancien des officiers présents en prend le commandement, et la conduit rapidement, soit à son poste de combat, soit au lieu du rassemblement, lesquels sont toujours déterminés d'avance.

ARTICLE II.

Formation d'un régiment dans l'ordre en colonne.

L'ordre en colonne est de trois espèces : par pièces, par sections, par batteries. Ces trois espèces d'ordre en colonne sont encore dénommées : ordre en colonne de route, ordre en colonne avec distance, ordre en colonne serrée.[1]

Dans ces trois espèces d'ordre en colonne, les batteries conservent entre elles une distance égale à la moitié de leur intervalle dans l'ordre de bataille :

1. Une quatrième espèce d'ordre en colonne est l'ordre par demi-batteries; mais il n'est jamais employé en manœuvres, et n'est usité par exception que pour défiler.

10 mètres pour les RÉGIMENTS MONTÉS, 13 mètres pour les RÉGIMENTS A CHEVAL, mesure prise du derrière des dernières voitures, ou de la croupe des derniers chevaux de la batterie qui précède, à la tête des chevaux de la batterie qui suit.

Dans l'ordre en colonne, de même que dans l'ordre en bataille, les différentes batteries, les sections de chaque batterie, les pièces et les caissons de chaque section, sont désignés par des numéros ou des dénominations relatifs à leur position dans la colonne, et variables avec cette position, mais partant toujours de la tête de la colonne, sans qu'il y ait jamais lieu de tenir compte des inversions.

Ordre en colonne par pièces.

Dans cet ordre, les voitures sont disposées sur une seule file, chaque pièce suivie ou précédée de son caisson.

Le colonel marche au centre du régiment, du côté où l'a placé la rupture, à 25 mètres du flanc de la colonne, ayant derrière lui le capitaine-instructeur, et derrière cet officier le brigadier-trompette. Il se porte d'ailleurs partout où sa présence l'exige.

Le lieutenant-colonel, du même côté que le colonel, à 18 mètres du flanc de la colonne, marche habituellement à hauteur du chef de la 1re section de la 1re batterie.

Les chefs d'escadrons marchent dans la direction du lieutenant-colonel, à une égale distance de la colonne, et à hauteur du centre de leurs batteries respectives.

Le major marche également dans la direction du lieutenant-colonel, et à hauteur de la gauche de la colonne.

Le 1er adjudant-major marche du même côté que les officiers supérieurs, à 2 mètres du flanc et à hauteur de la 1re voiture de la colonne, pour surveiller la direction de la marche.

Le 2e adjudant-major marche du même côté que les officiers supérieurs, à 2 mètres du flanc et à hauteur de la gauche de la colonne; si la gauche est en tête [1], il exécute, du côté des guides, ce qui est prescrit pour le 1er adjudant-major, lorsque la droite est en tête.

Le porte-étendard, entouré de l'escorte de l'étendard, marche au centre du régiment, au milieu de la distance entre deux batteries.

Un adjudant est placé derrière chaque chef d'escadrons, et derrière cet adjudant un trompette.

Les guides-généraux marchent du côté opposé aux adjudants-majors, à 2 mètres du flanc et à hauteur, l'un de la tête, l'autre de la queue de la colonne.

Un adjudant marche à la tête des trompettes et de la musique.

---

1. La phrase consacrée par l'usage : « *Si la gauche est en tête* », signifie que la rupture en colonne par pièces, du régiment formé en bataille, a eu lieu par la pièce de gauche de la dernière batterie. Mais une fois la colonne formée, la pièce qui avait le dernier numéro dans l'ordre en bataille précédent, devenant tête de colonne, prend le premier numéro dans l'ordre en colonne actuel, et le 2e adjudant-major dans l'ordre en bataille devient le 1er adjudant-major dans l'ordre en colonne.

Les capitaines-commandants marchent du même côté que les officiers supérieurs, à 12 mètres du flanc et à hauteur du centre de leur batterie.

Les chefs de section marchent du même côté que les capitaines, à 1 mètre du flanc de la colonne et à hauteur du chef de la 1re voiture de leur section.

Les chefs des lignes de caissons marchent du côté opposé aux officiers, à 2 mètres du flanc de la colonne et à hauteur du centre de leur batterie.

Les chefs de pièce et les chefs de caisson marchent près et à gauche du conducteur de devant de leur voiture.

Lorsque la batterie manœuvre isolément, un trompette marche à 1 mètre derrière le capitaine-commandant.

Dans les régiments montés, les canonniers-servants marchent des deux côtés de leur bouche à feu, à hauteur de leurs postes, ou sont montés sur les coffres.

La distance entre toutes les voitures d'une même batterie est de 1 mètre.

Les servants peuvent aussi marcher, formés en pelotons sur deux rangs, à 2 mètres en arrière de leur bouche à feu. Dans ce cas particulier, les caissons marchent à 3 mètres en arrière des pelotons de servants.

Dans les régiments a cheval, les pelotons de servants marchent à 1 mètre en arrière de leur bouche à feu.

La distance entre tous les éléments d'une même

batterie, pièces, pelotons de servants, caissons, est de 1 mètre.

Lorsque la nature du terrain oblige les officiers et les chefs des lignes de caissons à rentrer dans la colonne, le mouvement se fait successivement ; les officiers supérieurs, le 1er adjudant-major, les capitaines-commandants et les chefs de section se placent en tête, et les chefs des lignes de caissons à la queue de leurs troupes respectives.

Le major et le 2e adjudant-major marchent à la queue du régiment.

On rétablit l'ordre primitif aussitôt que le terrain le permet.

Ordre en colonne par sections.

Dans cet ordre, les batteries étant formées par sections, les voitures sont disposées sur deux files, chaque pièce suivie ou précédée de son caisson.

Le colonel marche au centre du régiment, du côté des guides, à 25 mètres du flanc de la colonne, ayant derrière lui le capitaine-instructeur et derrière cet officier le brigadier-trompette. Il se porte d'ailleurs partout où sa présence l'exige.

Le lieutenant-colonel, les chefs d'escadrons, le major, les adjudants-majors et les adjudants marchent du côté des guides, et sont placés comme dans l'ordre en colonne par pièces.

Le porte-étendard, entouré de l'escorte de l'étendard, marche au centre du régiment, au milieu de la distance entre deux batteries et dans la direction des chefs de section.

Les guides-généraux marchent du côté opposé aux guides, à 2 mètres du flanc et à hauteur, l'un de la tête, l'autre de la queue de la colonne.

Les capitaines-commandants marchent du côté des guides, à 12 mètres du flanc et à hauteur du centre de leur batterie.

Les chefs de section marchent au centre de leur section, à hauteur des conducteurs de devant des voitures qui sont en tête.

Les chefs des lignes de caissons marchent du côté opposé aux guides, à 2 mètres du flanc et à hauteur du centre de leur batterie.

Les chefs de pièce et les chefs de caisson marchent près et à gauche du conducteur de devant de leur voiture.

Dans les régiments montés, les servants marchent des deux côtés de leur bouche à feu, à hauteur de leurs postes, ou sont montés sur les coffres.

L'intervalle entre les files est de 10 mètres.

Dans chaque batterie, la distance entre toutes les voitures d'une même file est de 1 mètre.

Dans les régiments a cheval, les pelotons de servants marchent à 1 mètre en arrière de leur bouche à feu.

L'intervalle entre les files est de 13 mètres.

Dans chaque batterie, la distance entre tous les éléments d'une même file, pièces, pelotons de servants, caissons, est de 1 mètre.

La *colonne d'attaque* est, pour une batterie isolée, un cas particulier de la formation en colonne sur deux pièces de front. Elle est formée sur la section du centre qui devient tête de colonne; les sections des ailes sont formées en colonne par pièces, celle de droite derrière la pièce de droite de la section du centre, et celle de gauche, derrière la pièce de gauche de cette même section.

La colonne d'attaque est toujours formée les pièces en tête.

Le capitaine-commandant marche du côté des guides, à 12 mètres du flanc et à hauteur du centre de sa batterie.

Le chef de la section du centre marche au centre de sa section, à hauteur des conducteurs de devant des pièces.

Les chefs des sections des ailes marchent à hauteur du conducteur de devant de la 1re pièce de leur section, celui de droite, à 4 mètres en dehors du flanc droit, celui de gauche, à 4 mètres en dehors du flanc gauche.

Le chef de la ligne des caissons marche à 2 mètres en arrière de la queue de la colonne, dans la direction du chef de la section du centre.

Les chefs de pièce et les chefs des caissons marchent près et à gauche du conducteur de devant de leur voiture.

Ordre en colonne par demi-batteries.

Cet ordre n'est jamais employé dans les manœuvres, mais seulement pour les défilés.

L'ordre en colonne par demi-batteries est un ordre en colonne avec distance. La distance entre les deux demi-batteries d'une même batterie est de 13 mètres dans les RÉGIMENTS MONTÉS, et de 16 mètres dans les RÉGIMENTS A CHEVAL. La distance entre deux batteries successives est double de celle qui existe entre les demi-batteries.

Dans chaque batterie, le chef de la section de droite commande la 1re demi-batterie, et le chef de la section de gauche commande la 2e demi-batterie.

Les chefs de demi-batterie marchent au centre de leur demi-batterie, à 1 mètre en avant du front.

Les chefs des sections du centre marchent du côté opposé aux guides, à 2 mètres du flanc et à hauteur des conducteurs de devant de la 1re ligne de voitures de la 1re demi-batterie.

Les chefs des lignes de caissons marchent avec la 2e demi-batterie, dans la même position que les chefs des sections du centre avec la 1re.

Ordre en colonne serrée.

Dans cet ordre, les batteries sont formées en bataille, les unes derrière les autres.

Le colonel, le lieutenant-colonel, les chefs d'escadrons, le major, les adjudants-majors, les adjudants et les guides-généraux sont placés comme dans l'ordre en colonne par sections.

Le porte-étendard, entouré de l'escorte de l'étendard, marche au centre du régiment, au milieu de la distance entre deux batteries, dans la direction des chefs des sections du centre.

Les capitaines-commandants marchent du côté des guides, à 4 mètres du flanc et à hauteur des chefs de section de leur batterie.

Les chefs de section et les chefs des lignes de caissons sont placés comme il est prescrit dans l'ordre en bataille.

Ordre en colonne pour défiler.

Le colonel se place à la tête de la colonne ; le lieutenant-colonel marche à sa gauche, ayant la tête de son cheval à hauteur de la hanche de celui du colonel.

Le major se place à la gauche du lieutenant-colonel et sur son alignement. Le capitaine-instructeur, ayant à sa gauche le capitaine-trésorier, le capitaine d'habillement et l'officier adjoint au trésorier, placés sur un rang, marche à 4 mètres derrière lui.

Le brigadier-trompette et les trompettes placés derrière les chefs d'escadrons rejoignent les trompettes.

Le 1er chef d'escadrons marche à la tête de la 1re batterie, à 4 mètres en avant du capitaine-commandant, et à 4 mètres en arrière des officiers de l'état-major.

Les autres chefs d'escadrons marchent à la tête des 3e, 5e, etc., batteries, à 1 mètre en avant et à droite du capitaine-commandant.

Les adjudants-majors marchent aux places qui leur sont assignées dans l'ordre en colonne, mais du côté de la personne à qui on rend les honneurs.

Le porte-étendard marche à la place qui lui est assignée dans l'ordre en colonne. [1]

Les adjudants marchent du côté opposé aux guides, à 2 mètres du flanc de la colonne, et à hauteur des chevaux de devant des pièces des 1re, 3e, 5e, etc., batteries.

Les guides-généraux marchent du côté opposé aux guides, à 2 mètres du flanc de la colonne, l'un derrière le Ier adjudant, l'autre à hauteur de la queue de la colonne.

Un adjudant marche à la tête des trompettes, qui sont suivis de la musique.

Le médecin-major de première classe, le médecin-major de deuxième classe, le médecin aide-major, le vétérinaire et les aides-vétérinaires, formés sur un rang, dans l'ordre où ils sont ici nommés, marchent à la gauche du régiment, à 4 mètres en arrière des dernières voitures, leur droite dans la direction des guides.

On défile toujours les pièces en tête.

Dans les régiments montés, les servants formés en pelotons, marchent à 2 mètres en arrière de la volée de leur pièce, et les caissons à 3 mètres en arrière des pelotons. Les servants défilent la baïonnette au

---

1. Dès que la colonne est en marche pour défiler, la tête de colonne de la batterie qui suit immédiatement l'étendard ralentit son allure, jusqu'à ce que la distance qui la sépare du 2e rang du peloton d'escorte de l'étendard soit égale à la distance de deux batteries successives dans l'ordre en colonne (10 mètres pour les régiments montés, 13 mètres pour les régiments à cheval).

canon et l'arme sur l'épaule droite, à moins qu'il n'en·
soit ordonné autrement.

Lorsque les servants sont montés sur les coffres,
les caissons marchent à 1 mètre de distance de leur
pièce.

DANS LES RÉGIMENTS A CHEVAL, les pelotons de servants marchent à 1 mètre de la volée de leur pièce
et les caissons à 1 mètre en arrière des pelotons.

Les servants défilent le sabre à la main.

Les sous-officiers et canonniers conservent la tête
directe en défilant. [1]

Les officiers supérieurs et officiers fixent les yeux
sur la personne à qui on rend les honneurs, en passant devant elle.

Les trompettes sonnent la marche.

Le colonel veille à ce que l'étendard et les officiers
rendent les honneurs conformément aux décrets de
l'Empereur.

Si l'on défile par sections, les capitaines-commandants marchent à la tête de leur batterie, à 1 mètre
en avant du chef de la 1re section.

Les capitaines en second marchent à 2 mètres du
flanc, et à hauteur du centre de la batterie, du côté
de la personne devant laquelle on défile.

Les chefs des lignes de caissons marchent du côté
opposé, à la même hauteur et à 2 mètres du flanc.

---

1. Cette disposition s'applique même aux sous-officiers qui seraient
appelés à commander des sections.

Si l'on défile par demi-batteries, les 2e, 3e, etc., chefs d'escadrons marchent à 4 mètres en avant des capitaines-commandants des 3e, 5e, etc., batteries. Les capitaines-commandants marchent à 1 mètre en avant du centre de leur 1re demi-batterie, ayant à leur gauche le chef de cette demi-batterie; les capitaines en second sont placés à 1 mètre en avant du centre de la 2e demi-batterie, ayant à leur gauche le chef de cette demi-batterie.

Si l'on défile par batteries, les capitaines-commandants marchent à la tête de leur batterie, à 1 mètre en avant du chef de la section du centre; les capitaines en second, les officiers et les sous-officiers restent placés comme dans l'ordre en bataille.

Si l'on défile par batteries à intervalles serrés, les capitaines-commandants marchent à 1 mètre en avant du centre de leur batterie, ayant à leur gauche le chef de la section du centre; les capitaines en second sont placés à 2 mètres du flanc de leur batterie, et à hauteur des conducteurs de devant des caissons, du côté de la personne devant laquelle on défile; les chefs de section marchent à 1 mètre en avant du centre de leur section, sur l'alignement du capitaine-commandant; les chefs des lignes de caissons sont placés à 2 mètres du flanc, et à hauteur des conducteurs de devant des caissons, du côté opposé aux guides.

Lorsqu'on défile par batteries, des ordres peuvent être donnés pour faire prendre entre les batteries des distances plus grandes que celles prescrites dans les manœuvres; dans ce cas, les 2e et 3e chefs d'escadrons marchent, comme le 1er, à 4 mètres en avant du capitaine-commandant de la 1re batterie de leurs batteries respectives.

Les officiers qui, dans les ordres en colonne ci-dessus détaillés, marchent à la gauche du colonel, du capitaine-instructeur, des capitaines-commandants et des capitaines en second, les médecins et les aides-vétérinaires qui marchent à la gauche du médecin-major de première classe et du vétérinaire, se rangent à leur droite, si la personne à qui on rend les honneurs se trouve à la gauche de la colonne.

Le guide doit être indiqué, s'il ne l'est déjà, du côté de la personne devant laquelle on défile, à 100 mètres avant d'arriver à sa hauteur.

Dans tous les ordres en colonne, lorsque le colonel marche en tête, les trompettes, suivis de la musique, marchent de manière que le dernier rang des musiciens se trouve à 15 mètres en avant du colonel.

Dans les évolutions, ils se placent du côté opposé aux guides, à 25 mètres du flanc, et à hauteur du centre de la colonne.

ARTICLE III.

Formation d'un régiment dans l'ordre en batterie.

L'ordre en batterie est celui où, les batteries étant déployées sur le même front, les bouches à feu sont séparées de leurs avant-trains et disposées pour faire feu; les pièces, leurs avant-trains et les caissons, face en avant et sur trois lignes parallèles.

Les numéros des batteries d'un régiment en batte-

1 *

rie, les dénominations des sections dans la batterie
et celles des pièces et des caissons dans la section,
sont les mêmes que pour la formation en bataille; ils
sont relatifs par conséquent à leur position sur le
front, et variables avec cette position; mais partant
toujours de la droite du front, sans qu'il y ait
jamais lieu de tenir compte des inversions.

Les intervalles sont les mêmes que pour la formation en bataille.

La distance entre la ligne des bouches à feu et celle
des avant-trains est de 6 mètres, mesurée de l'extrémité des leviers de pointage à la tête des chevaux de
devant des avant-trains.

La distance entre la ligne des avant-trains et celle
des caissons est de 10 mètres, mesurée du derrière
des avant-trains à la tête des chevaux de devant des
caissons.

Les canonniers-servants sont à leurs postes.

DANS LES RÉGIMENTS A CHEVAL, les pelotons de chevaux des canonniers-servants sont placés face en avant,
à 4 mètres en arrière des avant-trains.

Place des officiers et sous-officiers de l'état-major d'un régiment, dans l'ordre en batterie.

Le colonel, au centre du régiment et à hauteur des
roues de devant de la ligne des caissons, ayant derrière lui le capitaine-instructeur, et derrière cet officier le brigadier-trompette.

Le lieutenant-colonel, à 2 mètres de la droite du régiment, et à hauteur du milieu de la distance de la ligne des avant-trains à celle des caissons.

Les chefs d'escadrons, au milieu de l'intervalle de leurs batteries respectives,

Le major, à 2 mètres de la gauche du régiment,

sur l'alignement du lieutenant-colonel.

Le colonel se porte partout où sa présence est nécessaire.

Le lieutenant-colonel et le major se portent partout où le colonel juge à propos de les employer pour assurer l'exécution des feux.

Les chefs d'escadrons se portent partout où leur présence est nécessaire.

Le 1er adjudant-major est placé à 2 mètres de la droite du régiment, et à hauteur des conducteurs de devant des avant-trains.

Le 2e adjudant-major est placé à la même hauteur, et à 2 mètres de la gauche du régiment.

Le porte-étendard, entouré de l'escorte de l'étendard formée sur deux rangs, est placé au centre du régiment, et sur l'alignement des conducteurs de devant des avant-trains.

Un adjudant est placé derrière chaque chef d'escadrons, et derrière cet adjudant un trompette.

Les guides-généraux de droite et de gauche sont placés à 1 mètre en arrière des adjudants-majors.

Un adjudant est à la tête des trompettes et de la musique.

Les trompettes et les musiciens, formés sur deux

rangs, sont placés à 25 mètres en arrière du centre du régiment, mesure prise du derrière des caissons à la tête des chevaux du 1er rang.

Place des officiers, sous-officiers et brigadiers d'une batterie, dans l'ordre en batterie.

Le capitaine-commandant, à la droite du chef de la section du centre.

Les chefs de section, au centre de leur section, à hauteur du milieu de la distance des bouches à feu aux avant-trains.

Le chef de la ligne des caissons, au centre de la batterie, à 2 mètres en arrière de la ligne des caissons.

Les chefs de pièce, face en avant, à 1 mètre en dehors de la file de gauche des servants de leur bouche à feu, et à hauteur du milieu du levier de pointage.

Les chefs de caisson, près et à gauche du conducteur de devant de leur caisson.

Lorsque la batterie manœuvre isolément, le capitaine-commandant est accompagné d'un trompette, qui se place à 1 mètre derrière lui.

Place des officiers, sous-officiers et brigadiers d'une batterie, dans l'ordre en batterie, pendant l'exécution des feux.[1]

Le capitaine-commandant se porte partout où sa présence est nécessaire.

1. Ces dispositions ne sont appliquées que pour l'exécution réelle des feux, soit à l'ennemi, soit aux écoles à feu.

Les chefs de section mettent pied à terre, afin d'être à même de surveiller et de diriger le tir ; ils font tenir leur cheval par le conducteur de devant de l'avant-train de la pièce de droite de leur section.

Les chefs de pièce mettent pied à terre, font tenir leur cheval par le conducteur de derrière de l'avant-train de leur pièce, et reviennent se placer face en avant, à 1 mètre en dehors de la file de gauche des servants de leur bouche à feu, et à hauteur du milieu du levier de pointage.

Le chef de la ligne des caissons et les chefs de caisson conservent leurs places de batterie.

Dispositions sur le champ de bataille.

Les formations en batterie, en conservant l'alignement, les distances et les intervalles réguliers, ne sont usitées que sur les champs de manœuvre, comme exercices d'instruction.

Sur le champ de bataille, le front doit toujours avoir plus d'étendue, et les intervalles entre les pièces sont portés au double au moins des intervalles réguliers, toutes les fois que le terrain et les circonstances s'y prêtent. On ne doit plus s'astreindre à un alignement correct, mais profiter de tous les accidents favorables du terrain pour couvrir les pièces, tirer le meilleur parti possible de leur feu, et mettre les caissons à l'abri sans toutefois les éloigner assez pour que la rapidité du tir en souffre. La batterie marchant en bataille et s'avançant vers l'ennemi, on fait prendre à l'avance aux caissons leur distance de batterie, afin de réduire le nombre des mouvements à exécuter sous le feu de l'ennemi, et d'obtenir une formation en batterie plus rapide.

Dans des circonstances exceptionnelles, on peut manœuvrer avec les pièces seules, les caissons restant momentanément en arrière; ces manœuvres sans caissons s'appliquent particulièrement à l'artillerie à cheval. Elles ont pour objet de diminuer la profondeur des colonnes, et l'encombrement résultant de la concentration d'un grand nombre de voitures; elles permettent en outre aux batteries à cheval de se transporter plus rapidement sur un point déterminé. Néanmoins les caissons ne doivent pas rester longtemps éloignés des pièces, en raison du nombre limité des coups contenus dans les avant-trains des bouches à feu.

Un *Appendice* faisant suite à l'*École de batterie* donne le détail des mouvements à exécuter, soit pour augmenter les intervalles entre les bouches à feu, soit pour faire prendre aux caissons leur distance de batterie, soit pour manœuvrer sans caissons.

Ces mouvements doivent être exécutés chaque année, dans les régiments, à la suite de l'*École de batterie*, avant de commencer les *Évolutions*.

ARTICLE IV.

De l'instruction d'un régiment.

Devoirs des instructeurs.

Le colonel est responsable de l'instruction du régiment, et ne peut, sous aucun prétexte, apporter
de changements aux dispositions contenues dans le
présent Règlement.

Il assiste, autant que ses autres devoirs le lui permettent, aux instructions théoriques et pratiques et
particulièrement à celles des officiers réunis.

Le lieutenant-colonel est spécialement chargé de
surveiller l'instruction du régiment, et c'est à lui que
sont adressés les ordres du colonel qui y sont relatifs.

Le chef d'escadrons de semaine surveille les instructions sous les ordres du lieutenant-colonel.

Le capitaine-instructeur d'équitation est chargé de
l'instruction sur les manœuvres des batteries attelées,
jusqu'à l'*École de section* inclusivement. Il a sous ses
ordres des officiers, des sous-officiers et des brigadiers en nombre suffisant.

Chaque année, avant l'époque où commence le service d'hiver, le capitaine-instructeur remet au lieutenant-colonel, qui le présente à l'approbation du
colonel, le contrôle des officiers, sous-officiers et
brigadiers reconnus capables de concourir à l'instruction sur les manœuvres des batteries attelées.

Le capitaine-instructeur, les officiers et les instructeurs sous ses ordres, se conforment aux prescriptions

du Règlement sur l'instruction à pied et à cheval, pour tout ce qui est relatif aux rassemblements des classes d'instruction, aux soins à prendre pour conduire les classes sur le terrain de manœuvre et les ramener au quartier, pour la manière de donner la leçon, pour les *théories* des officiers et celles des instructeurs, pour la tenue de l'état général des classes et pour les rapports mensuels à fournir au lieutenant-colonel.

Division et progression du travail.

Le lieutenant-colonel réunit les capitaines, autant de fois que le colonel le juge nécessaire, pour la *théorie* sur les manœuvres et les évolutions des batteries attelées. Les chefs d'escadrons y assistent, et l'un d'eux le supplée au besoin.

Le capitaine-instructeur réunit, pour le même objet, les lieutenants et sous-lieutenants. Un des officiers-instructeurs est chargé de la *théorie* des sous-officiers et brigadiers, sous la surveillance du capitaine-instructeur.

Le présent Règlement est divisé en trois Titres.

Le titre Ier comprend les *Bases de l'instruction*.

Le titre II comprend : l'*École du canonnier-conducteur*, l'*École de section* et l'*École de batterie*.

L'*École du canonnier-conducteur* se compose d'une leçon divisée en deux parties.

L'*École de section* est divisée en deux articles.

L'*École de batterie* est divisée en quatre articles, suivis d'un *Appendice*.

Le titre III comprend les *Évolutions de batteries*.

Le régiment est divisé en trois classes pour l'instruction des batteries attelées.

La 1re classe est composée des sous-officiers, brigadiers et canonniers dont l'instruction est complète.

La 2e classe, de tous ceux qui, pour cause d'absence, de négligence ou autre, n'ont plus été jugés capables de concourir aux manœuvres de 1re classe, auxquelles ils avaient été précédemment admis.

La 3e classe se compose des recrues.

La 2e classe et les recrues sont exercés, sous la direction du capitaine-instructeur d'équitation, à l'*École du canonnier-conducteur* et à l'*École de section*, jusqu'à ce que leur instruction soit complète.

Au commencement du semestre d'été, la 1re classe est exercée pendant quelques séances à l'*École de section*, avant de commencer l'*École de batterie* et les *Évolutions*, lesquelles se continuent pendant toute la durée du semestre.

Dans tous les exercices d'instruction, soit des 1res classes, soit des 2es classes et des recrues, les différents mouvements sont successivement enseignés et exécutés dans l'ordre indiqué par la progression écrite en tête de chaque leçon ou de chaque article du présent Règlement.

Tout mouvement exécuté pour la première fois, doit être détaillé par le commandant de la manœuvre, la troupe étant de pied ferme, et exécuté ensuite au pas. Toutes les erreurs commises doivent être signalées et redressées. Chaque mouvement est répété jusqu'à ce qu'il soit bien compris et exécuté sans hésitation par tous ceux qui y concourent.

Lorsqu'un mouvement est bien exécuté au pas, on le fait exécuter aux diverses allures. (Voir les Bases de l'instruction, article vii.)

Quand le régiment est réuni, le colonel doit de temps à autre faire commander les différentes reprises des évolutions par les officiers supérieurs, afin de juger du degré de leur instruction; il doit aussi, lorsque l'instruction est assez avancée, faire exercer par les officiers des divers grades un commandement supérieur à celui de leur emploi.

Gradation de l'instruction.

Recrues.

Les hommes de recrue[1], huit jours avant d'être admis à faire leur service, c'est-à-dire au moment où ils vont terminer les leçons à pied, sont exercés à connaître les différentes parties du harnachement. On leur enseigne les moyens de les entretenir, ainsi que la manière de paqueter, seller, harnacher, charger, brider, débrider, déharnacher et déseller les chevaux de selle et de trait.

On continue de donner cette instruction aux recrues pendant tout le temps que dure leur instruction à cheval; elle a lieu soit dans les chambres, soit dans les écuries.

_____

1. Les hommes de recrue, dont il est ici question, sont: DANS LES RÉGIMENTS MONTÉS, les canonniers-conducteurs; et DANS LES RÉGIMENTS A CHEVAL, les canonniers-servants et les canonniers-conducteurs.

L'*École du canonnier-conducteur* est commencée immédiatement après que l'*École du cavalier* (à l'Instruction à cheval) est terminée.

DANS LES RÉGIMENTS MONTÉS, les canonniers-servants ne passent à l'*École de section*, qu'après avoir été admis à la 1re classe à pied, et après avoir terminé le TITRE Ier du Règlement sur les manœuvres de l'artillerie (Service des bouches à feu de campagne).

Les canonniers-conducteurs passent à l'*École de section* dès qu'ils ont terminé l'*École du canonnier-conducteur*.

DANS LES RÉGIMENTS A CHEVAL, les canonniers-servants sont exercés à l'*École du canonnier-conducteur* de manière à ce qu'ils puissent au besoin être employés comme canonniers-conducteurs.

Les canonniers-servants passent ensuite à l'*École de section*, qu'ils n'exécutent que comme servants. Ils ne commencent cette instruction que lorsqu'ils ont terminé l'*École du peloton à cheval*, et le TITRE Ier du Règlement sur les manœuvres de l'artillerie (Service des bouches à feu de campagne).

Les canonniers-conducteurs passent à l'*École de section* dès qu'ils ont terminé l'*École du canonnier-conducteur*.

Récapitulation du temps nécessaire pour instruire un canonnier, jusqu'à l'École de section inclusivement.

École du canonnier-conducteur.

Une leçon
{ 1re partie . . . . 6 leçons.
{ 2e partie. . . . . 14 —

TOTAL . . . . 20 leçons.

École de section.

1er article. . . . . 4 leçons.
2e article . . . . 6 —

TOTAL . . . . 10 leçons.

TOTAL GÉNÉRAL . . . . 30 leçons.

Il résulte de cette gradation que le canonnier, après 30 leçons ou journées de travail, aux *Écoles du canonnier-conducteur* et *de section*, doit être en état de passer à l'*École de batterie*.

Brigadiers.

Les brigadiers doivent savoir exécuter l'*École du canonnier-conducteur* et savoir remplir les fonctions de leur grade comme chefs de caisson dans les manœuvres des batteries attelées.

Leur instruction théorique doit comprendre l'article v du *Titre* Ier du présent Règlement (Instruction pour harnacher les chevaux de trait) et des notions sur les devoirs d'un chef de caisson dans les manœuvres.

Sous-officiers.

Les sous-officiers doivent savoir exécuter tout ce qui est prescrit par le présent Règlement.

Les maréchaux-des-logis doivent pouvoir enseigner l'*École du canonnier-conducteur*. Ils doivent également être en état de remplacer au besoin les chefs de section ou les chefs des lignes de caissons.

Les adjudants et les maréchaux-des-logis-chefs doivent pouvoir enseigner l'*École de section*.

La théorie des maréchaux-des-logis doit embrasser les *Bases de l'instruction* en ce qui concerne les devoirs de leur grade, l'*École du canonnier-conducteur* et l'*École de section*.

La théorie des adjudants et des maréchaux-des-logis-chefs doit comprendre en outre l'*École de batterie*.

Officiers.

Les officiers, depuis le colonel jusqu'au sous-lieutenant, doivent être en état de commander, chacun en ce qui concerne son grade. Nul n'est réputé complétement instruit, s'il ne sait en outre expliquer et exécuter tout ce qui est contenu dans le présent Règlement.

La *théorie* des officiers doit comprendre les trois titres de ce Règlement.

Tout officier arrivant au régiment pour la première fois, doit être examiné par le lieutenant-colonel sur son instruction théorique et pratique.

Si les fautes commises aux exercices par un officier, quel que soit son grade, proviennent de négligence

2

ou du défaut d'instruction, le commandant du régiment le fait immédiatement remplacer; il peut même
lui interdire les fonctions de son grade aux évolu-
sions, jusqu'à ce qu'il soit en état de les mieux remplir.

Le colonel peut, s'il le juge à propos, dispenser
de la *théorie*, pour autant de temps qu'il l'entendra,
les officiers dont l'instruction est complète.

ARTICLE V.

Instruction pour harnacher les chevaux de trait.

Nomenclature du harnachement.

Selle [1] (cuir fauve).

Arçon en bois, nervé, entoilé et ferré . .

Parties en bois.
- Une arcade; les pointes; le pommeau.
- Deux pointes (ou lames); les pointes d'arçon.
- Un troussequin.

Parties en fer.

En dessous.
- Une bande de garrot.
- Une bande de rognon.
- Deux bandelettes de dessous de pointes d'arçon.

En dessus.
- Une bande de collet.
- Deux bandelettes de troussequin.
- Deux équerres de troussequin.

- Trois crampons de courroies de porte-manteau.
- Un crampon de croupière.
- Une dragonne et son anneau.
- Six chapes d'attache de chapelet.
- Deux boucles de montants de poitrail.
- Deux porte-étrivières (à rouleau).
- Quatre dés de contre-sanglon de sangles.

---

1. La nomenclature suivante s'applique à la selle 1854, modifiée en 1859.

Faux siége et matelassure..
- Une sangle croisée.
- Trois sangles traverses.
- Une toile de faux siége.
- Une toile de matelassure.
- Deux mamelles en cuir garnies de bourre.
- Matelassure.

Parties en cuir, etc. . . . . . .
- Un siége, avec joncs.
- Une garniture de troussequin.
- Un contour de troussequin (cuivre).
- Deux garnitures de pointes d'arçon.
- Deux quartiers.
- Six contre-sanglons de sangles (quatre simples et deux doubles).
- Deux faux-quartiers.
- Deux poches à fers.
- Deux pattes d'attache.
- Deux tirants.
- Deux trousse-étriers.
- Une courroie d'accouple et son anneau.

Panneaux. . . . .
- Deux basanes.
- Deux toiles de matelassure.
- Rembourrage: Paille 0^k,700; crin 0^k,750.
- Deux chaussures de pointes d'arcade.
- Deux chaussures de pointes d'arçon.
- Deux contre-sanglons (donnent la facilité d'enlever à volonté le panneau).

Paire de sacoches . . . . . .
- Un chapelet.
- Un passant de courroie de manteau.
- Deux sacoches (celle de gauche contenant la fonte). . . .
  - Deux dessus.
  - Deux goussets.
  - Une fonte.
    - Le corps.
    - Le cercle (fer).
    - La bande d'attache (fer).
- Boucleteaux; courroies; contre-sanglons, et chapes de sacoches, de fonte et de chapelet.

Fleuron . . . . .   Porte le numéro de la selle.

Courroies	Trois courroies de manteau. Trois courroies de porte-manteau (noires).
Sangles	Une sangle (tissu de fil). Un passant. Un surfaix de sangle (tissu de fil). Boucles enchapées.
Étrivières. . . .	Deux étrivières. Deux boucles à traverse.
Étriers	Deux étriers (l'œil, les branches, le plat ou support du pied).

Croupière (cuir noir).

Un culeron.
Une fourche de culeron.
Un passant fixe et une boucle.
Un contre-sanglon de croupière.
Un passant coulant.

Poitrail de cheval de selle (cuir noir).

Un corps de poitrail.
Deux anneaux triangulaires.
Deux montants.
Deux boucleteaux et boucles.
Deux traits (même cordage que la rallonge de trait).
Deux mailles de trait.

Schabraque (drap bleu).

Un couvre-fonte, avec passe-poil et galon.
Une garniture de pommeau.
Une portière, avec patelette, pattes et boutons.
Une poche, avec patte et bouton.
Deux cuissières.
Quatre boucleteaux d'assemblage.
Deux courroies de paquetage (cuir noir).
Un tapis de selle, avec passe-poil et galon.
Deux garnitures et renforts de pointes.
Deux trousse-pointes, avec passes et boutons.

Une pièce de frottement de croupière.
Deux entre-jambes.
Quatre contre-sanglons d'assemblage.
Attributs.

Un surfaix de schabraque (cuir fauve).	Un corps de surfaix. Un contre-sanglon. Trois passants de contre-sanglon. Une boucle enchapée.

Couvertures (en laine).

Deux modèles. .	1° Blanche de 1^m,60 sur 1^m,60. 2° Bleu indigo de 2^m,40 sur 1^m,60.

Un surfaix de couverture (tissu de fil), pour les sous-verges seulement.

Bride de cheval de selle ou de porteur (cuir noir).

Un dessus de tête.
Une gourmette de rechange, avec S et crochets.
Une passe de gourmette de rechange.
Deux chapes   *idem.*
Un frontal.
Deux fleurons.
Une sous-gorge, avec deux boucles, deux passants fixes et deux passants coulants.
Deux montants, avec quatre boucles, quatre passants fixes et deux passants coulants.
Deux porte-mors avec deux passants fixes.

Mors de bride complet	Deux branches. Deux anneaux. Une embouchure. Une entretoise.	
	Une gourmette. . . .	Les mailles. Le crochet. L'S.
	Bossettes.	Deux bossettes. Quatre clous rivés.

Deux rênes, avec un passant coulant, deux boucles, deux passants fixes.
Un fouet et un bouton anglais.
Deux porte-rênes et deux passants fixes.

Bridon-licol de porteur (cuir noir).

Un dessus de tête formant sous-gorge, avec boucle et passant fixe.

Un frontal.

Deux montants, avec deux boucles, deux passants fixes et deux passants coulants.

Deux anneaux carrés.

Un dessus de nez.

Un boucleteau de sous-barbe, avec boucle et passant fixe.

Un contre-sanglon de sous-barbe.

Une alliance et son anneau.

Mors à clavette complet . . . { Deux côtés d'embouchure et leurs anneaux. Deux barrettes et leurs mailles. Deux clavettes.

Une paire de rênes, avec une boucle, un passant fixe et un passant coulant.

Une longe, avec boucle, passant fixe et porte-longe.

Bride-licol de sous-verge (cuir noir).

Un dessus de tête formant sous-gorge, avec boucle et passant fixe.

Un frontal, avec deux fleurons.

Deux montants, deux boucles, deux passants fixes et deux passants coulants.

Deux anneaux carrés.

Un dessus de nez.

Un boucleteau de sous-barbe, avec boucle et passant fixe.

Un contre-sanglon de sous-barbe.

Une alliance et son anneau.

Mors à barres complet . . . { Deux côtés d'embouchure. Deux barres.

Porte-mors complet. . . . . { Deux boucleteaux. Deux boucles. Quatre passants fixes.

Paire de rênes complète. . . { Un grand côté. Un petit côté. Trois boucles et trois passants fixes. Un passant coulant. Deux porte-rênes.

Une longe, avec boucle, passant fixe et porte-longe.

Bridon d'abreuvoir (cuir hongroyé).

Mors complet . { Deux côtés d'embouchure.
{ Deux anneaux à clavette.

Un grand montant, avec boucle, passant et chape de clavette.

Un petit montant, avec boucle, passant et chape de clavette.

Un frontal.

Une paire de rênes et deux olives.

Harnais d'attelage à bricole (cuir noir).

Les parties principales du harnais sont: la *bricole*, les *traits*, l'*avaloire*, la *plate-longe* et le *colleron*.

La *bricole* et les *traits* servent à mouvoir la voiture en avant; l'*avaloire* et la *plate-longe*, à la faire reculer et la retenir dans les descentes; le *colleron*, à supporter le timon des voitures de campagne. Le *surfaix*, le *dessus de cou*, le *surdos*, la *sous-ventrière* et la *croupière* ont pour objet de fixer ces diférentes parties sur le cheval.

Bricole.

Corps. . . . . . {
Un feutre.
Un grand blanchet; deux mailles porte-plate-longe; deux anneaux de boucleteaux de dessus de cou; deux grands dés.
Deux petits blanchets; deux anneaux doubles de longe de traits; deux longes de traits.

Dessus de cou. {
Un feutre.
Un blanchet; deux anneaux de rênes; une boucle de dragonne.

Colleron. (Pour chevaux de derière.)

Un corps.

Un contre-sanglon; une dragonne.

Deux mailles à piton; une courroie d'agrafe.

Traits.

Paire de traits. {
Deux traits.
Deux crochets de tête de trait.
Deux tourets; chacun: un mâle (avec garniture), une femelle.
Deux rallonges de trait (en cordage).
Deux chaînes de bout de trait; chacune: un anneau à piton (avec garniture), quatre mailles.
Longueur des traits: 2ᵐ,80 pour les chevaux de derrière, et 2ᵐ,15 pour ceux de devant.

Sous-ventrière {
Une sous-ventrière; son contre-sanglon; ses deux chapes.
Deux porte-traits.

Surfaix de sous-verge.

Un arçon (tôle), avec chape et enchapures.
Un crochet.
Un coussinet double.
Une sous-ventrière; sa boucle; ses deux passants.
Un côté gauche de surfaix, avec contre-sanglon de sous-ventrière.
Une longe de croupière et sa chape.
Deux contre-sanglons de porte-traits.

Surdos. (Pour chevaux de devant.)

Un contre-sanglon double, avec chape.
Deux courroies-boucleteaux; leurs boucles et leurs passants.

Croupière.

Même nomenclature que pour la croupière du cheval de selle, plus une courroie trousse-traits, avec chape, boucle et passants fixes. Elle reste à la selle du porteur.

Avaloire.

Un bras du bas; son blanchet.
Deux boucles d'avaloire.
Quatre passants de plate-longe.
Deux boucleteaux de branches, avec boucles, chapes et passants.
Deux boucleteaux de bras du haut, avec boucles et passants.
Deux courroies porte-traits, avec boucles et passants.
Un bras du haut; son blanchet, son contre-sanglon, ses deux branches.

Plate-longe.

Une plate-longe.
Un crochet de plate-longe et son anneau.

Fouet de conducteur.

Un manche.
Un cordon de poignet.
Une virole.
Une accouple, avec quatre nœuds.
Une mèche en ficelle.

Nota. Quand on veut apprendre aux canonniers la nomenclature du harnachement, il faut commencer par leur montrer ce qu'on entend généralement par les mots: *boucle, dé, anneau, maille, contre-sanglon, boucleteau, enchapure, passant (fixe ou coulant), touret, feutre, blanchet, etc.*

Manière de placer les harnais dans les selleries.

Dans les selleries, où les chevilles sont disposées verticalement par trois, les harnais en commençant par celui du sous-verge sont suspendus à la cheville supérieure par la bricole et le colleron bouclé, toutes les autres parties tombant librement.

Placer le surfaix du sous-verge sur la cheville intermédiaire, puis sur ce surfaix disposer les dessus de cou de champ, celui du sous-verge en dessus. Soutenir les avaloires en appuyant le bras du haut sur la cheville inférieure et laisser pendre la croupière du sous-verge en avant des chevilles. Replier les traits sur eux-mêmes afin qu'ils ne traînent pas sur le sol, et accrocher la dernière maille de la chaîne de bout de trait au crochet de tête de trait. La selle du porteur est placée sur la cheville supérieure et posée sur la bricole.

On agit de la même manière pour placer les harnais de devant qui n'exigent pas l'emploi de la cheville inférieure.

Les selles des chevaux de selle sont placées dans une partie de la sellerie réservée à cet usage.

Manière de plier la couverture et de la placer.

Porteur.

Pour la couverture de petite dimension : La plier en quatre parties égales et la placer sur le dos du cheval, les lisérés du côté montoir, le gros pli sur le garrot; la prendre ensuite de la main gauche sur le garrot et de la main droite sur le rognon; la glisser une ou deux fois d'avant en arrière pour unir le poil, en la soulevant pour la reporter en avant sans rebrousser le poil. La couverture doit être placée de manière à dépasser les bords antérieurs de la selle de 7 à 8 centimètres.

Pour la couverture de grande dimension : La plier liséré sur liséré, la marque en dedans. La plier une seconde fois dans le même sens, le petit liséré double en dedans.

La plier dans l'autre sens, le petit liséré simple en dehors.

Placer la couverture sur le dos du cheval, le gros pli en avant, le liséré du côté montoir, avec les précautions indiquées plus haut.

Sous-verge.

Pour la couverture de petite dimension: La plier en quatre comme celle du porteur, et la placer sur le dos du sous-verge, les lisérés du côté montoir, le gros pli sur la croupe.

Étendre le surfaix de couverture sur son milieu et parallèlement au gros pli, l'ardillon en dessous; replier la partie antérieure de la couverture sur le surfaix, puis le gros pli par-dessus, de manière que les parties repliées et celles du milieu aient chacune le tiers de la longueur de la couverture pliée en quatre.

Retourner alors la couverture, en portant le pli unique d'arrière en avant, vers le garrot, et la placer sur le dos du cheval, de manière que le surfaix de sous-verge repose sur son milieu.

Serrer le surfaix de couverture.

Pour la couverture de grande dimension: La plier liséré sur liséré, la marque en dedans. La plier une seconde fois dans le même sens, le petit liséré double en dedans.

Placer la couverture dans le sens de la longueur sur le dos du cheval, le liséré en dessous et du côté montoir. Placer le surfaix de couverture, et se couformer pour le reste à ce qui vient d'être expliqué pour la couverture de petite dimension.

Harnacher et déharnacher.

Chaque canonnier-conducteur est chargé de conduire deux chevaux; l'un sur lequel il monte, est appelé *porteur*; et l'autre, *sous-verge*; ils sont appelés chevaux de devant, ou de derrière, selon qu'ils sont à la tête de l'attelage, ou attelés immédiatement à la voiture.

L'instructeur ayant fait attacher, hors des écuries, quatre chevaux par des nœuds à boucles aux anneaux de pansage, fait disposer en arrière deux harnais de derrière, l'un de porteur, l'autre de sous-verge, et deux harnais de devant, aussi de porteur et de sous-verge.

Les selles sont mises debout, sur les fontes, à trois pas en arrière des chevaux, le siége du côté des chevaux.

La couverture pliée en quatre et doublée, se place sur les pointes de la selle.

Les harnais déployés sont placés en arrière de la selle, celui du porteur en dessus, la partie antérieure de la bricole du côté de la selle.

Ces dispositions prises, l'instructeur fait seller les chevaux, comme il est prescrit aux Bases de l'instruction à cheval.

Harnacher le porteur de derrière.

Le cheval étant sellé, se placer à la gauche du harnais, lui faisant face; saisir la bricole avec les deux

mains, près des boucleteaux de dessus de cou, la
partie antérieure de la bricole en dessus, le dessus
de cou près du corps; élever le harnais; se porter à
la tête du cheval, le détacher et saisir la longe avec
la main gauche; passer la bricole par-dessus la tête
du cheval, le dessus de cou en dessous; faire tourner
le harnais de manière que la bricole prenne sa place
et que l'avaloire se trouve sur la croupe; rattacher
le cheval; dégager la dernière maille de la chaîne de
bout de trait du crochet de tête de trait du côté montoir, et placer ce trait en arrière de la selle.

Se porter derrière le cheval, et placer l'avaloire,
en mettant toutes les parties sur leur plat; déboucler
la croupière; engager le contre-sanglon de bras du
haut dans la chape de la courroie trousse-traits et
dans le passant de la boucle de croupière; engager
l'ardillon dans un des trous de ce contre-sanglon, et
reboucler la croupière.

Passer à droite du cheval; dégager la dernière
maille de la chaîne de bout de trait du crochet de tête
de trait, et placer ce trait en arrière de la selle.

Boucler le porte-trait de droite au contre-sanglon
antérieur et supérieur de la selle; abattre l'étrier droit,
et reboucler la courroie trousse-étrier.

Fixer les traits avec la courroie trousse-traits,
comme il est dit plus loin.

Revenir à gauche du cheval; boucler le porte-trait
au contre-sanglon antérieur et supérieur de la selle;
boucler la sous-ventrière; abattre l'étrier gauche;
reboucler la courroie trousse-étrier, et boucler le
colleron.

Nota. Si la bricole est trop descendue, elle gêne le mouvement des épaules du cheval ; si elle est trop remontée, elle peut comprimer les voies respiratoires, surtout lorsque le cheval baisse la tête pour monter.

Pour que la bricole soit bien ajustée, il faut qu'elle soit à peu près horizontale ; son bord inférieur étant de 6 à 8 centimètres au-dessus de la pointe de l'épaule, selon la conformation du cheval.

Le bord intérieur du feutre de la bricole qui pose sur le poitrail, doit toujours dépasser le bord extérieur, afin d'éviter que l'épaule ne soit coupée par le tranchant du cuir.

Le colleron doit être ajusté de manière que, le cheval étant attelé, le timon soit horizontal.

L'instructeur doit veiller à ce que les canonniers, après avoir harnaché, passent la main sous le dessus de cou et sous le colleron, pour bien placer la crinière.

Harnacher le sous-verge de derrière.

La couverture étant placée, se porter à la gauche du harnais, lui faisant face.

Saisir la bricole et la placer sur le sous-verge, comme il est prescrit pour le porteur, le surfaix sur le dos du cheval ; rattacher le cheval ; dégager la dernière maille de la chîane de bout de trait du crochet de tête de trait du côté montoir, et mettre ce trait sur la croupe du cheval.

Placer le surfaix ; se porter derrière le cheval ; déployer l'avaloire ; l'abattre, en mettant toutes les parties sur leur plat ; engager la queue dans le culeron.

Passer à droite du cheval ; dégager la dernière maille de la chaîne de bout de trait du crochet de tête de trait, et placer ce trait sur l'autre ; s'assurer que toutes les parties sont sur leur plat.

Revenir derrière le cheval, et fixer les traits avec la courroie trousse-traits comme il est dit plus loin; passer à gauche; boucler le surfaix en arrière du surfaix de couverture; boucler la sous-ventrière et le colleron.

Fixer les traits de derrière.

Tendre les traits pour amener le crochet de tête de trait près de l'anneau double de longe de trait.

Les traits étant tendus, faire un demi-nœud avec les rallonges, et le placer sur la courroie trousse-traits; engager cette courroie dans la ganse de la rallonge en corde, près de la maille garnie, puis dans les dernières mailles des chaînes de bout de trait, en commençant par celle qu'on tient dans la main gauche, et boucler la courroie en la serrant fortement.

Harnacher le porteur de devant.

Le cheval étant sellé, se placer à la gauche du harnais, lui faisant face.

Saisir la bricole, et placer le harnais sur le cheval, comme il est dit pour les chevaux de derrière.

Rattacher le cheval; dégager la dernière maille de la chaîne de bout de trait du crochet de tête de trait, et placer ce trait sur la croupe.

Mettre le surdos en arrière de la selle; passer à droite du cheval; dégager la dernière maille de la chaîne de bout de trait du crochet de tête de trait de ce côté, et placer ce trait sur l'autre.

Boucler le porte-trait au contre-sanglon de la selle; abattre l'étrier, et reboucler la courroie trousse-étrier; engager la chape du surdos entre les deux cuirs du contre-sanglon de croupière, en arrière des pointes de la selle.

Fixer les traits avec la courroie trousse-traits, comme il est dit plus loin.

Revenir à gauche du cheval; passer le contre-sanglon libre du surdos dans la chape, et le boucler à la courroie-boucleteau.

Boucler le porte-trait au contre-sanglon de la selle; boucler la sous-ventrière; abattre l'étrier gauche, et reboucler la courroie trousse-étrier.

Harnacher le sous-verge de devant.

La couverture étant placée, se porter à la gauche du harnais; le saisir, et le placer, comme il est dit pour le porteur, le surfaix sur le dos du cheval.

Rattacher le cheval.

Dégager la maille de la chaîne de bout de trait du crochet de tête de trait, et placer ce trait sur la croupe.

Mettre le surfaix et le surdos en place.

Passer derrière le cheval; engager la queue dans le culeron.

Se porter à droite; dégager la maille de la chaîne de bout de trait du crochet de tête de trait, et placer ce trait sur l'autre; s'assurer que toutes les parties sont sur leur plat.

Fixer les traits avec la courroie trousse-traits. Revenir à gauche du cheval; boucler le surfaix de sous-verge et la sous-ventrière.

Fixer les traits des chevaux de devant.

Tendre les traits pour amener le crochet de tête de trait près de l'anneau double de longe de trait.

Les traits étant tendus, faire un demi-nœud avec les rallonges, et le placer sur la courroie trousse-traits ; engager la courroie dans les dernières mailles des chaînes de bout de trait, en commençant par celle qu'on tient dans la main gauche ; replier en deux la partie doublée de chaque rallonge sur la courroie trousse-traits, en commençant par celle de gauche.

Boucler la courroie en la serrant fortement.

Brider le sous-verge.

Brider comme il est prescrit aux Bases de l'instruction à cheval pour le cheval de selle. Le cheval étant bridé, déboucler les rênes, les engager dans les anneaux du dessus de cou, les reboucler en les fixant au crochet de surfaix. Détacher la longe, la fixer par le porte-longe à l'anneau droit du mors, la boucle en dehors, passer le bout libre dans l'anneau gauche du mors, la chair du cuir contre la barbe du cheval.

Débrider le sous-verge.

Déboucler les rênes, les dégager des anneaux du dessus de cou, les reboucler. Dégager la longe des anneaux du mors et la fixer à l'anneau de l'alliance, le reste comme pour le cheval de selle.

Roûler les bridons et les placer sur le sous-verge.

1° Roûler les bridons.

Déboucler les sous-gorges, et plier les mors pour amener leurs anneaux et les montants à plat, l'un contre l'autre.

Tirer les rênes de l'un des bridons d'un côté, jusqu'à ce que l'olive du bout opposé touche l'anneau de son côté; disposer le frontal dans le sens de la longueur des montants, l'une des passes ramenée aussi bas que possible sur l'enchapure du mors.

Tirer les rênes du deuxième bridon, comme celles du premier, en laissant environ 15 centimètres entre l'une des olives et l'anneau du mors de son côté; disposer le frontal de manière à ce que les passes soient placées à 10 centimètres environ du milieu du dessus de tête.

Réunir les deux bridons dans la main gauche engagée au milieu du premier, les dessus de tête superposés, le deuxième en dessus, les branches des mors dans le même sens; remonter, sans le tirer, le long côté de la rêne du bridon supérieur vers le dessus de tête, et le maintenir avec la main gauche. Si les sous-gorges dépassent les montants, les relever jusqu'à la hauteur de ceux-ci.

Rouler, avec la main droite, les rênes du bridon inférieur, la fleur du cuir en dehors, autour des bridons, les tours bien jointifs, le premier aussi près que possible des mors; arrivé à l'extrémité des rênes, engager l'olive entre les montants de manière à ce qu'elle se trouve cachée.

Rouler les rênes du bridon supérieur comme les précédentes, et dans le même sens; arrêter l'extrémité près du frontal, en l'engageant en double entre les dessus de tête, l'olive s'appliquant contre les bords de ces derniers. Enfin, engager le frontal apparent entre les dessus de tête et le tirer de manière à former une passe, du côté opposé.

2° Placer les bridons sur le sous-verge.

Les deux bridons roulés comme il est dit ci-dessus, les placer sur la couverture du sous-verge en arrière du surfaix et sous la longe de croupière, les mors du côté montoir et dirigés en arrière. Déboucler les contre-sanglons de porte-traits, et les engager, l'un dans la passe formée par le frontal, l'autre dans la passe formée par l'extrémité des rênes du bridon supérieur, et reboucler les contre-sanglons. On obtient la dernière ganse en tirant la rêne du deuxième bridon de manière à ramener l'olive contre l'anneau du mors.

Placer le fouet.

Engager le manche du fouet, par le gros bout, dans l'anneau gauche du dessus de cou, et le laisser glisser jusqu'à la virole.

Déharnacher le porteur de derrière.

Se placer du côté montoir.

Déboucler le colleron, la sous-ventrière, le porte-trait, et relever l'étrier gauche.

Se porter en arrière du cheval.

Dégager les traits de la courroie trousse-traits, et les croiser sur le dos du cheval.

Déboucler la croupière; dégager le contre-sanglon de bras du haut; reboucler la croupière; relever l'avaloire, le bras du bas à plat sur le bras du haut.

Passer à droite du cheval; engager la dernière maille de la chaîne de bout de trait dans le crochet de tête de trait.

Déboucler le porte-trait; relever l'étrier; revenir à gauche du cheval; engager la dernière maille dans le crochet de tête de trait.

Porter l'avaloire sur le dessus de cou; détacher le cheval; saisir la longe de la main gauche; déboucler le dessus de cou; tenir la bricole avec la main gauche, et le dessus de cou avec la droite; passer le corps de bricole par-dessus la tête du cheval avec la main gauche, et le ramener sur le garrot; reboucler le dessus de cou.

Saisir la bricole avec les deux mains près des boucleteaux de dessus de cou; enlever le harnais, et le placer en arrière du cheval.

Déharnacher le sous-verge de derrière.

Se placer du côté montoir.

Déboucler le colleron, la sous-ventrière et le surfaix.

Se porter en arrière du cheval; dégager les traits de la courroie trousse-traits, et les croiser sur le dos du cheval; dégager la queue du culeron; relever l'avaloire, le bras du bas à plat sur le bras du haut.

Passer à droite du cheval; accrocher la dernière maille du trait à la tête de trait.

Revenir à gauche, et porter l'avaloire et le surfaix sur le dessus de cou.

Accrocher la dernière maille du trait à la tête de trait.

Détacher le cheval, et terminer l'opération comme il est dit pour le porteur.

Déharnacher le porteur de devant.

Se placer du côté montoir.

Déboucler la sous-ventrière et le porte-trait; relever l'étrier; déboucler la courroie-boucleteau de surdos, et dégager le surdos du contre-sanglon de croupière.

Se porter en arrière du cheval.

Détacher les traits; les croiser sur la croupe.

Passer à la droite du cheval.

Déboucler le porte-trait, relever l'étrier droit, et accrocher le trait à la tête de trait.

Revenir du côté montoir.

Accrocher le trait à la tête de trait, et porter le surdos sur le dessus de cou; détacher le cheval;

saisir la longe avec la main gauche, déboucler le dessus de cou ; faire passer le corps de bricole avec la main gauche par-dessus la tête du cheval, et achever de déharnacher comme il est dit pour les chevaux de derrière.

Déharnacher le sous-verge de devant.

Se placer du côté montoir.

Déboucler la sous-ventrière et le surfaix.

Se porter en arrière du cheval.

Détacher les traits ; les croiser sur la croupe ; dégager la queue du culeron.

Passer à droite du cheval pour accrocher la dernière maille du trait à la tête de trait.

Revenir du côté gauche ; accrocher le trait à la tête de trait, et porter le surdos et le surfaix sur le dessus de cou.

Détacher le cheval et achever de déharnacher, comme il est dit pour le porteur.

ARTICLE VI.

Dressage des jeunes chevaux de trait.

Les jeunes chevaux de trait sont d'abord dressés à la selle. (Voir les Bases du Règlement sur l'instruction à pied et à cheval.) On les dresse ensuite à l'attelage.

On commence par habituer le jeune cheval au harnais dans l'écurie; lorsqu'il est calme sous le harnais, on l'attèle d'abord en sous-verge, ensuite en porteur, toujours avec un cheval docile et dressé, et on lui fait exécuter progressivement les mouvements les plus simples de la 2e partie de l'*École du canonnier-conducteur*.

Cette instruction est dirigée par le capitaine-instructeur d'équitation, les jeunes chevaux de trait ne devant être livrés aux batteries que lorsque leur dressage est terminé.

Si un cheval présente des difficultés particulières et fait craindre des accidents, pour l'habituer au harnais à l'écurie, on le tient en main au caveçon, on lui présente le harnais doucement, puis, en le lui étendant sur le dos, on évite de le surprendre. Il ne faut pas négliger de relever et de fixer les traits, qui pourraient battre les flancs du cheval et provoquer de sa part des résistances; on doit boucler la sous-ventrière, aussitôt que possible, et ne mettre la croupière, du reste fort lâche, qu'en dernier lieu; on promène ensuite le cheval en main. Cette leçon est continuée pendant quelques jours, selon la sagesse et la confiance de l'animal.

On commence ensuite les leçons de tirage, en procédant de la manière suivante : le cheval étant tenu en main au caveçon, on prolonge les traits au moyen de longes en corde, puis on les fait tendre par un homme placé derrière le cheval; cet homme agite les traits avec précaution, et les appuie légèrement contre les flancs du cheval, pour l'habituer à ce nouveau contact. On met ensuite le cheval en mouvement au pas, en le tirant en avant avec la longe du caveçon, et on prescrit à l'homme qui tient les traits, d'opposer une résistance progressive. Lorsque cette résistance est insuffisante, on adjoint un homme ou deux à celui qui tient les traits. Si, comme il arrive quelquefois, le cheval se refuse à tirer et s'arrête, il faut diminuer la tension des traits, et ne remettre le cheval en mouvement, que lorsqu'il a repris confiance.

Le fouet doit être banni des premières leçons de tirage, ou au moins, n'être employé qu'avec la plus grande réserve; car il peut être la cause de mouvements précipités et violents qui augmentent la sensibilité des épaules, et retardent le dressage. Lorsqu'au bout de quelques jours, le cheval tire en se livrant, on l'attèle en sous-verge, à un caisson, sur un terrain roulant, et avec un porteur vigoureux, mais calme, qui puisse au besoin l'entraîner. Lorsque le cheval est devenu sage en sous-verge, on l'attèle en porteur, et enfin on le fait entrer dans un attelage complet, en ayant toujours soin de ne lui adjoindre que des chevaux calmes et dressés.

2*

ARTICLE VII.

Définitions et principes particuliers à l'arme de l'artillerie.

Le FRONT, pour l'artillerie attelée, formée soit en bataille soit en colonne, est le devant de la première ligne des canonniers-conducteurs, et, dans l'ordre en batterie, le devant de la ligne des bouches à feu.

Chaque bouche à feu, le personnel nécessaire pour la servir et son caisson, forment un ensemble nommé PIÈCE, dont les éléments ne doivent se séparer que par la nécessité du service et en conservant toujours des relations déterminées.

L'ALIGNEMENT des voitures se prend sur les conducteurs des chevaux de derrière.

L'alignement des bouches à feu séparées de leurs avant-trains dans l'ordre en batterie se prend sur les roues de ces bouches à feu.

Toute troupe (batterie, section ou voiture) qui doit se former et s'aligner sur une autre, s'arrête à 5 mètres en arrière du front, parallèlement à la ligne de formation, pour se porter ensuite sur l'alignement de la troupe déjà formée.

Tout commandant d'une batterie se porte, pour l'aligner, du côté indiqué par le commandement; il en est de même si la batterie qu'il commande, sert de base d'alignement à une autre troupe. Mais le commandant de la batterie qui s'aligne sur une autre troupe, se porte du côté opposé pour l'aligner.

Dans une ligne de bataille composée de diverses armes, les batteries doivent s'aligner de telle manière, que la tête des chevaux de devant de la première ligne de voitures soit à 3 mètres en arrière du premier rang de l'infanterie, et que les chevaux de devant, par suite, soient alignés sur le premier rang de la cavalerie.

Les GUIDES-GÉNÉRAUX sont les deux sous-officiers servant à marquer, dans la formation d'un régiment, les points où sa droite et sa gauche doivent s'appuyer. Ils sont à la disposition des adjudants-majors.

Le GUIDE DE LA MARCHE EN BATAILLE est le chef de la voiture de l'une des ailes de la première ligne de voitures.

Le GUIDE DE COLONNE est le chef de la voiture de l'une des ailes de la ligne des voitures qui sont en tête de la colonne.

Dans l'ordre en colonne, le guide est toujours à gauche, lorsqu'on a rompu la ligne de bataille par la droite; et il est à droite, lorsqu'on l'a rompue par la gauche; les exceptions à cette règle générale sont indiquées au titre des Évolutions.

Lorsque le commandant de la colonne commande un changement de guide, les officiers qui marchent sur le flanc de la colonne passent sur le flanc opposé, du côté du nouveau guide.

Dans la marche oblique, le guide est du côté vers lequel on oblique, et lorsqu'après avoir obliqué, on rentre dans la direction primitive, le guide se reprend où il était précédemment.

Dans une colonne composée de diverses armes, les guides de l'artillerie, lorsqu'on marche le guide à gauche, sont dirigés sur la deuxième file des subdivisions de l'infanterie, du côté des guides, ou sur les guides de la cavalerie; quand on marche le guide à droite, les guides de l'artillerie sont dirigés sur la sixième file des subdivisions de l'infanterie, ou la troisième file des subdivisions de la cavalerie, du côté des guides.

L'A-DROITE (ou l'A-GAUCHE) a pour objet de donner à une voiture une direction perpendiculaire à celle qu'elle avait avant le mouvement.

L'OBLIQUE A DROITE (ou A GAUCHE) a pour objet de donner à une voiture une direction inclinée à 45 degrés à droite (ou à gauche) par rapport à celle qu'elle avait avant le mouvement. L'oblique à droite (ou à gauche) d'une voiture est donc réellement un demi-à-droite (ou un demi-à-gauche).

Il n'y a qu'une seule espèce de CONVERSION, celle *à pivot mouvant*. La voiture qui est du côté du pivot, tourne en dégageant le terrain où commence le mouvement. Lorsque la conversion se fait sur le front d'une section, la voiture pivot décrit un quart de cercle de 5 mètres (*rayon* $3^m,25$). Si la conversion se fait sur le front d'une demi-batterie, la voiture pivot décrit un quart de cercle de 10 mètres (*rayon* $6^m,50$). Si elle a lieu sur le front d'une batterie, la voiture pivot décrit un quart de cercle de 20 mètres (*rayon* 13 mètres). La conversion n'est terminée que lorsque la voiture pivot du 1er rang, après avoir parcouru le quart de cercle prescrit, s'est portée en avant, dans la nouvelle direction, à une distance suffisante pour que la voiture pivot du 2e rang soit entièrement redressée.

Si la conversion se commande de pied ferme, la voiture pivot prend l'allure indiquée par le commandement ; si elle se commande en marche, la voiture pivot conserve son allure. Dans tous les cas, l'aile marchante règle son allure selon le plus ou moins d'étendue du front, de manière à rester le moins longtemps possible en arrière de la ligne, mais sans forcer l'allure des chevaux.

Dans toute conversion, le guide est du côté du pivot, et les intervalles se conservent du même côté. Dès que la conversion est terminée, le guide est commandé du côté de l'aile marchante, sauf dans le cas du changement de direction d'une colonne, où le guide revient sans commandement, après la conversion, du côté où il était précédemment.

Le Demi-tour d'une voiture a pour objet de l'établir sur la même place qu'elle occupait avant le mouvement, mais dans une direction opposée (la tête des chevaux de devant où était le derrière de la voiture, et réciproquement).

Le demi-tour de la pièce se fait toujours avec les chevaux dans tous les mouvements où cette voiture doit faire demi-tour, excepté dans les formations en batterie.

En principe le demi-tour des bouches à feu, pour la mise en batterie, doit être exécuté à bras. Cependant le demi-tour avec les chevaux est employé dans les cas exceptionnels où la nature du terrain rend le demi-tour à bras trop difficile.

La Contre-marche s'applique aux deux voitures en file d'une même pièce (bouche à feu et caisson). Elle

a pour objet de leur faire faire successivement demi-
tour à toutes deux, en leur faisant parcourir la même
piste, et de les établir sur le même terrain qu'elles
occupaient avant le mouvement, mais dans une direction opposée, la bouche à feu occupant la place du
caisson, et réciproquement.

Le DOUBLEMENT s'applique aux deux voitures en file
d'une même pièce (bouche à feu et caisson). Il a pour
objet de faire passer en avant de la voiture qui était
en tête, celle qui marchait en file derrière elle.

ALLURES. Lorsque le commandement n'indique pas
l'allure, le mouvement se fait toujours *au pas*, si la
troupe est de pied ferme; et si elle est en marche, le
mouvement s'exécute à l'allure à laquelle on marchait
précédemment.

DANS LES RÉGIMENTS MONTÉS, les mouvements ne
s'exécutent qu'aux allures *du pas* et *du trot.*

Les servants ne montent sur les coffres que lorsqu'un mouvement doit être exécuté *au trot.*

Par exception à cette disposition, lorsque le commandant de la manœuvre veut augmenter la rapidité
d'exécution des mouvements, il prévient les servants
qu'une fois montés sur les coffres, ils n'en descendront
que pour mettre les pièces en batterie et exécuter les
feux, et qu'ils y remonteront toujours, sans que le
commandement en soit fait, dès que les deux trains
seront réunis. Cette disposition est tout à fait particulière aux manœuvres rapides; en toute autre circonstance, les canonniers-servants marchent à pied.

DANS LES RÉGIMENTS A CHEVAL, tous les mouvements s'exécutent aux allures *du pas* et *du trot*, et un certain nombre d'entre eux à l'allure *du galop*.

Le commandant de la manœuvre fait exécuter *au galop*, les *marches en colonne* et *en bataille*, les *changements de direction*, les *formations en bataille* et les *formations en batterie;* en ayant soin de ne pas laisser les chevaux trop longtemps de suite à cette allure qui ne doit être employée qu'exceptionnellement avec des chevaux attelés.

L'indication d'allonger le trot, particulière à l'exécution de certains mouvements, s'applique spécialement aux RÉGIMENTS MONTÉS; dans les RÉGIMENTS A CHEVAL, au lieu d'allonger le trot, on prend le galop. Toutefois, lorsque des batteries à cheval manœuvrent avec des batteries montées, les batteries à cheval exécutent leur mouvement comme les batteries montées.

La vitesse des allures doit être réglée de manière que, dans une minute, les chevaux parcourent : au pas, 100 mètres; au trot, 240 mètres; et au galop, 300 mètres.

Les COMMANDEMENTS se prononcent suivant le ton et les règles prescrites par le Règlement sur l'instruction à pied et à cheval, et les Règlements sur les manœuvres de l'artillerie (Service des bouches à feu de campagne).

Les commandements EN BATTERIE et COMMENCEZ LE FEU, se prononcent comme commandements d'exécution.

Cas où une ou plusieurs voitures viennent à manquer.

Quand une ou plusieurs voitures sont obligées de s'arrêter par suite d'un accident quelconque, celles qui les suivent les doublent, en les laissant à gauche, et en s'en écartant le moins possible. Les distances et les intervalles continuent d'être observés comme si les voitures arrêtées étaient encore présentes, et les espaces que ces voitures occuperaient restent vides. Dès que l'accident arrivé à une voiture est réparé, son chef lui fait rejoindre à une allure vive sa place dans la batterie.

Pendant l'exécution d'un mouvement ou d'un défilé, une voiture ne s'arrête jamais pour des accidents sans importance, tels que la rupture d'un trait, un cheval empêtré, la perte d'un armement, etc.

En campagne, lorsqu'une bouche à feu est obligée de s'arrêter par suite d'un accident quelconque, le personnel qui la sert et son caisson s'arrêtent avec elle. Les servants défendent leur pièce contre les entreprises de l'ennemi; ils exécutent les manœuvres nécessaires pour réparer l'accident, et, si l'affût est brisé, ils enlèvent leur bouche à feu à l'aide de l'avant-train de la pièce ou de celui du caisson.

Réunion de batteries montées et de batteries à cheval, pour les Évolutions.

Lorsque des batteries montées et des batteries à cheval sont réunies sous le même commandement, pour exécuter des évolutions, les batteries montées prennent les distances et les intervalles des batteries à cheval. Cette disposition est générale, et s'applique non-seulement aux distances et aux intervalles d'une batterie à une autre dans chaque espèce de formation, mais encore aux distances et aux intervalles qui séparent les divers éléments d'une même batterie.

Exemples. Dans les formations en bataille et en colonne, les pièces en tête, les caissons des batteries montées sont séparés de leurs pièces par une distance de 7 mètres.

Dans la formation en colonne par sections, les caissons en tête, les 2e et 3e sections marchent à 7 mètres de distance des pièces de la section qui précède.

Pour passer de l'ordre en bataille à l'ordre en batterie, les pièces, ayant entre elles et leurs caissons la même distance que dans les batteries à cheval, n'ont plus à se porter en avant que de 19 mètres.

ARTICLE VIII.

Modifications à apporter aux Bases de l'instruction, lorsque les batteries d'un régiment attèlent du canon de 12 rayé de campagne.

Le texte du présent Règlement a été rédigé pour le cas le plus général, où les batteries d'un régiment attèlent du canon de 4 rayé de campagne. Lorsqu'elles attèlent du canon de 12 rayé de campagne, les *Bases de l'instruction* subissent les modifications ci-après :

ORDRE EN BATAILLE. — Les batteries sont formées à 24 mètres d'intervalle dans les RÉGIMENTS MONTÉS, et à 30 mètres dans les RÉGIMENTS A CHEVAL.

DANS LES RÉGIMENTS MONTÉS, les intervalles entre les files d'une batterie sont de 12 mètres.

Chaque voiture est attelée de six chevaux, et conduite par trois conducteurs.

Les servants sont au nombre de huit par pièce.

Lorsque les servants sont montés sur les coffres, ils y sont placés dans l'ordre suivant :

	Sur l'avant-train de la pièce.	Sur l'avant-train du caisson.	Sur l'arrière-train du caisson.
A droite .	Pointeur.	1er servant de gauche.	2e servant de droite.
Au milieu.	3e servant de droite (artif. garde-coff.)	3e servant de gauche.	»
A gauche.	Pointeur-servant.	1er servant de droite.	2e servant de gauche.

Dans les régiments a cheval, les intervalles entre les files d'une batterie sont de 15 mètres.

Chaque voiture est attelée de six chevaux, et conduite par trois canonniers-conducteurs.

Les canonniers-servants sont au nombre de dix par pièce, dont deux garde-chevaux.

Rassemblement d'un régiment avec ses pièces. — Les pelotons de canonniers-servants sont réunis par pièce, dans l'ordre suivant :

Régiments montés.

PREMIER RANG.	DEUXIÈME RANG.
Premier servant de gauche.	Premier servant de droite.
Deuxième servant de gauche.	Deuxième servant de droite.
Pointeur.	Pointeur-servant.
Troisième servant de gauche.	Troisième servant de droite (artificier).

Régiments à cheval.

PREMIER RANG.	DEUXIÈME RANG.
Premier servant de gauche.	Premier servant de droite.
Deuxième servant de gauche.	Deuxième servant de droite.
Garde-chevaux.	Garde-chevaux.
Pointeur.	Pointeur-servant.
Troisième servant de gauche.	Troisième servant de droite (artificier).

Dans chaque attelage, les chevaux du milieu sont placés à la gauche des chevaux de devant, et les chevaux de derrière à la gauche des chevaux du milieu.

Ordre en colonne. — Dans les trois espèces d'ordres en colonne: par pièces, par sections, par batteries, les batteries conservent entre elles une distance égale à la moitié de l'intervalle qui les sépare dans l'ordre en bataille: 12 mètres pour les RÉGIMENTS MONTÉS, 15 mètres pour les RÉGIMENTS A CHEVAL.

ORDRE EN BATTERIE. — Les intervalles sont les mêmes que dans l'ordre en bataille.

Réunion de batteries de canon de 4 et de batteries de canon de 12, pour les Évolutions.

Lorsque des batteries d'espèces différentes, soit montées, soit à cheval, attelant les unes du canon de 4, les autres du canon de 12, sont réunies sous le même commandement, pour exécuter des évolutions, toutes ces batteries prennent les distances et les intervalles prescrits pour celles des batteries présentes, dont l'espèce comporte les distances et les intervalles les plus considérables. Cette disposition est générale, et s'applique non-seulement aux distances et aux intervalles d'une batterie à une autre, dans chaque espèce de formation, mais encore à ceux qui séparent les divers éléments d'une même batterie.[1]

1. L'alignement des voitures d'une même ligne, composée de batteries d'espèces différentes, est toujours pris sur les conducteurs des chevaux de derrière quel que soit le nombre des chevaux attelés à ces voitures; d'où il suit que, lorsque des batteries de 4 manœuvrent avec des batteries de 12 et sont formées dans l'ordre en batterie, les bouches à feu des divers calibres devant être alignées entre elles, la distance entre l'extrémité des leviers de pointage et la tête des chevaux de devant des avant-trains est de 6 mètres pour les batteries de 12, attelées à six chevaux, et de 8 mètres pour celles de 4, attelées à quatre chevaux.

ARTICLE IX.

Modifications concernant les batteries mixtes formées par l'artillerie à pied et les escadrons du train.

La batterie mixte de manœuvre, formée par l'artillerie à pied et les escadrons du train, comprend entre autres éléments :

1° *Artillerie*. Un capitaine commandant la batterie ; trois lieutenants ou sous-lieutenants, chefs de section ; six maréchaux-des-logis, chefs de pièce.

2° *Train*. Un lieutenant ou sous-lieutenant, chargé du détachement des attelages ; un maréchal-des-logis, chef de la ligne des caissons ; trois brigadiers, chefs du caisson de droite dans chaque section.

Les attelages sont conduits au parc par le lieutenant du train qui, après avoir fait atteler, reste à la disposition du capitaine-commandant.

Les chefs de pièce marchent à la gauche de leur pièce, à hauteur du coffre d'avant-train et à 1 mètre en dehors de la file des servants.

Lorsque les servants sont montés sur les coffres, les chefs de pièce se placent sur le coffre d'avant-train de leur pièce, entre les pointeurs ; dans ce cas, le troisième servant de droite est placé sur le coffre d'avant-train du caisson entre les deux premiers servants, et le troisième servant de gauche, sur le coffre d'arrière-train du caisson entre les deuxièmes servants.

Dans les revues et inspections, le lieutenant du

3

train se place au centre de la ligne des caissons, sur l'alignement des chevaux de devant, ou à la gauche du capitaine en second, si ce dernier est présent.

Les chefs de pièce se placent sur le flanc du peloton des servants de leur pièce, du côté de l'alignement et à hauteur du premier rang.

Dans les défilés, le lieutenant du train se place comme il suit:

Si on défile en colonne par sections: à 2 mètres du flanc, et à hauteur du milieu de la batterie du côté opposé aux guides; le chef de la ligne des caissons marche à 1 mètre derrière le lieutenant du train.

Si on défile en colonne par demi-batteries: à 2 mètres du flanc, et à hauteur des chevaux de devant de la deuxième demi-batterie, du côté opposé aux guides; le chef de la ligne des caissons marche à 1 mètre derrière le lieutenant du train.

Si on défile par batterie, le lieutenant du train se place au centre de la ligne des caissons, sur l'alignement des chevaux de devant, ou près et à hauteur du capitaine en second, si cet officier est présent. Le lieutenant du train se place à la gauche du capitaine en second, si on défile avec le guide à droite; et à sa droite, si on défile avec le guide à gauche.

Si on défile par batterie à intervalles serrés, le lieutenant du train marche à 2 mètres du flanc, à hauteur des chevaux de devant des caissons, du côté opposé au guide.

Lorsque le chef d'escadron commandant l'escadron du train assiste à une revue où figurent des batteries mixtes, il occupe, en bataille, la droite du rang formé par le capitaine-trésorier, le capitaine d'habillement, etc.

Pour les défilés, il se place à la gauche du major et sur le même alignement.

ARTICLE X.

Mesures des éléments et des formations de chaque espèce de batteries de manœuvre.

Ces mesures, exprimées en nombres ronds, sont d'une exactitude suffisante, pour obtenir la précision désirable dans les manœuvres et les évolutions.

ÉLÉMENTS.		Front.	Profondeur.
		mètres.	mètres.
Pièce ou caisson attelé de	4 chevaux. . .	2	11
	6 chevaux. . .	2	13
Avant-train attelé de . . .	4 chevaux. .	2	8
	6 chevaux. . .	2	10
Bouche à feu en batterie,	de 4	2	4
avec le levier de pointage	de 12.	2	5
RÉGIMENTS A CHEVAL.			
Pelotons de servants . . .	Batterie de 4.	4	5
	Batterie de 12.	5	5

FORMATIONS.		Batterie de 4.		Batterie de 12.	
		Mon-tée.	A cheval.	Mon-tée.	A cheval.
		mètres.	mètres.	mètres.	mètres.
Une section en ba-taille ou en co-lonne	Front . . .	14	17	16	19
	Profondeur.	23	29	27	33
Une section dans l'ordre en batterie	Front . . .	14	17	16	19
	Profondeur.	39	39	44	44
Une batterie en ba-taille	Front . . .	62	77	72	87
	Profondeur.	23	29	27	33
Une batterie en ba-taille, pour une revue	Front . . .	62	77	72	87
	Profondeur.	37	37	41	41
Une batterie en co-lonne par section	Front . . .	14	17	16	19
	Profondeur.	71	89	83	101
Une batterie dans l'ordre en batterie	Front . . .	62	77	72	87
	Profondeur.	39	39	44	44

ARTICLE XI.

Sonneries.

Les sonneries sont celles prescrites dans le Règle-ment sur l'instruction à pied et à cheval, plus quatre sonneries particulières, qui sont:

Pour les RÉGIMENTS MON-TÉS et les RÉGIMENTS A CHEVAL. } *La contre-marche.* *En batterie.*

Pour les **régiments mon-**
tés.
$\left\{\begin{array}{l}\textit{Faire monter les servants} \\ \quad \textit{sur les coffres.} \\ \textit{Faire descendre les ser-} \\ \quad \textit{vants des coffres.}\end{array}\right.$

(Le cahier de ces quatre sonneries est placé à la fin du présent Règlement.)

Tableau des sonneries employées aux manœuvres et aux évolutions des batteries attelées.

Régiments montés et régiments à cheval.

1. En avant.
2. Halte.
3. A gauche.
4. A droite.
5. Demi-tour (à gauche).
6. Contre-marche.
7. Ralliement (des fractions d'une batterie, ou des batteries, après l'exécution des feux en avançant, ou en retraite).
8. Au pas.
9. Au trot.
10. En batterie.
11. Commencer ou cesser le feu (on sonne un demi-appel).

Régiments montés.

12. Faire monter les servants sur les coffres.
13. Faire descendre les servants des coffres.

Régiments à cheval.

14. Au galop.

TITRE II.

ÉCOLE
DU CANONNIER-CONDUCTEUR.

PREMIÈRE PARTIE.

Amener les chevaux sur le terrain.

Monter à cheval.

Ajuster les rênes.

De l'usage de la longe et du fouet.

Rassembler les chevaux.

Marcher.

Arrêter.

A-gauche.

A-droite.

Demi-à-gauche, demi-à-droite.

Reculer et cesser de reculer.

Marcher à main gauche, marcher à main droite.

Tourner à gauche, tourner à droite, en marchant.

Arrêter et repartir.

DEUXIÈME PARTIE.

Disposition des attelages.

Rompre par attelage.

Entrer au parc.

Atteler.

Rompre le parc.

Marcher.

Arrêter.

A-gauche, à-droite.

Demi-tour à gauche.

Demi-à-gauche, demi-à-droite.

Reculer et cesser de reculer.

Reculer à droite, reculer à gauche.

Marcher à main gauche, marcher à main droite.

Tourner à gauche, tourner à droite, en marchant.

PREMIÈRE PARTIE. (*Suite.*)
Passer du pas au trot, et du trot au pas.
Changements de main.
A-gauche ou à-droite par canonnier, en marchant.
Étant de pied ferme, partir au trot.
Marchant au trot, arrêter.
Passer du trot au grand trot, et du grand trot au trot.
Mettre pied à terre.
Défiler.

DEUXIÈME PARTIE. (*Suite.*)
Arrêter et repartir.
Passer du pas au trot, et du trot au pas.
Changement de direction dans la largeur du manége.
Changement de direction dans la longueur du manége.
Changement de direction oblique, par voiture.
A-gauche, à-droite, par voiture, en marchant.
Demi-tour à gauche, les voitures marchant à la même hauteur.
Demi-tour à gauche, les voitures marchant en colonne.
Étant de pied ferme, partir au trot.
Marchant au trot, arrêter.
Passer du trot au grand trot, et du grand trot au trot.
Former le parc.
Dételer.
Sortir du parc.
Former les attelages en bataille.

PREMIÈRE PARTIE.

1. On réunit pour cette première partie de la leçon, huit couples de chevaux de trait, au plus.

L'instructeur est à pied; il est secondé par un sous-instructeur, également à pied.

Les canonniers sont placés sur un seul rang, à 4 mètres l'un de l'autre; ils sont en veste et bonnet de police.

Les chevaux sont harnachés et brides.

Amener les chevaux sur le terrain.

2. Le canonnier placé entre ses deux chevaux les amène sur le terrain, les rênes du porteur passées sur l'encolure. Il tient les rênes du porteur avec la main gauche, à 16 centimètres de la bouche du cheval, les ongles en dessous, et tient de la main droite la longe du sous-verge.

Si la porte de l'écurie est étroite, le canonnier, pour sortir de l'écurie, met d'abord son porteur en mouvement, et continue de tenir la longe du sous-verge avec la main droite, en la portant en arrière, afin de faire passer le sous-verge après le porteur.

Arrivé sur le terrain, le canonnier fait face à ses chevaux; passe le bras droit entre les rênes du porteur, double la longe du sous-verge à 1 mètre environ du mors; engage de dessous en dessus, avec la main gauche, cette partie doublée dans l'anneau de la courroie d'accouple fixée à la selle; passe avec la main droite, dans la boucle ainsi formée, le bout libre ployé en ganse; serre en tirant de la main gauche; se place à gauche de son porteur, et prend la position du canonnier avant de monter à cheval, comme il est prescrit à l'Instruction à cheval.

Monter à cheval.

3. L'instructeur commande :

PRÉPAREZ-VOUS POUR MONTER = (*à*) CHEVAL.

2 *temps*, le 2e divisé en 2 *mouvements*.

A la première partie du commandement qui est PRÉPAREZ-VOUS POUR MONTER, rester immobile.

A la dernière partie du commandement qui est (*à*) CHEVAL, le mouvement s'exécute comme il est prescrit à l'Instruction à cheval.

A = CHEVAL.

2 *temps.*

1. A la première partie du commandement qui est A, le mouvement s'exécute comme il est prescrit à l'Instruction à cheval.

2. A la dernière partie du commandement qui est CHEVAL, le mouvement s'exécute comme il est prescrit à l'Instruction à cheval.

Les rênes du porteur étant ajustées, saisir le fouet de la main droite, en engageant le poignet dans le cordon, serrer le bouton coulant, saisir avec la main droite, les ongles en dessous, la longe du sous-verge à 50 centimètres environ du mors, les doigts fermés, le pouce allongé sur la longe, le bras tombant naturellement, le manche du fouet dirigé en avant et à gauche, l'extrémité de la mèche dans la main droite.

Ajuster les rênes.

4. L'instructeur commande :

AJUSTEZ ⚌ VOS RÊNES.

2 *temps.*

1. A la première partie du commandement qui est AJUSTEZ, abandonner la longe, et exécuter le premier temps d'*Ajuster les rênes*, comme il est prescrit à l'Instruction à cheval, en conservant le fouet dans la main droite.

2. A la dernière partie du commandement qui est VOS RÊNES, exécuter le deuxième temps d'*Ajuster les rênes*, et ressaisir la longe.

De l'usage de la longe et du fouet.

5. La longe et le fouet sont pour le sous-verge, ce que les rênes et les jambes sont pour le porteur; si le sous-verge se porte trop en avant, le calmer avec la longe, par de légers temps d'arrêt, en rapprochant la main droite de l'encolure; s'il reste en arrière, lui faire sentir légèrement le fouet, sur la hanche droite; s'il jette les épaules en dedans, lui faire sentir légèrement le manche du fouet sur la joue gauche; s'il jette les hanches en dehors, opposer les épaules aux hanches en employant le même moyen; si ce moyen ne suffit pas, lui faire sentir le fouet sur la hanche droite. Toutes les fois que le canonnier se sert de la longe, il doit éviter d'agir brusquement, surtout pour arrêter et reculer, afin de ne pas mettre le sous-verge sur les jarrets.

Rassembler les chevaux.

6. Exécuter pour le porteur ce qui est prescrit à l'Instruction à cheval, élever en même temps la main droite, en la rapprochant de l'encolure du sous-verge.

Marcher.

7. L'instructeur commande :

      1. *Canonniers en avant.*

      2. MARCHE.

Au commandement *Canonniers en avant*, rassembler les chevaux.

Au commandement MARCHE, mettre le porteur en mouvement comme il est prescrit à l'Instruction à cheval ; rendre en même temps au sous-verge, en baissant la main droite, et la portant en avant ; le sous-verge ayant obéi, replacer la main droite par degrés.

Arrêter.

8. Après quelques pas, l'instructeur commande :

      1. *Canonniers.*

      2. HALTE.

Au commandement *Canonniers*, rassembler les chevaux, sans ralentir leur allure.

Au commandement HALTE, arrêter le porteur comme il est prescrit à l'Instruction à cheval ; élever en même temps la main droite par degrés, en la rapprochant de l'encolure pour forcer le sous-verge à s'arrêter droit.

A-gauche.

9. L'instructeur commande :

    1. *Canonniers à gauche.*

    2. MARCHE.

    3. HALTE.

Au commandement *Canonniers à gauche*, rassembler les chevaux.

Au commandement MARCHE, faire exécuter un *à-gauche* au porteur, en lui faisant parcourir un quart de cercle de 5 mètres ; rendre en même temps au sous-verge, et lui faire parcourir un quart de cercle de 7 mètres, en allongeant l'allure.

Au commandement HALTE, arrêter les deux chevaux et les maintenir droits.

A-droite.

10. L'instructeur commande :

    1. *Canonniers à droite.*

    2. MARCHE.

    3. HALTE.

Au commandement *Canonniers à droite*, rassembler les chevaux.

Au commandement MARCHE, faire exécuter un *à-droite* au porteur, en allongeant l'allure, et en lui faisant parcourir un quart de cercle de 7 mètres ; déterminer en même temps le sous-verge en avant sur un quart de cercle de 5 mètres, en lui faisant sentir, s'il est nécessaire, le manche du fouet sur la joue gauche.

Au commandement HALTE, arrêter et maintenir les chevaux droits.

Demi-à-gauche, demi-à-droite.

11. L'instructeur commande :

> 1. *Canonniers oblique à gauche (ou à droite).*[1]
> 2. MARCHE.
> 3. HALTE.

Ce mouvement s'exécute suivant les principes prescrits pour faire un *à-gauche* ou un *à-droite*, en observant d'agir avec assez de modération, pour ne faire exécuter aux chevaux que la moitié d'un *à-gauche* ou d'un *à-droite*.

12. Afin de mieux faire comprendre les mouvements détaillés n°ˢ 9, 10 et 11, l'instructeur se place à l'épaule du porteur ou du sous-verge, et figure chaque mouvement à pied, en décrivant l'arc de cercle prescrit.

Reculer et cesser de reculer.

13. L'instructeur commande :

> 1. *Canonniers en arrière.*
> 2. MARCHE.
> 3. *Canonniers.*
> 4. HALTE.

Au commandement *Canonniers en arrière*, rassembler les chevaux.

---

1. Contrairement aux principes de l'École du canonnier, l'oblique dans les manœuvres de voitures est un demi, et non un quart d'à-gauche ou d'à-droite.

Au commandément MARCHE, mêmes principes que pour arrêter, en observant, dès que les chevaux obéissent, de baisser et d'élever successivement les mains, pour *arrêter* et *rendre.*

Au commandement *Canonniers,* se préparer à arrêter,

Au commandement HALTE, rendre aux deux chevaux, et replacer les mains.

Marcher à main gauche, marcher à main droite

14. L'instructeur commande :

1. *Canonniers à gauche* (ou *à droite*).
2. MARCHE.
3. *En* = AVANT.

Aux premier et deuxième commandéments, les canonniers se conforment à ce qui est prescrit pour faire un *à-gauche* (ou un *à-droite*) de pied ferme, comme il est prescrit nos 9 et 10.

A la dernière partie du troisième commandement, qui est AVANT, les canonniers marchent droit devant eux, et suivent celui qui est en tête, ayant entre eux la distance de 1 mètre 50 centimètres de tête à croupe.

Lorsque le canonnier, qui est en tête, arrive au petit côté du manége, l'instructeur fait tourner à gauche ou à droite, suivant la main à laquelle il veut faire marcher. Les canonniers étant tous en file sur l'un des grands côtés, l'instructeur les arrête, les partage en deux colonnes égales, met d'abord en mouvement les canonniers de la première colonne, et met ensuite en mouvement ceux de la deuxième, de manière que les deux colonnes marchent à la même hauteur.

L'instructeur fait prendre 3 mètres de distance de tête à croupe.

Les canonniers qui conduisent les colonnes, règlent leur allure de manière à arriver ensemble aux angles opposés du manége; le conducteur de la deuxième colonne se réglant sur celui de la première.

Tourner à gauche, tourner à droite, en marchant.

15. Les canonniers suivent le conducteur, et font, en arrivant aux angles du manége, un *à-gauche* ou un *à-droite*, en marchant.

Arrêter et repartir.

16. Les canonniers marchant en colonne sur les grands côtés, l'instructeur commande:

1. *Colonne.*
2. HALTE.

Les canonniers arrêtent comme il est prescrit nº 8.

Pour les remettre en mouvement, l'instructeur commande:

1. *Colonne en avant.*
2. MARCHE.

Les canonniers se portent en avant comme il est prescrit nº 7.

Passer du pas au trot, et du trot au pas.

17. L'instructeur fait exécuter ces mouvements aux commandements et suivant les principes prescrits à l'Instruction à cheval.

Il faut rendre au sous-verge; et pour lui faire prendre le trot, se servir modérément du fouet, s'il est nécessaire; on doit ensuite calmer le sous-verge par des temps d'arrêt, en rapprochant la main de l'encolure.

Changements de main.

18. L'instructeur fait exécuter ce mouvement comme il est prescrit à l'Instruction à cheval, ayant l'attention de faire ses commandements assez à temps pour que les deux colonnes ne se rencontrent pas à la fin du changement de main.

A-gauche ou à-droite par canonnier, en marchant.

19. L'instructeur fait exécuter ce mouvement comme il est prescrit à l'Instruction à cheval.

En passant dans les intervalles, les canonniers doivent tenir les jambes près, pour empêcher le ralentissement de l'allure. Ils doivent aussi tenir la main droite haute et ferme pour empêcher le sous-verge de ruer.

20. L'instructeur fait exécuter d'abord au pas, et ensuite au trot, les changements de main, ainsi que les *à-gauche* et les *à-droite* en marchant.

Dans l'exécution de ces mouvements, il ne s'attache pas à l'ensemble; mais il veille, avec le plus grand soin, à ce que les canonniers fassent une application exacte des principes qui leur ont été donnés de pied ferme.

21. Pour faire *repos*, l'instructeur fait exécuter aux canonniers un *à-gauche* ou un *à-droite*, lorsque les colonnes sont sur le milieu des grands côtés du manége, et il fait arrêter hors de la piste.

Pour recommencer le travail, il remet les canonniers en mouvement, par un *à-droite* ou un *à-gauche*.

L'instructeur profite de ces repos pour interroger les canonniers sur la dénomination des différentes parties du harnais d'attelage, sur leur usage, sur la manière de les ajuster, et il fait replacer les parties du harnachement qui se seraient dérangées pendant le travail.

Étant de pied ferme, partir au trot.

22. Les canonniers étant en colonne, sur les grands côtés, l'instructeur commande :

> 1. *Colonne en avant.*
> 2. *Au trot.*
> 3. MARCHE.

Au commandement *Au trot*, rassembler ses chevaux.

Au commandement MARCHE, faire partir ses deux chevaux ensemble *au trot*, sans à-coup, en se servant du fouet pour le sous-verge, si cela est nécessaire.

Marchant au trot, arrêter.

23. Les canonniers marchant *au trot*, et en colonne sur les grands côtés, l'instructeur commande :

> 1. *Colonne.*
> 2. HALTE.

Au commandement *Colonne*, rassembler les chevaux.

Au commandement HALTE, les arrêter d'après les principes prescrits.

L'instructeur exige que tous les canonniers partent franchement *au trot* au commandement MARCHE, et qu'ils arrêtent tous à la fois et sans à-coup, au commandement HALTE.

Passer du trot au grand trot, et du grand trot au trot.

24. Les canonniers marchant au trot et en colonne sur les grands côtés, l'instructeur commande :

ALLONGEZ.

Au commandement ALLONGEZ, baisser les mains ; fermer les jambes progressivement, et activer le sous-verge avec le fouet, si cela est nécessaire.

Après un ou deux tours au plus, l'instructeur commande :

RALENTISSEZ.

Au commandement RALENTISSEZ, ralentir progressivement l'allure, en se maintenant à sa distance.

L'instructeur veille à ce que les conducteurs des colonnes n'augmentent ou ne ralentissent l'allure que progressivement, de manière à éviter les à-coup.

25. Pour terminer le travail, l'instructeur réunit les colonnes ; à cet effet, les deux colonnes marchant sur la piste, il arrête le canonnier qui conduit la première reprise, et prescrit à tous les autres de serrer à 1 mètre 50 centimètres de distance ; les canonniers ne formant plus qu'une seule colonne, l'instructeur les remet en mouvement ; et lorsque la colonne est tout entière sur l'un des grands côtés du manége, l'instructeur fait exécuter aux canonniers un *à-gauche* ou un *à-droite*, et les fait arrêter hors de la piste.

Mettre pied à terre.

26. L'instructeur commande :

PRÉPAREZ-VOUS POUR METTRE ⹀ PIED A TERRE.

2 temps.

1. A la première partie du commandement qui est PRÉPAREZ-VOUS POUR METTRE, abandonner la longe du sous-verge; engager le manche du fouet dans l'anneau gauche du dessus de cou du porteur, le laisser glisser jusqu'à la virole, et replacer la main droite sur le côté.

2. A la dernière partie du commandement qui est PIED A TERRE, le mouvement s'exécute comme il est prescrit à l'Instruction à cheval.

PIED = (à) TERRE.

2 *temps*, le 2e divisé en 2 *mouvements*.

Ce qui s'exécute comme il est prescrit à l'Instruction à cheval.

Défiler.

27. L'instructeur commande :

1. *Par la droite* (ou *par la gauche*) = DÉFILEZ.
2. MARCHE.

A la dernière partie du premier commandement qui est DÉFILEZ, décrocher la gourmette du porteur; faire face à ses chevaux; découpler avec la main gauche; se placer entre les deux chevaux, tenant de la main gauche les rênes du porteur, et de la main droite la longe du sous-verge reployée vers son milieu.

Au commandement MARCHE, le mouvement s'exécute comme il est prescrit à l'Instruction à cheval.

DEUXIÈME PARTIE.

28. On réunit pour cette deuxième partie de 8 à 12 couples, dont moitié en chevaux de derrière, et moitié en chevaux de devant, formant de 4 à 6 attelages, pour atteler de 4 à 6 pièces ou caissons de 4 rayé de campagne. [1]

L'instructeur est à cheval ; il est secondé par deux sous-instructeurs également à cheval.

La tenue des hommes et celle des chevaux sont les mêmes que pour la première partie.

Lorsque les canonniers commencent à exécuter cette deuxième partie correctement, l'instructeur, pendant le travail, les fait changer de chevaux entre eux, de manière à ce qu'ils soient également exercés à conduire des chevaux de derrière et des chevaux de devant. A la fin du travail, chacun reprend ses chevaux.

Cette deuxième partie de la leçon se donne dans un rectangle de 100 mètres environ de longueur, sur 60 mètres de largeur ; chaque coin est marqué par un chandelier.

Disposition des attelages.

29. Au sortir de l'écurie, les canonniers se forment à pied, sur un seul rang, chacun d'eux ayant soin de conserver deux tiers de mètre d'intervalle, entre son sous-verge et le porteur de son voisin de droite. A mesure que chaque canonnier prend place dans le rang, il accouple ses chevaux comme il est prescrit. Les canonniers qui conduisent les chevaux de devant occupent la droite de chaque attelage. Si le parc est formé sur plusieurs lignes, à la gauche du premier attelage se trouve celui qui doit atte-

---

1. Un appendice, faisant suite à cette partie de la leçon, indique les modifications qu'il est nécessaire d'y apporter, lorsqu'on attèle des voitures appartenant aux batteries de 12 rayé de campagne.

ler la voiture en file derrière la première; et à la gauche de celui-ci, l'attelage de la troisième voiture de la même file, etc.; puis l'attelage de la deuxième voiture de la première ligne, et ainsi de suite, les attelages d'une même file de voitures étant toujours placés sur une même ligne, de la droite à la gauche.

L'instructeur fait *monter à cheval*, comme il est prescrit n° 3, puis il commande :

    1. *A droite* = ALIGNEMENT.
    2. FIXE.

Au commandement *A droite* = ALIGNEMENT, les canonniers s'alignent à droite, ayant soin de conserver deux tiers de mètre d'intervalle, entre leur sous-verge et le porteur de leur voisin de droite.

Rompre par attelage.

30. Pour rompre par attelage et se former en colonne, l'instructeur commande :

    1. *Par file à droite.*
    2. MARCHE.

Au commandement MARCHE, le canonnier placé à la droite du rang exécute un *à-droite*, et se porte en avant.

Ce mouvement est exécuté successivement par tous les autres canonniers, qui rompent de manière à se trouver à deux tiers de mètre de distance de tête à croupe.

L'un des sous-instructeurs marche en tête de la colonne, pour la diriger.

Entrer au parc.

31. L'instructeur dirige la colonne vers la gauche du parc; et lorsque la tête de la colonne arrive à hauteur de la voiture de gauche de la première ligne, il commande:

1. *Pour atteler.*

2. MARCHE.

Au commandement MARCHE, le premier attelage se dirige de manière à longer les timons, parallèlement à la ligne des voitures; arrivé à 3 mètres de la voiture qu'il doit atteler, il fait, sans commandement, tête de colonne à gauche, et se prolonge, dans la direction du timon, jusqu'à ce que les chevaux de derrière aient exécuté leur mouvement; l'attelage s'arrête alors sans commandement. Les autres attelages continuent de marcher, et chacun d'eux se place, par un mouvement semblable, dans le prolongement du timon de la voiture qu'il doit atteler. S'il y a plusieurs lignes de voitures, les attelages de la deuxième ligne exécutent, relativement à cette ligne, le mouvement qui est prescrit pour la première, de même pour la troisième ligne, et ainsi de suite.

Atteler.

32. Les attelages étant tous placés dans le prolongement du timon de la voiture qu'ils doivent atteler, l'instructeur fait d'abord *mettre pied à terre*, ensuite il commande:

ATTELEZ.

Au commandement ATTELEZ (si les canonniers sont en armes, ils mettent le sabre au crochet), chaque canonnier-conducteur fait face à ses chevaux, et saisit, de la main droite, les rênes de son porteur, et de la main gauche, la longe du sous-verge, près de l'anneau gauche du mors; le conducteur de derrière fait reculer ses chevaux, de manière à pouvoir atteler aisément; déploie les branches de support; fixe les courroies d'agrafe du colleron aux anneaux coulants, et accroche les chaînes de bout de timon aux crochets de plate-longe, en commençant par le porteur; il se porte ensuite derrière le sous-verge, en passant par la droite; détache les traits; les accroche, par la première maille, aux crochets d'attelage, en commençant par celui du dedans; reboucle la courroie trousse-traits; passe au pas de course derrière la voiture; relève la servante; détache les traits du porteur; les accroche par la dernière maille, en commençant par celui du dedans; reboucle la courroie trousse-traits, et prend la position du canonnier avant de monter à cheval.

L'instructeur fait remarquer aux canonniers que le sous-verge se trouve ainsi attelé plus court que le porteur, disposition qui a pour but de faire tirer les deux chevaux également.

Le conducteur de devant fait reculer ses chevaux dès que les chaînes de bout de timon sont accrochées; se porte derrière le sous-verge, en passant par la droite; détache les traits, et quand le sous-verge de derrière est attelé, il accroche les traits de son sous-verge aux crochets de tête de trait du sous-verge de derrière, en commençant par celui du dehors, et en ayant soin de faire passer le trait intérieur, par-dessus la chaîne de bout de timon; il reboucle la courroie

trousse-traits; détache les traits du porteur; les accroche aux crochets de tête de trait du porteur de
derrière, en commençant par celui du dedans, qu'il
a soin de faire passer par-dessus la chaîne de bout de
timon, et prend la position du canonnier avant de
monter à cheval.

Si les canonniers sont en armes, ils décrochent le sabre,
en se reportant à la tête de leurs chevaux.
Les chevaux étant attelés, l'instructeur fait *monter à
cheval.* Il examine ensuite si les traits ont la longueur prescrite; si toutes les parties du harnachement sont régulière-
ment placées et convenablement ajustées, et il fait rectifier
tout ce qui est défectueux.

Rompre le parc.

33.   Pour rompre le parc par la droite, l'instructeur commande:

> 1. *Par la droite* = *rompez le parc.*
> 2. MARCHE.

Au commandement MARCHE, la voiture de droite se
porte droit devant elle; elle est suivie par celle qui est
immédiatement à sa gauche, laquelle ne se met en
mouvement que lorsque les roues de derrière de la
première voiture arrivent à hauteur de ses chevaux
de devant; elle oblique alors à droite, marche dans
cette nouvelle direction jusqu'à ce qu'elle rencontre
la colonne, où elle prend rang en se redressant. Ce
mouvement est exécuté successivement par toutes les
voitures, chacune d'elles forçant d'autant plus son
degré d'obliquité, qu'elle est plus éloignée du point de

rupture. Toutes les voitures conservent entre elles 1 mètre de distance.

Dans la première séance de cette partie de la leçon, le mouvement qui précède n'a pour but que de conduire les voitures sur le terrain de manœuvre.

L'instructeur ne peut exiger qu'il s'exécute avec une grande précision; il surveille le mouvement de chaque voiture, de manière à ce que la colonne se forme sans désordre.

Un des sous-instructeurs dirige la tête de la colonne.

34. Pour rompre le parc par la gauche, le mouvement s'exécute suivant les mêmes principes et par les moyens inverses.

35. Lorsque le parc est formé sur deux lignes, chaque voiture de la première ligne est immédiatement suivie de celle de la deuxième. La deuxième voiture de la première ligne ne rompt que lorsque les roues de derrière de la première voiture de la deuxième ligne arrivent à hauteur des chevaux de devant.

Lorsqu'il y a plus de deux lignes, il est donné des ordres pour déterminer de quelle manière les autres lignes doivent déparquer.

36. La colonne est conduite sur le terrain de manœuvre; lorsqu'elle est près d'y arriver, l'instructeur l'arrête par les commandements: 1. *Colonne;* 2. HALTE; puis il place successivement, et par de simples avertissements, les voitures à 12 mètres d'intervalle les unes des autres, sur une même ligne parallèle au grand côté du manége.

Les voitures étant ainsi placées, l'instructeur fait commencer le travail de pied ferme. La première fois que les canonniers exécutent ce travail, l'instructeur passe successivement d'une voiture à l'autre, et ne fait exécuter chacun des mouvements, qu'à une seule voiture à la fois.

Marcher.

37. L'instructeur commande:

3*

1. *Caissons* (ou *pièces*)[1] *en avant.*
2. Marche.

Au commandement *Caissons en avant*, rassembler les chevaux, et faire tendre les traits.

Au commandement Marche, les conducteurs se portent en avant ensemble, et sans à-coup, comme il est prescrit nº 7.

Arrêter.

38. Après quelques pas, l'instructeur commande :

1. *Caissons.*
2. Halte.

Au commandement *Caissons*, rassembler les chevaux, sans ralentir l'allure.

Au commandement Halte, les conducteurs arrêtent comme il est prescrit nº 8. Le conducteur de derrière emploie, pour arrêter, un peu plus de force que celui de devant, en raison de l'impulsion de la voiture ; la voiture étant arrêtée, faire tendre les traits, en portant avec ménagement les chevaux un pas ou deux en avant.

A-gauche, à-droite.

39. L'instructeur commande :

1. *Caissons à gauche* (ou *à droite*).
2. Marche.
3. Halte.

Au commandement *Caissons à gauche*, rassembler les chevaux.

---

1. Le commandement que doit faire l'instructeur, dépend de l'espèce de voitures qu'il dirige.

Au commandement MARCHE, le conducteur de devant exécute un *à-gauche*, comme il est prescrit n° 9.

Le conducteur de derrière vient tourner, en se conformant aux mêmes principes, sur le même terrain où le conducteur de devant a tourné.

Au commandement HALTE, les conducteurs arrêtent, et font tendre les traits.

Le conducteur de devant, en entrant dans la nouvelle direction, dirige ses chevaux sans les faire tirer, et il ne fait tendre les traits que lorsque le conducteur de derrière est dans la nouvelle direction.

L'instructeur commande HALTE, à l'instant où les voitures sont redressées dans la nouvelle direction.

Demi-tour à gauche.

40. L'instructeur commande :

    1. *Caissons demi-tour à gauche.*
    2. MARCHE.
    3. HALTE.

Au commandement MARCHE, le conducteur de devant place de suite ses chevaux dans la direction du *demi-à-droite*; marche 7 mètres dans cette direction; revient à gauche en avançant jusqu'à 10 mètres de son point de départ, et, continuant son mouvement à gauche, dépasse de 2 mètres la direction primitive, dans laquelle il rentre par un *demi-à-gauche*.

Le conducteur de derrière suit la piste du conducteur de devant, en soutenant fortement ses chevaux à droite, pendant toute la première partie du mouvement; quand le conducteur de devant rentre dans la direction pri-

mitive, le conducteur de derrière se conforme à son
mouvement, et rentre aussi dans cette direction, de
manière que les roues de derrière ne la dépassent pas,
et se trouvent à la place qu'occupaient les chevaux de
devant avant le mouvement.

L'instructeur fait le commandement HALTE, à l'instant où
la voiture est redressée, à la place qu'elle doit occuper.

L'instructeur figure le mouvement à pied, en faisant voir
à chaque conducteur la piste qu'il doit suivre.

Demi-à-gauche, demi-à-droite.

41. L'instructeur commande :

1. *Caissons oblique à gauche* (ou *oblique à droite*).
2. MARCHE.
3. HALTE.

Ce mouvement s'exécute suivant les principes prés-
crits pour faire un *à-gauche* (ou un *à-droite*), avec
cette différence que le conducteur de devant ne décrit
que la moitié d'un quart de cercle de 5 mètres, et se
porte ensuite droit devant lui ; le conducteur de derrière se conforme au mouvement de celui de devant.

Reculer et cesser de reculer.

42. L'instructeur commande :

1. *Caissons en arrière.*
2. MARCHE.
3. *Caissons.*
4. HALTE.

Au commandement *Caissons en arrière*, rassembler
les chevaux.

Au commandement MARCHE, les conducteurs font reculer leurs chevaux suivant les principes prescrits nº 13, le conducteur de derrière ayant soin d'employer plus de force que celui de devant. Si la voiture ne recule pas droit, faire appuyer le timon du côté opposé à celui vers lequel la voiture recule.

Au commandement HALTE, cesser de reculer, et faire tendre les traits.

Le conducteur de devant conforme son mouvement à celui du conducteur de derrière, de manière à ne le gêner en rien.

Reculer à droite, reculer à gauche.

43. L'instructeur commande :

     1. *Caissons en arrière à droite.*

     2. MARCHE.

     3. *Caissons.*

     4. HALTE.

Au commandement *Caissons en arrière à droite,* porter les timons à droite, sans avancer ni reculer.

Au commandement MARCHE, faire reculer les chevaux, en les maintenant à droite, et en ayant soin que le mouvement du sous-verge précède celui du porteur.

Au commandement HALTE, redresser les chevaux et les voitures, et faire tendre les traits.

44. On fait reculer à gauche, suivant les mêmes principes et par les moyens inverses.

45. Le mouvement de reculer à droite ou à gauche est employé quand on est obligé de faire demi-tour dans un espace qui manque de largeur, comme, par exemple, dans une rue étroite.

Dans ce cas, après avoir obliqué à droite jusqu'à ce qu'on soit à 2 mètres environ du mur, on recule à droite jusqu'à ce que le derrière de la voiture touche le mur, et il devient alors facile de terminer le demi-tour. On exécute le mouvement inverse, si l'on veut reculer à gauche.

Marcher à main gauche, marcher à main droite.

46. L'instructeur, après s'être assuré que les voitures sont sur la même ligne et à 12 mètres d'intervalle, commande :

1. *Caissons à droite* (ou *à gauche*).
2. Marche.
3. *En* = avant.

Aux premier et deuxième commandements les conducteurs se conforment à ce qui est prescrit pour faire exécuter à leur voiture un *à-droite* (ou un *à-gauche*), de pied fermé.

A la dernière partie du commandement *En* = avant, faite dès que les voitures ont achevé leur *à-droite* (ou leur *à-gauche*), ces voitures se portent droit devant elles, et suivent celle qui est en tête, ayant entre elles 3 mètres de distance, d'une voiture à l'autre.

Lorsque la voiture qui est en tête est près d'arriver au petit côté du manége, l'instructeur, par un simple avertissement, la fait tourner à gauche ou à droite, suivant la main à laquelle il veut faire marcher.

Les voitures étant toutes en file sur l'un des grands côtés, l'instructeur les arrête, les partage en deux colonnes égales, met d'abord en mouvement les voitures de la première colonne, et met ensuite en mouvement celles de la deuxième, de manière que les deux colonnes marchent à la même hauteur.

Dans chaque colonne, les conducteurs de la voiture qui est en tête règlent leur allure de manière à arriver en même temps aux angles opposés du manége, ceux de la deuxième colonne se réglant sur ceux de la première.

Tourner à gauche, tourner à droite en marchant.

47. Dans chaque colonne, les conducteurs de la voiture qui est en tête, en arrivant aux angles du manége, font exécuter à leur voiture un *à-gauche* ou un *à-droite* en marchant, suivant la main à laquelle ils marchent, et en se conformant aux principes prescrits de pied ferme.

Chacune des autres voitures suit le mouvement de celle qui la précède.

Arrêter et repartir.

48. Les voitures marchant en colonne sur les grands côtés, l'instructeur commande :

1. *Colonne.*
2. Halte.

Au commandement *Colonne*, rassembler les chevaux.

Au commandement Halte, les conducteurs arrètent tous à la fois bien droit, et à leur distance.

Pour remettre les voitures en mouvement, l'instructeur commande :

1. *Colonne en avant.*
2. Marche.

Au commandement *Colonne en avant*, rassembler les chevaux, et faire tendre les traits.

Au commandement Marche, les conducteurs se mettent en mouvement ensemble et sans à-coup.

Passer du pas au trot, et du trot au pas.

49. Les voitures marchant en colonne sur les grands côtés, l'instructeur commande :

1. *Au trot.*
2. MARCHE.

Au commandement *Au trot,* rassembler les chevaux, sans augmenter leur allure.

Au commandement MARCHE, les conducteurs prennent le *trot*, ayant soin de modérer l'allure de leurs chevaux.

50. Les voitures marchant au trot et en colonne sur les grands côtés, pour faire passer du trot au pas, l'instructeur commande :

1. *Au pas.*
2. MARCHE.

Au commandement *Au pas,* rassembler les chevaux, sans ralentir leur allure.

Au commandement MARCHE, les voitures passent au pas ; celles placées en tête de colonne, ayant soin d'allonger les premiers pas.

Changement de direction dans la largeur du manége.

51. L'instructeur commande :

1. *Tournez* = (à) GAUCHE (ou [à] DROITE).
2. *En* = AVANT.

A la dernière partie du premier commandement qui est GAUCHE, les conducteurs de la première voiture lui font exécuter un *à-gauche*.

A la dernière partie du deuxième commandement qui est AVANT, ils se portent droit devant eux, et traversent le manége dans sa largeur, suivis des conducteurs des autres voitures, qui font exécuter successivement à chacune d'elles un *à-gauche* sur le même terrain que la première.

Lorsque le conducteur de devant de la première voiture arrive à 4 mètres de la piste opposée, l'instructeur commande :

1. *Tournez* = (*à*) DROITE (ou [*à*] GAUCHE).
2. *En* = AVANT.

A la dernière partie du premier commandement qui est DROITE, la première voiture tourne à droite, et à la dernière partie du deuxième commandement qui est AVANT, elle suit la piste.

Le premier commandement doit être fait assez à temps pour que les colonnes ne se rencontrent pas à la fin du changement de direction.

Changement de direction dans la longueur du manége.

52. Mêmes principes et mêmes commandements que pour le changement de direction dans la largeur.

L'instructeur fait le commandement *Tournez*, à l'instant où la première voiture passe le coin, et le commandement (*à*) GAUCHE (ou [*à*] DROITE), lorsque la première voiture est complétement redressée.

Les canonniers traversent le manége dans sa longueur, en ligne droite, en se laissant mutuellement à droite, lorsqu'ils ont fait un *à-gauche*, et à gauche, lorsqu'ils ont fait un *à-droite*, et ils rentrent sur la piste, aux commandements : 1. *Tournez* = (*à*) DROITE (ou [*à*] GAUCHE); 2. *En* = AVANT.

Changement de direction oblique par voiture.

53. Les colonnes marchant à main gauche, l'instructeur fait commencer un changement de direction dans la longueur du manége; et aussitôt que les voitures sont en file, il arrête les colonnes, et commande:

> 1. *Caissons oblique à gauche.*
> 2. Marche.
> 3. Halte.

Ce qui s'exécute comme il est prescrit n° 41.

Ce mouvement exécuté, l'instructeur commande:

> 1. *Caissons en avant.*
> 2. Marche.

Les conducteurs marchent à une allure bien égale, faisant suivre à chaque voiture la direction qu'elle a prise.

Lorsque les conducteurs des chevaux de devant sont à 3 mètres de la piste, l'instructeur commande:

$$En = \text{AVANT.}$$

Au commandement *En* = AVANT, les voitures se redressent en avançant, et rentrent sur la piste.

L'instructeur fait répéter ces mouvements sans arrêter; à cet effet, après avoir commencé le changement de direction dans la longueur, aussitôt que les deux rangs se trouvent en colonne au milieu du manége, il commande:

> 1. *Caissons oblique à gauche.*
> 2. Marche.
> 3. *En* = AVANT.

54. Le changement de direction oblique, en marchant à main droite, s'exécute suivant les mêmes principes et par les moyens inverses, aux commandements : 1. *Caissons oblique à droite* ; 2. MARCHE; 3. *En* ⸗ AVANT.

55. L'instructeur fait exécuter ces changements de direction d'abord au pas et ensuite au trot.

Il se règle, pour faire ses commandements, sur celle des deux voitures tête de colonne, qui est la plus avancée, sauf à rectifier ensuite la faute commise par celle qui a augmenté ou ralenti l'allure.

A-gauche, à-droite, par voiture en marchant.

56. Les voitures marchant en colonne et à main gauche, sur les grands côtés, l'instructeur commande:

> 1. *Caissons à gauche.*
> 2. MARCHE.
> 3. *En* ⸗ AVANT.

Au commandement *Caissons à gauche*, les conducteurs rassemblent leurs chevaux.

Au commandement MARCHE, chaque voiture exécute un *à-gauche* en marchant.

A la dernière partie du troisième commandement qui est AVANT, les conducteurs se portent bien droit devant eux, en conservant leur allure et leur direction, de manière que chaque voiture trouve devant elle l'intervalle où elle doit passer, et la place qu'elle doit reprendre dans la colonne, sur la piste opposée.

En passant dans les intervalles, les conducteurs doivent tenir les jambes près, et activer le sous-verge, pour empêcher le ralentissement de l'allure.

Les voitures marchant sur deux colonnes, l'instructeur doit avoir l'attention de faire le commandement préparatoire assez à temps pour commander MARCHE, à l'instant où le conducteur de devant de la première voiture arrive à hauteur du conducteur de devant de la dernière voiture de la colonne opposée.

Le premier *à-gauche* exécuté, lorsque les chevaux de devant des voitures les plus avancées sont près d'arriver à 4 mètres de la piste opposée, l'instructeur commande :

> 1. *Caissons à gauche.*
> 2. MARCHE.
> 3. *En* = AVANT.

Au commandement MARCHE, les voitures exécutent un *à-gauche* en marchant.

A la dernière partie du troisième commandement qui est AVANT, elles rentrent sur la piste.

L'instructeur fait répéter les mêmes mouvements pour remettre les voitures dans l'ordre où elles étaient précédemment.

57. L'*à-droite* par voiture s'exécute, en marchant à main droite, suivant les mêmes principes que l'*à-gauche* et par les moyens inverses.

Demi-tour à gauche, les voitures marchant à la même hauteur.

58. Les voitures marchant en colonne et étant arrivées vers le milieu des grands côtés, l'instructeur fait exécuter un *à-gauche* ou un *à-droite* par voiture en marchant, suivant la main à laquelle on marche, puis il commande :

> 1. *Caissons demi-tour à gauche.*
> 2. MARCHE.
> 3. *En* = AVANT.

Au commandement *Caissons demi-tour à gauche,* les conducteurs rassemblent leurs chevaux.

Au commandement Marche, chaque voiture exécute un *demi-tour à gauche* en marchant, suivant les principes prescrits de pied ferme.

A la dernière partie du troisième commandement qui est avant, chaque voiture se porte droit devant elle.

L'instructeur doit faire le commandement *Caissons demi-tour à gauche* assez à temps pour commander Marche, lorsque les conducteurs de devant arrivent à 10 mètres au moins de la piste opposée.

Après le mouvement, il remet les voitures sur la piste, en leur faisant exécuter un *à-gauche* ou un *à-droite*.

Demi-tour à gauche, les voitures marchant en colonne.

59. Les voitures marchant en colonne à main droite, sur les grands côtés, et les chevaux de devant des premières voitures étant à 10 mètres au moins du petit côté, l'instructeur commande :

    1. *Caissons demi-tour à gauche.*

    2. Marche.

    3. *En =* avant.

Aux premier et deuxième commandements, les conducteurs se conforment à ce qui est prescrit n° 40, ceux de la voiture qui devient tête de colonne ayant l'attention de faire leur mouvement sans ralentir l'allure, afin de ne pas retarder les autres.

Au troisième commandement, les conducteurs se portent droit devant eux et suivent la piste.

Pour remettre les colonnes dans l'ordre primitif, l'instructeur fait d'abord exécuter un changement de direction dans la largeur, et ensuite un deuxième *demi-tour à gauche*.

4

60. L'instructeur fait exécuter d'abord ces divers mouvements au pas, en insistant particulièrement sur le demi-tour; il ne s'attache pas à l'ensemble, mais veille avec le plus grand soin à ce que les conducteurs fassent une application exacte des principes qui leur ont été donnés de pied ferme.

Lorsque les conducteurs exécutent correctement et sans indécision ces mouvements *au pas*, l'instructeur les fait répéter *au trot*.

Étant de pied ferme, partir au trot.

61. Les voitures étant en colonne sur les grands côtés, l'instructeur commande :

> 1. *Colonne en avant.*
> 2. *Au trot.*
> 3. Marche.

Au commandement *Au trot*, rassembler les chevaux.

Au commandement Marche, partir *au trot*, sans à-coup, en se servant du fouet, pour le sous-verge, si cela est nécessaire.

Marchant au trot, arrêter.

62. Les voitures marchant *au trot*, et en colonne sur les grands côtés, l'instructeur commande :

> 1. *Colonne.*
> 2. Halte.

Au commandement *Colonne*, rassembler les chevaux.

Au commandement Halte, arrêter d'après les principes prescrits.

L'instructeur exige que tous les conducteurs partent franchement *au trot*, au commandement Marche; et que pour arrêter, ils agissent tous à la fois et sans à-coup au commandement Halte, en observant qu'une voiture lancée au trot ne peut pas arrêter court, et qu'elle doit encore marcher 4 ou 5 mètres après le commandement HALTE.

Passer du trot au grand trot, et du grand trot au trot.

63. Les voitures marchant au trot, et en colonne sur les grands côtés, l'instructeur commande :

ALLONGEZ.

Au commandement ALLONGEZ, les conducteurs allongent progressivement l'allure, en baissant les mains, en fermant les jambes, et en activant le sous-verge avec le fouet, si cela est nécessaire.

Les conducteurs tiennent les jambes près, et les rênes courtes pour être toujours maîtres de leurs chevaux ; ils regardent attentivement devant eux, observant de régler leur allure sur celle des voitures qui les précèdent.

L'instructeur ne fait faire à cette allure allongée qu'un ou deux tours au plus à chaque main.

64. Pour faire passer du grand trot au trot, l'instructeur commande :

RALENTISSEZ.

Au commandement RALENTISSEZ, chaque voiture ralentit progressivement son allure, en conservant sa distance.

65. Lorsque les conducteurs ont été suffisamment exercés à exécuter ces mouvements aux commandements ALLONGEZ et RALENTISSEZ, l'instructeur peut quelquefois, pour les fortifier dans les principes, prévenir les conducteurs des voitures tête de colonne, d'augmenter ou de ralentir leur allure peu à peu, et de temps à autre, sans commande-

ment; il recommande alors aux conducteurs des voitures
qui suivent, d'employer les moyens prescrits pour se maintenir à leur distance.

L'instructeur insiste particulièrement, dans l'exécution
de ces mouvements importants, sur la nécessité pour les
conducteurs, d'observer attentivement les voitures qui les
précèdent, de manière à régler leur allure sur celle de
ces voitures. Il leur explique que si la voiture qui les précède immédiatement ralentit par à-coup, ils doivent vivement obliquer leurs chevaux à gauche ou à droite, suivant
la main à laquelle ils marchent, de manière à ne pas se
jeter sur cette voiture, se tenant prêts à la doubler, si
elle venait à s'arrêter.

66. Pour faire *repos*, l'instructeur fait exécuter un *à-
gauche* ou un *à-droite*, lorsque les colonnes sont sur les
grands côtés, et il les fait arrêter hors de la piste.

L'instructeur fait de fréquents *repos*. Il en profite pour
interroger les conducteurs sur les instructions qu'ils ont
reçues; pour leur faire figurer à pied le tracé du demi-
tour, ou les quarts de cercle que leurs chevaux doivent parcourir dans l'exécution des *à-gauche*, des *à-droite*, etc.

Il les exerce à enrayer et à désenrayer suivant les principes prescrits dans le Règlement sur le service des
bouches à feu de campagne.

67. L'instructeur fait faire quelquefois *repos en marchant*.
Pendant ces repos, l'instructeur exerce les conducteurs
à mettre *pied à terre* et à *monter à cheval, en marchant*.

Pour mettre pied à terre en marchant, le conducteur
désigné met pied à terre, sans abandonner son fouet,
ayant soin de porter le pied droit le plus en avant
possible de l'épaule du cheval; il dégage promptement
le pied gauche de l'étrier; se porte à hauteur de la
tête de son porteur, et saisit avec la main droite les
deux rênes pour le diriger.

Lorsque le canonnier est en armes, il met le sabre au
crochet, avant de mettre pied à terre.

Pour monter à cheval en marchant, le conducteur désigné abandonne les rênes; fait demi-tour à droite; prend une poignée de crins de la main gauche; saisit l'étrier de la main droite; le chausse lestement; s'enlève, en appuyant la main droite sur le troussequin, et se met légèrement en selle.

Lorsque le conducteur est en armes, il met le sabre au crochet avant de monter à cheval, et arrivé en selle, il décroche le sabre.

68. Pour terminer le travail, l'instructeur réunit les colonnes; à cet effet les deux colonnes marchant sur la piste, il arrête la voiture qui est en tête de la première reprise, et prescrit à toutes les autres de serrer à 1 mètre de distance. Les voitures ne formant plus qu'une seule colonne l'instructeur les remet en mouvement et les dirige vers le parc.

Former le parc.

69. Si la ligne, sur laquelle on doit former le parc, est en avant de la colonne, l'instructeur commande :

1. *En avant, à* (tant) *de mètres = formez le parc*
2. MARCHE.
3. HALTE.

Au commandement MARCHE, la première voiture continue de marcher droit devant elle, et s'arrête au commandement HALTE. Toutes les autres voitures font immédiatement un *demi-à-gauche*; marchent dans cette direction; se redressent vis-à-vis de la place qu'elles doivent occuper sur la ligne, et s'arrêtent, sans commandement, à hauteur et à gauche des voitures déjà parquées.

Si le parc doit être formé sur le flanc gauche de la colonne, l'instructeur commande :

1. *A gauche, à* (tant) *de mètres = formez le parc.*
2. Marche.
3. Halte.

Au commandement Marche, la première voiture tourne à gauche, se porte droit devant elle, et s'arrête au commandement Halte.

Toutes les autres voitures continuent de marcher droit devant elles ; tournent successivement à gauche à 3 mètres avant d'arriver à hauteur de la place qu'elles doivent occuper sur la ligne, et s'arrêtent, sans commandement, à hauteur et à gauche des voitures déjà parquées.

Si le parc doit être formé sur le prolongement en avant du flanc droit de la colonne, l'instructeur commande :

1. *Sur la droite, à* (tant) *de mètres = formez le parc.*
2. Marche.
3. Halte.

Au commandement Marche, la première voiture tourne à droite, se porte droit devant elle, et s'arrête au commandement Halte.

Toutes les autres voitures continuent de marcher droit devant elles ; et, après avoir dépassé la voiture qui les précédait, tournent successivement à droite à 3 mètres avant d'arriver à hauteur de la place qu'elles doivent occuper sur la ligne ; elles s'arrêtent, sans commandement, à hauteur et à gauche des voitures déjà parquées.

L'instructeur dirige la tête de la colonne à 20 mètres au moins en arrière du front du parc, si on doit former le parc sur une ligne, et à 40 mètres au moins, si on doit former le parc sur deux lignes.

70. Lorsque le parc doit être formé sur deux lignes, le mouvement s'exécute suivant les mêmes principes; chaque voiture de la deuxième ligne suit le mouvement de la voiture correspondante de la première ligne, et s'arrête dans la direction de cette voiture, à sa distance.

Dételer.

71. Le parc étant formé, l'instructeur fait *mettre pied à terre*, et il commande:

DÉTELEZ.

Au commandement DÉTELEZ (si les canonniers sont en armes, ils mettent le sabre au crochet), le conducteur de devant se porte en avant de ses chevaux, leur faisant face; les fait reculer, pour pouvoir dételer facilement; passe à la gauche de son porteur; décroche les traits, en commençant par celui du dehors; les replie, et les fixe ainsi qu'il est prescrit aux Bases de l'instruction, titre Ier, art. V; il agit de la même manière pour dételer le sous-verge, en terminant toutefois par le trait du dehors, et revient, passant derrière ses chevaux, prendre la position du canonnier avant de monter à cheval.

Le conducteur de derrière se porte à la volée; abat la servante; décroche, replie et fixe les traits du porteur; passe au pas de course derrière la voiture; détèle le sous-verge; se porte en avant de ses chevaux; décroche la chaîne de bout de timon, et déboucle la courroie d'agrafe du sous-verge; en fait autant pour le porteur; réunit les branches de support en avant; les enveloppe d'un tour avec les chaînes de bout de timon, et reprend la position du canonnier avant de monter à cheval.

Lorsque les conducteurs sont en armes, ils décrochent le sabre, après avoir dételé.

L'instructeur fait ensuite *monter à cheval*.

72. Lorsque les conducteurs exécutent sans hésitation les mouvements d'atteler et de dételer, l'instructeur leur fait exécuter ces mouvements aux commandements *Attelez à volonté* et *Dételez à volonté*. Au commandement *Attelez à volonté*, les conducteurs mettent pied à terre, attèlent et remontent à cheval; et au commandement *Dételez à volonté*, ils mettent pied à terre, dételent et remontent à cheval.

Sortir du parc.

73. Pour sortir du parc, l'instructeur commande :

    1. *Sortez du parc.*
    2. Marche.

Au commandement Marche, l'attelage de la voiture de droite se porte en avant pour dégager le timon. Le conducteur de devant prend ensuite la direction qui lui est indiquée; il est suivi par le conducteur de derrière. Les autres attelages rompent successivement, de manière à prendre leur place dans la colonne, sans perdre leur distance.

Si le parc est formé sur deux lignes, les attelages de la seconde ligne se mettent en mouvement, dans chaque file, en même temps que les attelages correspondants de la première ligne, et allongent le pas pour reprendre leur distance dans la colonne.

Former les attelages en bataille.

74. La colonne étant arrivée dans la cour du quartier, l'instructeur commande :

1. FRONT.
2. HALTE.
3. *A droite* = ALIGNEMENT.
4. FIXE.

Au commandement FRONT, le canonnier qui est en tête de la colonne tourne à gauche, et se porte droit devant lui.

Au commandement HALTE, il s'arrête.

Les autres canonniers exécutent successivement un *à-gauche* lorsqu'ils sont près d'arriver vis-à-vis de la place qu'ils doivent occuper dans le rang, et ils s'arrêtent à hauteur de ce rang, ayant soin de conserver deux tiers de mètre d'intervalle, de leur sous-verge au porteur de leur voisin de droite.

Au commandement *A droite* = ALIGNEMENT, les canonniers s'alignent à droite, en conservant leurs intervalles.

75 Pour rentrer les chevaux à l'écurie, l'instructeur fait *mettre pied à terre* et *défiler*, comme il est prescrit n°s 26 et 27.

———

APPENDICE.

---

76. Lorsque la deuxième partie de l'*École du canonnier-conducteur* doit être exécutée avec des voitures appartenant aux batteries de 12 rayé de campagne, les attelages sont à 6 chevaux.

Tous les mouvements de cette deuxième partie sont applicables aux voitures attelées à 6 chevaux.

Ces mouvements se font aux mêmes commandements que pour les voitures attelées à 4 chevaux, et leur exécution a lieu suivant les mêmes principes, sauf les modifications ci-après :

Atteler. — Le conducteur du milieu attèle ses chevaux suivant les principes prescrits pour le conducteur de devant. Le conducteur de devant attend, pour accrocher les traits de ses chevaux, que les chevaux du milieu soient attelés.

Travail de pied ferme. — Pour exécuter le travail de pied ferme, les voitures sont établies à 15 mètres d'intervalle.

A gauche, à droite. — Le conducteur du milieu tourne sur le même terrain où le conducteur de devant a tourné.

Demi-tour à gauche. — Le conducteur de devant place de suite ses chevaux dans la direction du *demi-à-droite*; marche 7 mètres dans cette direction; tourne en avançant jusqu'à 13 mètres de son point de départ, et dépasse de 3 mètres à gauche la direction primitive.

En commençant le mouvement, le conducteur du milieu fait appuyer fortement ses chevaux à droite, puis il suit le conducteur de devant.

Demi-tour à gauche, les voitures marchant à la même hauteur. — L'instructeur fait le commandement préparatoire de manière à commander MARCHE, lorsque les chevaux de devant sont à 13 mètres au moins du grand côté.

Demi-tour à gauche, les voitures marchant en colonne. — L'instructeur fait le commandement préparatoire assez à temps pour commander MARCHE, lorsque les chevaux de devant des premières voitures sont à 13 mètres au moins du petit côté opposé.

NOTE
CONCERNANT LES DISPOSITIONS A PRENDRE PENDANT·LES MARCHES.

Surveillance des officiers.

Pendant les marches, les officiers s'arrêtent fréquemment pour voir défiler la portion de colonne qu'ils commandent, et s'assurent ainsi que les voitures marchent en ordre, que les sous-officiers et brigadiers sont à leur poste et surveillent les voitures qui leur sont confiées.

A la sortie d'un défilé ou d'un lieu habité, les officiers et sous-officiers veillent avec soin à ce qu'aucune voiture ne reste en arrière, et que toutes marchent à leur distance ; s'il est nécessaire, le commandant fait arrêter la tête de colonne, pour faire reprendre les distances et donner à la colonne le temps de se reformer avec ordre et sans augmenter l'allure.

Difficultés du terrain.

Quelle que soit la nature du terrain, il faut, avant de mettre une voiture en mouvement, que les traits de tous les chevaux soient tendus, afin que tout l'attelage fasse effort en même temps et sans à-coup.

Si le terrain présente au départ des difficultés, telles que sillons, marécages, ornières, etc., il faut diriger les chevaux obliquement, afin de faciliter le mouvement des roues de devant et par suite celui de la voiture, et ensuite obliquer dans le sens opposé pour prendre la direction convenable.

Si le terrain est généralement difficile, les voitures prennent entre elles 4 ou 5 mètres de distance pour que chacune puisse choisir son chemin: les conducteurs tiennent les jambes près, et activent le sous-verge, afin que le pas soit franc et décidé; on veille à ce que les chevaux de derrière ne soient pas plus ménagés que ceux de devant.

Montées.

Si la montée est rapide et courte, les conducteurs ont les jambes près, et soutiennent leurs chevaux sans gêner leur allure; on prend 8 ou 10 mètres de distance d'une voiture à l'autre; le pas doit être décidé; il faut activer le sous-verge avec le fouet s'il est nécessaire, afin qu'il emploie toute sa force; la montée franchie, on doit ralentir l'allure pendant quelques minutes pour rétablir les distances et faire reprendre haleine aux chevaux.

Si la montée est longue et peu rapide, on fait arrêter la colonne au bas de la côte, et mettre pied à terre à tous les conducteurs; chaque voiture se met en mouvement successivement, en prenant 10 mètres de distance, et les chevaux marchent au pas habituel.

Si la montée est longue, rapide, et le chemin en mauvais état, indépendamment de ce qui a été prescrit pour le cas précédent, on fait dételer les chevaux de devant de la deuxième moitié des voitures; on les attèle sur celles de la première moitié; on dispose sur les flancs de la colonne des canonniers-servants prêts à caler les roues au besoin; dans les passages étroits et bordés de précipices, les conducteurs se placent à la tête de leurs chevaux, du côté du précipice, pour les diriger et les soutenir.

S'il y a de la glace sur la montée, il faut la casser ou jeter de la terre dessus.

Quelles que soient les difficultés du terrain, il ne faut pas atteler plus de 10 chevaux à une même voiture; au delà de ce nombre, et même déjà alors, il devient difficile de faire agir avec ensemble un si nombreux attelage, et l'on est exposé, par défaut d'accord, à des retards et à des accidents.

Descentes.

Les conducteurs ne doivent jamais mettre pied à terre dans les descentes; le conducteur de derrière doit tenir son porteur en main et son sous-verge très-court; les autres chevaux ont les traits à peine tendus.

Enrayer.

Lorsqu'il est nécessaire d'enrayer, le conducteur de derrière dans les attelages à 4 chevaux, ou le conducteur du milieu dans les attelages à 6 chevaux, est toujours chargé de mettre pied à terre pour enrayer et pour désenrayer.

Dans les descentes rapides et difficiles on ne laisse que les chevaux de derrière; on place des servants et des chevaux en retraite, et chaque voiture descend successivement.

Tournants difficiles.

Dans les tournants difficiles, pour tourner à gauche, par exemple, il faut obliquer d'abord à droite le plus possible, tourner ensuite à gauche, de manière à passer près de l'obstacle sans le toucher, et se prolonger vers la droite de la route autant que le permet sa largeur ; si la longueur de l'attelage présente quelques difficultés, il faut dételer le plus de chevaux possible ; enfin, si tout cela est insuffisant, il faut séparer les deux trains, et faire tourner à bras l'arrière-train.

Franchir un mauvais pas.

Pour éviter d'être arrêté par un mauvais pas, il convient de faire marcher chaque voiture à 8 ou à 10 mètres de celle qui la précède ; on place ensuite, au point où l'obstacle présente le plus de difficultés, un officier ou un sous-officier, qui recommande aux conducteurs de tenir les jambes près et d'activer les sous-verges avec le fouet, afin de marcher à une allure franche et décidée, et de faire tirer tous les chevaux avec ensemble et avec force.

L'obstacle franchi, on calme les chevaux et l'on reprend les distances.

En aucun cas, les conducteurs ne doivent s'arrêter lorsqu'un trait vient à casser. Ils doivent continuer de marcher et profiter du premier temps d'arrêt pour rajuster le trait rompu.

Passer un fossé.

Pour passer un fossé, une tranchée ou un ruisseau profond, il faut, comme dans les cas précédents, augmenter les distances, placer près de l'obstacle un officier ou un sous-officier qui fait exécuter ce qui vient d'être dit; il recommande de passer autant que possible ces obstacles perpendiculairement à leur direction; cependant si les attelages étaient trop faibles, il faudrait couper l'obstacle diagonalement, en n'y faisant entrer les roues d'un même train que successivement.

Avec les affûts menés à la prolonge, après que les chevaux et l'avant-train ont franchi l'obstacle, il faut faire tendre la prolonge avec précaution, et n'agir avec force que quand la crosse est dégagée de la crête du fossé, de manière à ce qu'elle ne puisse y être arrêtée.

Passer un gué.

Quand le fond ou la sortie d'un gué présentent des difficultés, il faut doubler les attelages et placer un sous-officier à l'entrée du gué et un autre à la sortie : le premier fait observer les distances et prévient les conducteurs de ce qu'ils ont à faire, l'autre les dirige à la sortie du gué.

Dans cette circonstance, la manière de conduire les chevaux, de régler l'allure, est absolument la même que pour franchir un mauvais pas; mais surtout il

faut empêcher les chevaux de boire et de s'arrêter; à
cet effet, les conducteurs doivent constamment les
tenir dans les mains et dans les jambes jusqu'à ce
qu'ils soient arrivés sur la rive opposée.

Il faut faire passer sur le plus grand front possible.

Passage des ponts militaires.

A l'entrée des ponts on met pied à terre, excepté
les conducteurs de derrière; les conducteurs qui ont
mis pied à terre marchent à hauteur de la tête de leurs
chevaux, tenant les rênes du porteur avec la main
droite, près du mors. On laisse 20 mètres de
distance d'une voiture à l'autre; elles marchent à une
allure franche et décidée, en suivant, autant que possible, le milieu du tablier du pont; si le tablier est
mouillé, les conducteurs soutiennent leurs chevaux
pour les empêcher de glisser.

Pour passer un pont volant, on détèle; on place
les voitures à bras sur le tablier, de manière à laisser
dans le milieu du pont un espace libre pour les hommes et les chevaux; on enraie, et on cale les roues.

Les conducteurs tiennent leurs chevaux leur faisant
face.

Marche de nuit, et dans un bois.

Dans les marches de nuit, la surveillance des officiers et des sous-officiers doit être plus soutenue et
plus active encore que dans les marches de jour: ils
veillent à ce que les conducteurs ne dorment point à

cheval, à ce que chaque voiture soit constamment à sa distance et dans la même voie que celle qui la précède; ils ne souffrent pas que les conducteurs mettent pied à terre sans y être autorisés; à chaque halte, et avant de monter à cheval, ils prescrivent aux conducteurs de soulever et de tirer à eux les traits de leurs chevaux, pour s'assurer que ceux-ci ne sont pas empêtrés.

Si l'on doit traverser un bois touffu, dont les chemins sont obstrués par des branches, on fait mettre pied à terre aux conducteurs; mais si les chemins sont étroits et encaissés, les ornières profondes et le terrain glissant, ils doivent rester sur leurs chevaux pour les soutenir et les activer.

Généralement, quand on marche dans un pays accidenté et coupé de fossés profonds, on envoie en avant un officier ou un sous-officier chargé de reconnaître les passages; il est accompagné de servants munis de pioches et de pelles, pour abattre les crêtes des fossés et aplanir les difficultés du terrain.

ÉCOLE DE SECTION.

77. Les canonniers ayant été suffisamment exercés à conduire une voiture dans toutes les directions *au pas* et *au trot*, on les fait passer à l'*École de section*, qui a pour but de les confirmer dans les principes, et de les former au travail d'ensemble, en leur faisant exécuter tous les mouvements de la section dans la batterie.

Lorsque les mouvements sont bien exécutés *au pas*, l'instructeur les fait répéter *au trot*, exigeant toujours la même précision.

Dans les sections à cheval, l'instructeur fait exécuter, comme complément d'instruction, des marches en colonne ou en bataille, et des formations en batterie à l'allure du *galop*; mais il a soin de ne pas laisser les chevaux longtemps de suite à cette allure, qui ne doit être employée qu'exceptionnellement avec des chevaux attelés.

La section est composée comme il est prescrit (tit. 1er, art. 1er).

Un sous-officier, sous le nom de *sous-instructeur*, est chargé de seconder l'instructeur; il tient la place du chef de section, l'instructeur devant être libre de ses mouvements, afin de mieux surveiller l'instruction. La place du sous-instructeur est à 1 mètre du flanc, du côté où l'a placé la rupture, et à hauteur du chef de la pièce qui est en tête, toutes les fois que la section est en colonne; au centre de la section, à hauteur des conducteurs de devant du premier rang, lorsque la section est en bataille; et au milieu de l'intervalle des pièces, à égale distance des bouches à feu et des avant-trains, lorsque la section est en batterie.

La place des chefs de pièce ou de caisson est habituellement près et à hauteur du conducteur de devant de la voiture qu'ils sont chargés de diriger. Lorsqu'il est fait exception à cette règle, le détail l'indique.

DANS LES SECTIONS MONTÉES, les servants ne sont appelés à l'*École de section* qu'à partir du deuxième article.

DANS LES SECTIONS A CHEVAL, les servants doivent, en principe, être présents à tous les exercices de l'*École de section*.

Lorsque les servants ont des mouvements particuliers à exécuter, le détail en est donné. Il n'est pas parlé d'eux dans les différents cas où les servants à pied conservent leur position, soit autour de la pièce, soit sur les coffres, et où les servants à cheval n'ont qu'à suivre leur pièce.

Le texte de l'École de section s'applique également à une section de 4 rayé, soit MONTÉE, soit A CHEVAL, en tenant compte, pour ce dernier cas, des distances et des intervalles nécessités par les pelotons de servants à cheval.

Les modifications que doit subir le texte pour être applicable à une section de 12 rayé de campagne, sont consignées dans un *Appendice* faisant suite à l'*École de section*.

Pour l'*École de section*, les canonniers sont en petite tenue, en armes et shakos.

Les chevaux sont sellés sans schabraque ; les sous-verges ne portent habituellement ni les bridons, ni la couverture.

L'instructeur et le sous-instructeur ont le sabre à la main.

ARTICLE Ier.

Dispositions préparatoires.

Entrer au parc. — Atteler. — Rompre le parc.

Principes d'alignement.

Alignement de la section.

Rompre la section par pièces.

Marche directe en colonne par pièces.

Changement de direction.

Arrêter la colonne et la porter en avant.

Marche oblique individuelle.

Marche de flanc.

Demi-tour individuel.

Contre-marche.

Doublement de voitures.

La section marchant en colonne par pièces, la former en avant, à gauche ou sur la droite en bataille.

Marche directe de la section en bataille.

Contre-marche.

Conversions.

Marche oblique individuelle.

Marche de flanc.

Demi-tour individuel.

Doublement de voitures.

Serrer et reprendre l'intervalle.

Rompre la section par pièces à la même allure.

Former la section à la même allure.

Rompre la section par pièces en doublant l'allure.

Former la section en doublant l'allure.

Former le parc. — Dételer. — Sortir du parc.

Dispositions préparatoires.

78. Les servants sont réunis sur deux rangs et partagés en deux pelotons destinés chacun à servir une pièce; le peloton qui doit servir la première pièce occupe la droite.

Dans chaque peloton, les servants sont placés dans l'ordre suivant:

Sections montées.

PREMIER RANG.	DEUXIÈME RANG.
Premier servant de gauche.	Premier servant de droite.
Pointeur.	Pointeur-servant.
Deuxième servant de gauche.	Deuxième servant de droite [1] (garde-coffre).

Sections à cheval.

PREMIER RANG.	DEUXIÈME RANG.
Premier servant de gauche.	Premier servant de droite.
Garde-chevaux.	Garde-chevaux.
Pointeur.	Pointeur-servant.
Deuxième servant de gauche.	Deuxième servant de droite (garde-coffre).

Les conducteurs sont réunis à cheval, sur un seul rang, à la gauche des servants ; ils conservent deux tiers de mètre d'intervalle, comptés de leur sous-verge au porteur de leur voisin de droite. L'attelage de chaque caisson est placé à la gauche de l'attelage de la pièce correspondante.

Le sous-instructeur se place en avant du centre du détachement des servants, la croupe de son cheval à 2 mètres du premier rang, DANS LES SECTIONS MONTÉES, et à 1 mètre de la tête des chevaux du premier rang, DANS LES SECTIONS A CHEVAL.

Le chef de la première pièce [2] se place à la gauche du sous-instructeur et sur le même alignement.

Le chef de la deuxième pièce se place à 1 mètre en avant du centre de l'attelage de la première pièce, la croupe de son cheval à 1 mètre de la tête des chevaux du rang.

---

1. Autant que possible, l'artificier ou un homme pouvant en remplir les fonctions.

2. Lorsque la manœuvre a lieu sans les servants, chaque chef de pièce se place en avant du centre de son attelage, la croupe de son cheval à 1 mètre de la tête des chevaux du rang. Le sous-instructeur se place au centre des attelages, sur l'alignement des chefs de pièce.

Chaque chef de caisson se place à la droite des chevaux de devant de son attelage, sur l'alignement des conducteurs.

Entrer au parc. — Atteler. — Rompre le parc.

79.   Ces premières dispositions étant prises, l'instructeur conduit la section au parc, en la faisant marcher par le flanc.

Le sous-instructeur et le chef de la première pièce marchent en tête de la colonne des servants.

Le chef de la deuxième pièce marche près et à gauche du conducteur qui est en tête des attelages, et chaque chef de caisson près et à gauche du conducteur de devant de son attelage.

En arrivant au parc, le sous-instructeur dirige la colonne des servants et la forme en bataille, face aux voitures, sur une ligne parallèle aux timons, la droite à 4 mètres et à hauteur du bout des timons de la première ligne de voitures, si le parc doit être rompu par la droite; ou la gauche à 4 mètres et à hauteur du bout des timons de la première ligne de voitures, si le parc doit être rompu par la gauche.

Les servants étant en bataille et alignés, les pointeurs vont chercher et distribuent les armements, qui ont dû être à l'avance suspendus au bouton de culasse.

Dès que les servants sont équipés, le chef de la première pièce se porte à son attelage.

Dans les sections montées, le sous-instructeur fait mettre le mousqueton en bandoulière, avant de faire distribuer les armements.

L'instructeur fait *entrer les attelages au parc* [1], comme il est prescrit n° 31; les attelages des caissons se conformant à ce qui est prescrit lorsque le parc est formé sur

---

1. Le parc a dû être formé à l'avance sur deux lignes, chaque caisson derrière sa pièce, le bout du timon à 12 mètres au moins de a volée de la pièce.

deux lignes. A mesure que chaque attelage arrive à la place qu'il doit occuper, les chefs de pièce ou de caisson continuent de marcher, et se placent dans le prolongement de leur attelage à 1 mètre en avant.

80. Le mouvement d'*entrer au parc* étant terminé, l'instructeur fait *mettre pied à terre, atteler* et *monter à cheval,* comme il est prescrit n° 32.

A la première partie du commandement PRÉPAREZ-VOUS POUR METTRE PIED A TERRE, les chefs de pièce et de caisson exécutent un *demi-tour à gauche,* et se placent, face à la troupe, dans le prolongement de leur attelage; ils restent à cheval pendant que les conducteurs attèlent, et à la dernière partie du commandement A = CHEVAL, ils se replacent, par un *demi-tour à droite,* à 1 mètre en avant des chevaux de devant de leur voiture.

81. Les servants étant équipés et les voitures étant attelées, l'instructeur fait *rompre le parc,* comme il est prescrit n° 33.

Les chefs de pièce et de caisson prennent leur place près et à gauche du conducteur de devant de leur voiture, dès que cette voiture est sortie du parc.

DANS LES SECTIONS MONTÉES, chaque peloton de servants, à l'avertissement du pointeur, se forme successivement en colonne par le flanc gauche, lorsque sa pièce se met en mouvement; se dirige vers la volée; se divise des deux côtés de la voiture, le premier rang à droite, le deuxième rang à gauche, et suit la pièce, les premiers servants à hauteur de la volée, les autres successivement à 1 mètre en avant.

Les caissons ralentissent un instant pour laisser les servants à pied prendre leurs places.

DANS LES SECTIONS À CHEVAL, chaque peloton de servants se porte successivement en avant, à l'avertissement du pointeur, lorsque sa pièce se met en mouvement; il se dirige ensuite vers la volée; se place, par une conversion, à 1 mètre de la volée, et suit sa pièce. Les caissons ralentissent pour permettre aux pelotons de servants de prendre leur place, et serrent ensuite à 1 mètre de la croupe des chevaux du deuxième rang.

Le sous-instructeur surveille le mouvement des pelotons de servants, et ne va prendre sa place en tête de la colonne, que lorsque les pelotons de servants sont à leurs pièces.

82. Lorsqu'on fait rompre le parc par la gauche, les mouvements des pelotons de servants s'exécutent suivant les mêmes principes.

83. DANS LES SECTIONS MONTÉES, lorsque l'instructeur veut faire monter les servants sur les coffres [1], il arrête la colonne, et commande: CANONNIERS, MONTEZ.

Au commandement CANONNIERS, MONTEZ, les servants montent sur les coffres et s'y placent dans l'ordre suivant:

	Sur l'avant-train de la pièce.	Sur l'avant-train du caisson.	Sur l'arrière-train du caisson.
A droite ..	Le pointeur.	Le 1er servant de gauche.	Le 2e serv. de droite (garde-coffre).
A gauche .	Le pointeur-servant.	Le 1er servant de droite.	Le 2e servant de gauche.

1. Lorsque l'instructeur veut augmenter la rapidité des manœuvres, il prévient les servants qu'une fois montés sur les coffres, ils n'en descendront que pour mettre les pièces en batterie, et remonteront

La section étant arrêtée, pour faire descendre les servants des coffres, l'instructeur commande: CANONNIERS, DESCENDEZ.

Au commandement CANONNIERS, DESCENDEZ, les servants sautent à terre, et reprennent leurs postes autour de la pièce.

84.   La colonne étant arrivée sur le terrain de manœuvre, l'instructeur forme la section en bataille par de simples avertissements, en plaçant la deuxième pièce suivie de son caisson, à la gauche de la première pièce et à 10 mètres ou à 13 mètres d'intervalle, selon que la section est une SECTION MONTÉE ou une SECTION A CHEVAL. Dans le premier cas, les chevaux de devant des caissons serrent à 1 mètre de la volée des pièces, et dans le second cas, ils se maintiennent à 1 mètre du deuxième rang des pelotons de servants à cheval.

Principes d'alignement.

85.   L'alignement se prend sur les conducteurs de derrière.
Dans tous les alignements, les traits doivent être tendus, afin que de l'alignement des conducteurs de derrière résulte, autant que possible, celui des roues des voitures et des conducteurs de devant.
Les voitures du deuxième rang, indépendamment de l'alignement, se maintiennent exactement en file derrière celles qui leur correspondent au premier rang, et à leur distance.

Alignement de la section.

86.   La section étant en bataille, l'instructeur, pour l'aligner, fait porter la pièce de droite, suivie de son caisson, à 5 mètres en avant, ensuite il commande:

---

toujours, sans que le commandement en soit fait, dès que les deux trains seront réunis.
Cette disposition est tout à fait particulière aux manœuvres rapides, en toute autre circonstance, les servants doivent marcher.

4*

1. *A droite* = ALIGNEMENT.
2. FIXE.

A la dernière partie du premier commandement qui est ALIGNEMENT, la pièce de gauche, suivie de son caisson, se porte en avant sans à-coup, en conservant son intervalle; les canonniers, tournant la tête à droite et ralentissant les derniers pas, afin d'arriver à hauteur des voitures de droite, sans dépasser l'alignement.

Au commandement FIXE, replacer la tête directe.

DANS LES SECTIONS A CHEVAL, les servants de la pièce de gauche s'alignent sur ceux de la pièce de droite.

87.   L'alignement à gauche s'exécute suivant les mêmes principes et par les moyens inverses, aux commandements : 1. *A gauche* = ALIGNEMENT; 2. FIXÉ.

88.   Dans tous les alignements, l'instructeur, pour rectifier l'alignement, se place perpendiculairement au flanc de la troupe, à hauteur et à 5 mètres du conducteur de derrière du premier rang de voitures, faisant face à gauche, si l'alignement est à droite, et faisant face à droite, si l'alignement est à gauche. Après avoir rectifié l'alignement du premier rang, l'instructeur passe à celui du deuxième rang, et ne commande FIXE que lorsque le deuxième rang est aligné.

Rompre la section par pièces.

89.   La section étant en bataille, l'instructeur commande :

1. *Par la droite* = *rompez la section.*
2. MARCHE.

Au commandement MARCHE, les deux voitures de la file de droite se portent droit devant elles; elles sont suivies par les voitures de la file de gauche, qui ne se mettent en mouvement que lorsque les chevaux de

devant de la voiture du premier rang sont dépassés
par les chevaux de derrière de la voiture de droite
du deuxième rang; chaque voiture de la file de gauche
fait un *demi-à-droite*, et marche dans cette nouvelle
direction jusqu'à ce qu'elle rencontre la colonne, où
elle prend rang par un *demi-à-gauche*, en avançant.

90. Pour rompre la section par la gauche, le mouvement
s'exécute suivant les mêmes principes, et par les moyens
inverses, aux commandements: 1. *Par la gauche = rom-*
pez la section; 2. MARCHE.

Marche directe en colonne par pièces.

91. Les conducteurs doivent marcher à une allure
franche et bien égale; ils doivent regarder constamment en avant, et régler leur allure sur celle des voitures qui les précèdent, les conducteurs de devant
conservant toujours 1 mètre de distance entre la tête
de leurs chevaux et le derrière de la voiture qui les
précède immédiatement. Ils doivent reprendre avec
modération leurs distances quand ils les ont perdues.

DANS LES SECTIONS A CHEVAL, lorsque les pièces sont
en tête, les conducteurs de devant des caissons maintiennent la tête de leurs chevaux à 1 mètre de la croupe
des chevaux du deuxième rang des pelotons de servants.

Changement de direction.

92. La section marchant en colonne par pièces, pour lui
faire exécuter des changements de direction, l'instructeur
commande:

Tête de colonne à gauche (ou *à droite*).

A ce commandement, le sous-instructeur commande :
1. *Tournez* (à) gauche (ou [à] droite) ; 2. *En* = avant,
et le mouvement s'exécute comme il est prescrit n° 51.

Arrêter la colonne et la porter en avant.

93. L'instructeur arrête la colonne, et la remet en mouvement, comme il est prescrit n° 48.

La colonne étant arrêtée, si l'instructeur veut la faire partir de pied ferme *au trot,* il se conforme à ce qui est prescrit n° 61.

La première voiture doit partir franchement *au trot,* afin de donner aux autres la facilité de prendre cette allure, sans marcher d'abord *au pas.*

La colonne marchant *au trot,* on la fait arrêter en se conformant à ce qui est prescrit n° 62.

Marche oblique individuelle.

94. La colonne étant de pied ferme ou en marche, pour lui faire gagner du terrain vers l'un de ses flancs, en avançant, l'instructeur commande :

1. *Pièces et caissons oblique à gauche* (ou *à droite*).
2. Marche.

Au commandement Marche, chaque voiture exécute un *demi-à-gauche* (ou un *demi-à-droite*), et, le mouvement achevé, se porte droit devant elle, dans sa nouvelle direction ; toutes suivant des lignes parallèles, et se réglant à droite (ou à gauche), pour se maintenir à la même hauteur, et conserver leurs intervalles de ce côté.

Pour faire reprendre la direction primitive, l'instructeur commande :

En = AVANT.

A ce commandement, les voitures se redressent par un *demi-à-droite* (ou un *demi-à-gauche*), et, le mouvement achevé, se portent droit devant elles, en reformant la colonne.

Marche de flanc.

95. La colonne étant de pied ferme, ou en marche, pour lui faire gagner du terrain vers l'un de ses flancs par un mouvement individuel, l'instructeur commande :

1. *Pièces et caissons à gauche* (ou *à droite*).
2. MARCHE.
3. *En* = AVANT.

Ce qui s'exécute comme il est prescrit n° 56.

DANS LES SECTIONS MONTÉES, les voitures, après avoir exécuté leur *à-gauche* ou leur *à-droite* individuel, sont à 10 mètres d'intervalle.

DANS LES SECTIONS A CHEVAL, les voitures sont à 17 mètres ou à 10 mètres d'intervalle, selon la position relative des pièces et des caissons.

Au commandement MARCHE, les pelotons de servants exécutent une conversion dans le même sens que leurs pièces, et se placent à côté et à 1 mètre des roues, la tête des chevaux du premier rang à hauteur de l'essieu de l'avant-train. Ils se trouvent à gauche de leurs pièces dans la marche de flanc à gauche, et à droite dans la marche de flanc à droite.

Pour faire reprendre la direction primitive, l'instructeur fait exécuter le mouvement inverse.

Dans les sections a cheval, les pelotons de servants se replacent derrière leurs bouches à feu, en exécutant à propos une conversion dans le même sens que les pièces.

Demi-tour individuel.

96. La colonne étant de pied ferme ou en marche, pour faire face du côté opposé à sa direction, l'instructeur commande :

   1. *Pièces et caissons demi-tour à gauche.*
   2. Marche.
   3. Halte (ou *En* = avant).

Ce qui s'exécute comme il est prescrit n° 59; les canonniers observant de plus de se régler sur la tête de la colonne pendant la première moitié du demi-tour, et pendant la deuxième moitié, sur la voiture qui doit prendre la tête de la colonne, à la fin du mouvement.

L'instructeur commande Halte ou *En* = avant, selon qu'il veut arrêter la colonne ou la porter en avant, après le demi-tour.

Contre-marche.

97. La colonne étant de pied ferme ou en marche, pour faire face au côté opposé à sa direction, mais en conservant, dans chaque file de deux voitures, la même espèce de voiture en tête, l'instructeur commande :

   1. *Contre-marche.*
   2. Marche.
   3. Halte (ou *En* = avant).

Au commandement Marche, la première voiture de chaque file exécute d'abord un demi-tour; marche ensuite droit devant elle, et se porte à la place qu'occupait la voiture du deuxième rang; la voiture du deuxième rang suit celle du premier; fait demi-tour sur le même terrain qu'elle, et prend la place que la voiture du premier rang occupait avant le mouvement.

Les conducteurs ont l'attention de se régler sur la tête de la colonne, pendant la première moitié du mouvement, et pendant la deuxième moitié, sur la voiture qui prend la tête de la colonne.

L'instructeur commande Halte ou *En = avant*, selon qu'il veut arrêter la colonne ou la porter en avant, après la contre-marche.

98. Lorsque les mouvements des nos 94, 95, 96 et 97 s'exécutent correctement de pied ferme, et en marchant *au pas,* l'instructeur les fait répéter d'abord en marchant *au trot,* et ensuite en partant de pied ferme au trot.

Doublement de voitures.

99. La colonne étant de pied ferme, les pièces en tête, pour faire passer chaque caisson en avant de sa pièce, l'instructeur commande :

1. *Caissons doublez vos pièces.*
2. Marche.

Au commandement Marche, les caissons prennent le trot; les conducteurs font de suite obliquer leurs chevaux à droite en avançant; se redressent; longent leurs pièces, sans trop s'en écarter; rentrent dans la direction primitive, en obliquant à gauche, et s'arrêtent dès qu'ils sont à leur distance.

En rentrant dans la direction primitive, les conducteurs des voitures qui doublent, doivent avoir soin de ne pas raser de trop près le sous-verge de devant de la voiture qu'ils doublent.

100. La colonne étant en marche *au pas*, l'instructeur commande :

      1. *Caissons doublez vos pièces.*

      2. MARCHE.

Au commandement MARCHE, les caissons prennent le trot ; doublent leurs pièces, et passent au pas dès qu'ils sont rentrés dans la colonne.

Les pièces continuent de marcher, en conservant leur allure et leur direction ; elles suivent les caissons, quand ils sont rentrés dans la colonne.

La colonne marchant *au trot*, le doublement s'exécute aux mêmes commandements, et suivant les mêmes principes ; les pièces continuent de marcher *au trot*, les caissons doublent en allongeant le trot, et reprennent leur allure primitive, dès que le doublement est exécuté.

101. Lorsque les caissons sont en tête, le doublement s'exécute suivant les mêmes principes, aux commandements : 1. *Pièces doublez vos caissons* ; 2. MARCHE.

La section marchant en colonne par pièces, la former en avant, à gauche ou sur la droite en bataille.

102. La section marchant en colonne par pièces, pour la former en avant en bataille, en gagnant du terrain à gauche, l'instructeur commande :

      1. *En avant en bataille, oblique à gauche.*

      2. MARCHE.

      3. HALTE.

      4. *A droite* = ALIGNEMENT.

      5. FIXE.

Au commandement MARCHE, les deux premières voitures continuent de marcher droit devant elles ; les deux suivantes obliquent immédiatement à gauche; marchent dans cette direction, et se redressent par un *demi-à-droite* individuel, vis-à-vis de la place qu'elles doivent occuper dans la section.

Lorsque les deux premières voitures ont marché 10 mètres, l'instructeur commande: HALTE. A ce commandement, elles s'arrêtent bien carrément; les autres viennent se former à leur gauche, en prenant leur intervalle et en s'alignant à droite.

Les voitures étant alignées, l'instructeur commande: FIXE.

L'instructeur fait le commandement *A droite* = ALIGNEMENT immédiatement après celui HALTE, et ne commande FIXE, que lorsque la section est alignée.

103. La section marchant en colonne par pièces, la formation en avant en bataille, en gagnant du terrain à droite, s'exécute suivant les mêmes principes, et par les moyens inverses, aux commandements: 1. *En avant en bataille, oblique à droite;* 2. MARCHE; 3. HALTE; 4. *A gauche* = ALIGNEMENT; 5. FIXE.

104. La section marchant en colonne par pièces, pour la former en bataille sur son flanc gauche, l'instructeur commande:

     1. *A gauche en bataille.*
     2. MARCHE.
     3. HALTE.
     4. *A droite* = ALIGNEMENT.
     5. FIXE.

Au commandement MARCHE, la première pièce, suivie de son caisson, tourne à gauche, et se porte droit devant elle; la deuxième pièce, suivie de son caisson, continue de marcher droit devant elle, et, à 3 mètres avant d'arriver à hauteur de la place qu'elle doit occuper dans la section, elle tourne à gauche.

Lorsque la première pièce a marché 35 mètres, l'instructeur commande: Halte. A ce commandement, les deux premières voitures s'arrêtent bien carrément, et en file; les deux autres viennent se former à leur gauche, en prenant leur intervalle, et en s'alignant à droite.

Les voitures étant alignées, l'instructeur commande: Fixe.

L'instructeur fait le commandement *A droite* = alignement, immédiatement après celui Halte, et ne commande Fixe, que lorsque la section est alignée.

105. La section marchant en colonne par pièces, pour la former en bataille sur son flanc droit, le mouvement s'exécute suivant les mêmes principes et par les moyens inverses, aux commandements: 1. *A droite en bataille*; 2. Marche; 3. Halte; 4. *A gauche* = alignement; 5. Fixe.

106. La section marchant en colonne par pièces, pour la former en bataille sur le prolongement en avant de son flanc droit, l'instructeur commande:

1. *Sur la droite en bataille.*
2. Marche.
3. Halte.
4. *A droite* = alignement.
5. Fixe.

Au commandement Marche, la première pièce, suivie de son caisson, tourne à droite, et se porte droit devant elle; la deuxième pièce, suivie de son caisson, continue de marcher droit devant elle, et, à 3 mètres avant d'arriver à hauteur de la place qu'elle doit occuper dans la section, elle tourne à droite.

Lorsque la première pièce a marché 35 mètres, l'instructeur commande: HALTE. A ce commandement, les deux premières voitures s'arrêtent bien carrément et en file; les deux autres viennent se former à leur gauche, en prenant leur intervalle, et en s'alignant à droite.

Les voitures étant alignées, l'instructeur commande: FIXE.

L'instructeur fait le commandement *A droite* = ALIGNE-MENT, immédiatement après celui HALTE, et ne commande FIXE, que lorsque la section est alignée.

107. La section marchant en colonne par pièces, pour la former en bataille, sur le prolongement en avant de son flanc gauche, le mouvement s'exécute suivant les mêmes principes et par les moyens inverses, aux commandements: 1. *Sur la gauche en bataille;* 2. MARCHE; 3. HALTE; 4. *A gauche* = ALIGNEMENT; 5. FIXE.

108. Lorsque ces mouvements s'exécutent avec régularité en marchant *au pas*, l'instructeur les fait répéter en marchant *au trot*.

Marche directe de la section en bataille.

109. La section étant en bataille, l'instructeur donne au guide un point de direction, et commande:

>   1. *Section en avant.*
>   2. *Guide à droite.*
>   3. MARCHE.

Au commandement MARCHE, les voitures se portent ensemble droit devant elles à la même allure que le guide; le chef de la voiture de droite du premier rang est guide de la marche, il conserve une allure franche et bien égale, et se maintient dans la direction indiquée.

Le chef de la voiture de gauche du premier rang jette de temps en temps un coup d'œil du côté du guide, pour se maintenir à la même hauteur, et conserver son intervalle de ce côté.

Les voitures du deuxième rang suivent celles du premier, en conservant leur distance, et se maintiennent exactement en file derrière elles.

Pour arrêter la section, l'instructeur commande :

      1. *Section.*
      2. Halte.
      3. *A droite* = alignement.
      4. Fixe.

Au commandement Halte, toutes les voitures s'arrêtent.

Au commandement *A droite* = alignement, elles s'alignent à droite.

Les voitures étant alignées, l'instructeur commande : Fixe.

La marche en bataille s'exécute avec le guide à gauche, suivant les mêmes principes et par les moyens inverses.

110. La marche en bataille ayant été exécutée *au pas*, avec le guide à droite, et avec le guide à gauche, on répète les mêmes mouvements *au trot.*

On exerce ensuite la section à partir de pied ferme au trot, et à s'arrêter en marchant à cette allure.

Contre-marche.

111. Lorsque la section est arrivée à l'extrémité du terrain l'instructeur commande :

1. *Contre-marche.*

2. Marche.

3. Halte ou $\left\{ \begin{array}{l} \text{3. } En = \text{avant.} \\ \text{4. } Guide\ à\ droite. \end{array} \right.$

Le mouvement s'exécute, dans chaque file, suivant les principes prescrits n° 97. Les conducteurs de la première voiture de gauche ont l'attention de se régler pendant la première moitié du mouvement sur ceux de la voiture du premier rang qui se trouve à leur droite; et pendant la deuxième moitié du mouvement, la voiture qui prend la gauche, se règle également sur celle qui se trouve à sa droite.

L'instructeur commande Halte ou 1. *En* = avant; 2. *Guide à droite,* selon qu'il veut arrêter la section ou la porter en avant, après la contre-marche.

112. Lorsque le mouvement est bien exécuté de pied ferme, et en marchant au pas, l'instructeur le fait répéter, d'abord en marchant au trot, et ensuite en partant de pied ferme au trot.

Conversions.

113. Il n'y a qu'une seule espèce de conversion, celle à pivot mouvant.

Le quart de cercle que doit décrire la voiture pivot, est de 5 mètres.

La conversion n'est terminée que lorsque la voiture pivot, après avoir décrit le quart de cercle prescrit, s'est portée en avant, dans la nouvelle direction, d'une longueur égale à la profondeur de la section.

Pendant toute la durée de la conversion, le guide est au pivot et les intervalles se conservent du même côté.

Lorsque, après une conversion, on arrête la section, l'alignement est toujours commandé du côté de l'*aile marchante.*

Lorsque, après une conversion, on porte la section en avant, le guide est commandé sur l'*aile marchante*, dès que la conversion est terminée, à moins que le mouvement de la section dans la batterie n'exige le contraire.

Dans le cas où la conversion a lieu aux commandements : 1. *Tournez* = (à) *gauche* (ou [à] *droite*); 2. *En* = AVANT, le guide revient sans indication, après la conversion, du côté où il était précédemment.

Si, pour converser, on indique une nouvelle allure, le pivot converse à cette allure et la conserve après la conversion.

114. La section étant de pied ferme, pour la placer dans une direction perpendiculaire à l'ancien front, l'instructeur commande :

1. *Section à gauche* (ou *à droite*).
2. MARCHE.
3. HALTE.
4. *A droite* (ou *à gauche*) = ALIGNEMENT.
5. FIXE.

Au commandement MARCHE, la voiture pivot du premier rang décrit un quart de cercle de 5 mètres *au pas,* et se porte ensuite droit devant elle.

La voiture du premier rang de l'aile marchante prend le trot, et tourne du côté indiqué, en se réglant sur le pivot pour conserver son intervalle, et arriver en même temps à la fin de la conversion; lorsqu'elle arrive à hauteur de la voiture pivot du premier rang, elle passe au pas.

Les voitures du deuxième rang suivent à leur distance, pendant toute la durée du mouvement, celles qui les précèdent au premier rang.

Au commandement HALTE, la section s'arrête.

L'instructeur commande Halte, lorsque les deux voitures pivots, après avoir parcouru un quart de cercle de
5 mètres, sont redressées dans la nouvelle direction. Il
fait alors porter en avant les voitures de l'aile marchante,
de manière qu'elles soient bien redressées, et commande
ensuite l'alignement.

115. La section étant de pied ferme, pour la placer dans
une direction oblique à l'ancien front, l'instructeur commande :

   1. *Section demi-à-gauche* (ou *demi-à-droite*).

   2. Marche.

   3. Halte.

   4. *A droite* (ou *à gauche*) = alignement.

   5. Fixe.

Ce qui s'exécute suivant les principes prescrits
n° 114, en observant que la voiture pivot du premier
rang ne doit parcourir que la moitié d'un quart de
cercle de 5 mètres, et qu'elle se porte ensuite droit
devant elle.

116. La section étant en marche *au pas* ou *au trot*, l'instructeur lui fait exécuter les mêmes mouvements aux
commandements : 1. *Section à gauche* (ou *à droite*), *demi-
à-gauche* (ou *demi-à-droite*); 2. Marche; 3. *En* = avant;
4. *Guide à droite* (ou *à gauche*).

Au commandement Marche, les voitures placées au
pivot exécutent leur mouvement sans changer d'allure;
celles placées à l'aile marchante prennent le *trot* ou
le *trot allongé*, selon que l'allure à laquelle on marchait précédemment était le *pas* ou le *trot*.

Au commandement *En* = avant, la voiture pivot du
premier rang se porte droit devant elle à la même
allure; les voitures de l'aile marchante reprennent
l'allure à laquelle on marchait précédemment, dès

qu'elles arrivent à hauteur des voitures qui leur correspondent au pivot.

L'instructeur fait le commandement *En* = AVANT, lorsque la voiture pivot du premier rang est redressée dans
la nouvelle direction.

Le guide étant au pivot pendant toute la durée de la
conversion, l'instructeur ne le commande sur l'aile marchante, que lorsque la conversion est entièrement terminée.

117. La section étant de pied ferme, et ayant exécuté
un *à-gauche* ou un *à-droite*, un *demi-à-gauche* ou un
demi-à-droite, l'instructeur peut, au lieu de l'arrêter, la
porter en avant aux commandements : 1. *En* = AVANT ;
2. *Guide à droite* (ou *à gauche*).

118. La section étant en marche, et supposée tête de colonne, pour lui faire changer de direction, l'instructeur
commande :

> *Tête de colonne à gauche* (ou *à droite*).

A ce commandement, le sous-instructeur commande :
1. *Tournez* = (à) GAUCHE (ou [à] DROITE); 2. *En* =
AVANT.

Ce qui s'exécute suivant les principes prescrits n° 116.

Marche oblique individuelle.

119. La section étant en bataille, de pied ferme ou en
marche, pour lui faire gagner du terrain vers l'un de ses
flancs en avançant, et sans changer de front, l'instructeur
commande :

1. *Pièces et caissons oblique à gauche* (ou *à droite*).
2. MARCHE.

Au commandement MARCHE, chaque voiture exécute
un *demi-à-gauche* (ou un *demi-à-droite*), et se porte
ensuite droit devant elle, dans la nouvelle direction.

Le chef de la voiture du premier rang du côté de l'oblique, est guide de la marche. Le chef de la voiture du premier rang du côté opposé à celui vers lequel on oblique, se règle sur le guide, pour se maintenir à sa hauteur et conserver son intervalle.

Les voitures du deuxième rang se conforment, dans chaque file, aux principes de la marche oblique en colonne par pièces, n° 94.

Lorsque la section a suffisamment obliqué, l'instructeur commande :

$$En = \text{AVANT}.$$

A la dernière partie du commandement qui est AVANT, toutes les voitures exécutent un *demi-à-droite* (ou un *demi-à-gauche*), et se portent ensuite droit devant elles, en se conformant aux principes de la marche directe.

Dans la marche oblique, le guide est toujours du côté vers lequel on oblique, sans que l'indication en soit faite ; et après le commandement *En* = AVANT, le guide revient, également sans indication, du côté où il était précédemment.

120. Lorsque le mouvement est bien exécuté de pied ferme, et en marchant au pas, l'instructeur le fait répéter, d'abord en marchant au trot, et ensuite en partant de pied ferme au trot.

Marche de flanc.

121. La section étant en bataille, de pied ferme ou en marche, pour lui faire gagner du terrain vers l'un de ses flancs, par un mouvement individuel, l'instructeur commande :

1. *Pièces et caissons à gauche* (ou *à droite*).
2. MARCHE.
3. *En* = AVANT.
4. *Guide à droite* (ou *à gauche*).

Au commandement MARCHE, toutes les voitures exécutent un *à-gauche* (ou un *à-droite*), et se portent
ensuite droit devant elles, se conformant aux principes
de la marche directe. Les pièces forment une file, et
les caissons en forment une autre.

DANS LES SECTIONS MONTÉES, les voitures sont à 10
mètres d'intervalle et à 1 mètre de distance.

DANS LES SECTIONS A CHEVAL, les voitures sont à 17
ou à 10 mètres d'intervalle selon la position relative des pièces et des caissons, et à 4 mètres de
distance.

Les pelotons de servants se conforment à ce qui est
prescrit n° 95.

Pour faire reprendre la direction primitive, l'instructeur
commande :

1. *Pièces et caissons à droite* (ou *à gauche*).
2. MARCHE.
          et
3. HALTE ou { 3. *En* = AVANT.
             { 4. *Guide à gauche* (ou *à droite*).

Selon qu'il veut arrêter la section, ou la porter en avant.

122. Lorsque la marche de flanc a été exécutée de pied
ferme, et en marchant au pas, l'instructeur fait répéter le
même mouvement, d'abord en marchant au trot, et ensuite
en partant de pied ferme au trot.

Demi-tour individuel.

123. La section étant en bataille, de pied ferme ou en marche, pour faire face du côté opposé à sa direction, l'instructeur commande :

1. *Pièces et caissons demi-tour à gauche.*
2. Marche.

3. Halte ou $\Big\{$ 3. *En* = avant.
   4. *Guide à droite.*

Au commandement Marche, toutes les voitures exécutent un *demi-tour à gauche*, en se réglant à droite, dans chaque rang, pendant toute la durée du mouvement.

L'instructeur commande : Halte ou 1. *En* = avant; 2. *Guide à droite*, selon qu'il veut arrêter la section, ou la porter en avant, après le demi-tour.

124. Le mouvement ayant été exécuté de pied ferme et en marchant au pas, l'instructeur le fait répéter, d'abord en marchant au trot, et ensuite en partant de pied ferme au trot.

125. Lorsque l'instructeur arrête la section, après lui avoir fait exécuter soit une *contre-marche*, soit une *marche de flanc*, soit un *demi-tour individuel*, il peut, s'il le juge nécessaire, aligner la section, et, dans ce cas, il commande l'alignement du côté où le guide aurait été indiqué si la section avait été portée en avant, après l'exécution de ces mouvements.

Doublement de voitures.

126. La section étant en bataille, de pied ferme ou en marche, l'instructeur fait exécuter les doublements de voitures comme il est prescrit nᵒˢ 99, 100 et 101.

Serrer et reprendre l'intervalle.

127. La section marchant en bataille, pour diminuer l'intervalle, l'instructeur commande :

1. *A droite = à* (tant) *de mètres = serrez l'intervalle.*
2. MARCHE.

Au commandement MARCHE, les voitures de la file de droite continuent de marcher droit devant elles, les voitures de la file de gauche exécutent un *demi-à-droite* individuel au trot, et marchent dans cette direction pour prendre l'intervalle indiqué. Lorsqu'elles sont arrivées à cet intervalle, elles se redressent; continuent de marcher droit devant elles pour se porter en ligne, et en y arrivant elles passent au pas.

Dès que les voitures de gauche sont en ligne, l'instructeur renouvelle l'indication du guide.

L'instructeur ne doit pas réduire l'intervalle à moins de 2 mètres, afin que le sous-instructeur et les chefs de pièce puissent conserver leurs places.

128. La section marchant en bataille, à intervalle serré, pour faire reprendre l'intervalle régulier, l'instructeur commande :

1. *A gauche = reprenez l'intervalle.*
2. MARCHE.

Ce qui s'exécute suivant les principes prescrits pour serrer l'intervalle et par les moyens inverses, les voitures de la file de gauche se redressant lorsqu'elles ont gagné l'intervalle régulier.

Dès que les voitures de gauche sont en ligne, l'instructeur renouvelle l'indication du guide.

129. On fait serrer l'intervalle à gauche, et reprendre l'intervalle à droite, suivant les principes prescrits n°ˢ 127 et 128, et par les moyens inverses, aux commandements :

1. *A gauche = à* (tant) *de mètres = serrez l'intervalle.*
2. Marche.

   et

1. *A droite = reprenez l'intervalle.*
2. Marche.

Rompre la section par pièces à la même allure.

130. La section étant en marche, pour la rompre par pièces, à la même allure, l'instructeur commande :

   1. *Par la droite = rompez la section.*
   2. Marche.

Au commandement Marche, les deux voitures de la file de droite continuent de marcher à la même allure ; les deux voitures de la file de gauche s'arrêtent, et le reste du mouvement s'exécute comme il est prescrit pour rompre la section de pied ferme.

131. La section marchant au trot, le mouvement s'exécute suivant les mêmes principes ; les deux voitures de la file de droite continuent de marcher au trot ; les deux voitures de la file de gauche prennent le pas, au commandement Marche, et ne reprennent le trot que pour exécuter leur *demi-à-droite*, comme il est prescrit n° 89.

132. Pour rompre la section par la gauche, le mouvement s'exécute suivant les mêmes principes et par les moyens inverses, aux commandements : 1. *Par la gauche = rompez la section ;* 2. Marche.

Former la section à la même allure.

133. La section marchant en colonne par pièces, pour la former à la même allure, en gagnant du terrain à gauche, l'instructeur commande :

1. *Formez la section, oblique à gauche.*
2. MARCHE.

Au commandement MARCHE, les deux premières voitures continuent de marcher, et s'arrêtent après avoir marché 10 mètres; les deux suivantes exécutent un *demi-à-gauche* individuel; gagnent leur intervalle; se redressent, et s'arrêtent à hauteur des premières voitures.

134. Lorsque la colonne est au trot, pour former la section à la même allure, le mouvement s'exécute suivant les mêmes principes: les deux premières voitures passent *au pas* au commandement MARCHE, les deux suivantes exécutent un *demi-à-gauche* en continuant de marcher *au trot,* et passent au pas en arrivant à hauteur des premières voitures.

135. La section marchant en colonne par pièces, pour la former à la même allure, en gagnant du terrain à droite, le mouvement s'exécute suivant les mêmes principes et par les moyens inverses, aux commandements: 1. *Formez la section, oblique à droite;* 2. MARCHE.

136. Lorsqu'on forme la section en marchant au trot, le guide, dès que la section est formée, est commandé à droite, si l'on a obliqué à gauche; et à gauche, si l'on a obliqué à droite.

Dans la formation *au pas,* la tête de colonne devant arrêter, le guide n'est pas commandé.

Rompre la section par pièces en doublant l'allure.

137. La section étant en marche au pas, pour la rompre par pièces en doublant l'allure, l'instructeur commande:

1. *Par la droite = rompez la section = au trot.*
2. MARCHE.

Au commandement Marche, les deux voitures de la
file de droite prennent le trot; les deux voitures de
la file de gauche continuent de marcher au pas, et ne
prennent le trot que pour exécuter leur *demi-à-droite*,
comme il est prescrit n° 89.

138. On rompt la section par la gauche suivant les mêmes
principes et par les moyens inverses, aux commandements :
1. *Par la gauche = rompez la section = au trot*; 2. Marche.

Former la section en doublant l'allure.

139. La section marchant en colonne par pièces, pour la
former en doublant l'allure, et en gagnant du terrain à
gauche, l'instructeur commande :

1. *Formez la section, oblique à gauche = au trot.*
2. Marche.
3. *Guide à droite.*

Au commandement Marche, les deux premières voitures continuent de marcher au pas; les deux suivantes
exécutent un *demi-à-gauche* individuel au trot; gagnent
leur intervalle, et passent au pas en arrivant à hauteur
des premières voitures.

L'instructeur commande *Guide à droite,* aussitôt que la
section est formée.

140. La section marchant en colonne par pièces, pour la
former en doublant l'allure, et en gagnant du terrain à
droite, le mouvement s'exécute suivant les mêmes principes et par les moyens inverses, aux commandements :
1. *Formez la section oblique à droite = au trot*; 2. Marche;
3. *Guide à gauche.*

141. Le travail étant terminé, l'instructeur rompt la
section par pièces, et dirige la colonne vers le parc.

Former le parc. — Dételer. — Sortir du parc.

142. La section marchant en colonne par pièces, et la tête de la colonne étant parvenue au point où doit commencer le mouvement de formation du parc, l'instructeur, suivant la position de la colonne par rapport au terrain, commande :

1. *En avant* (ou *à gauche*, ou *sur la droite*) = *à (tant) de mètres = formez le parc.*
2. MARCHE.
3. HALTE.
4. *A droite* = ALIGNEMENT.
5. FIXE.

Au premier commandement, les servants quittent leurs pièces, et vont se former en bataille sur l'emplacement où ils se trouvaient avant de déparquer, et dans le même ordre. Le sous-instructeur fait reporter les armements par les pointeurs.

DANS LES SECTIONS MONTÉES, le sous-instructeur fait reprendre le mousqueton.

Au commandement MARCHE, le mouvement s'exécute comme il est prescrit n° 69.

Au commandement *A droite* = ALIGNEMENT les conducteurs s'alignent à droite.

143. Le parc étant formé, l'instructeur fait *mettre pied à terre*, *dételer* et *monter à cheval*, comme il est prescrit n° 71.

Les chefs de pièce et de caisson se conforment à ce qui est prescrit n° 80.

L'instructeur fait *sortir du parc*, comme il est prescrit n° 73, et reconduit la section au quartier, en la faisant marcher dans le même ordre que pour se rendre au parc.

ARTICLE II.

La section étant en bataille, la former en avant
en batterie.

Commencer le feu. — Cesser le feu.

La section étant en batterie, la former en avant
en bataille.

La section étant en bataille, la former face en
arrière en batterie.

La section étant en batterie, la former face en
arrière en bataille.

La section marchant en colonne par pièces, la
former en avant, à gauche ou sur la droite
en batterie.

Feu en avançant.

Feu en retraite.

———

144. Les dispositions sont les mêmes que pour le premier
article.

La section étant en bataille, la former en avant en batterie.

145. La section étant en bataille, les pièces en tête [1],
pour la former en avant en batterie, l'instructeur commande :

———

1. Les différentes formations en batterie pouvant s'exécuter avec
plus ou moins de facilité et de promptitude, selon la position relative
des pièces et des caissons au moment de se mettre en batterie, l'instructeur doit, s'il y a lieu, faire prendre à l'avance aux caissons, par
un doublement de voitures, la disposition la plus avantageuse pour
se mettre le plus promptement possible en batterie.

1. *Feu en avant.*
2. *Guide à droite* (ou *à gauche*).
3. En batterie.
4. Halte.

Au commandement En batterie, les pièces se portent droit devant elles au trot, en se réglant du côté du guide, le sous-instructeur marchant à sa place de bataille.

Les caissons ne bougent pas.

Au commandement Halte, les pièces s'arrêtent; les pointeurs ôtent l'avant-train le plus promptement possible; font faire demi-tour aux bouches à feu à l'aide des premiers servants, et les alignent rapidement du côté du guide; tous se disposent à faire feu.

Dès que les deux trains sont séparés, les avant-trains font deux *à-gauche* successifs au trot, passent à 7 mètres à gauche de leur pièce; marchent dans cette direction jusqu'à ce qu'ils soient arrivés à 7 mètres des chevaux de devant des caissons; ils exécutent alors deux *à-gauche* successifs pour se placer dans le prolongement de leur pièce, et s'arrêtent à 6 mètres de l'extrémité du levier de pointage.

Les chefs de pièce s'arrêtent en même temps que les bouches à feu; se portent rapidement à leur place de batterie; s'alignent entre eux du côté du guide, et alignent leur pièce du même côté.

Le sous-instructeur s'arrête au commandement Halte, se porte rapidement à hauteur des bouches à feu, s'assure qu'elles sont alignées, et prend sa place de batterie.

Dans les sections montées, l'instructeur commande Halte, lorsque les pièces ont marché 25 mètres.

Au commandement En batterie, les servants suivent leurs pièces au pas de course. Les premiers servants et les pointeurs ôtent l'avant-train, et prennent leurs postes autour de la pièce; les seconds servants prennent leurs postes à l'avant-train, dès qu'il est arrivé à sa place de batterie.

Lorsque les servants sont montés sur les coffres :

Au commandement En batterie, les servants montés sur les caissons sautent à terre, et se portent à leurs postes au pas de course.

Au commandement Halte, les pointeurs sautent à terre, les deux trains sont séparés, et les servants prennent leurs postes autour de la pièce et à l'avant-train.

Dans les sections a cheval, l'instructeur commande Halte, lorsque les pièces ont marché 19 mètres.

Au commandement En batterie, les premiers servants et les pointeurs mettent rapidement pied à terre; les premiers servants donnent les rênes de leurs chevaux aux garde-chevaux, et les pointeurs aux deuxièmes servants. Aussitôt que les premiers servants et les pointeurs ont mis pied à terre, ils se portent à leurs pièces au pas de course, ôtent l'avant-train et prennent leurs postes autour de la pièce.

146. La section marchant en bataille au pas ou au trot, les pièces en tête, la formation en avant en batterie s'exécute aux mêmes commandements et suivant les mêmes principes que lorsque la section est de pied ferme; avec cette différence qu'au commandement EN BATTERIE, les caissons s'arrêtent et s'alignent du côté du guide; les pièces prennent le trot, ou continuent de marcher au trot selon que la section marchait au pas ou au trot.

L'instructeur a l'attention de ne point changer le guide, et de le commander, pour la formation en batterie, du côté où il se trouvait pendant la marche en bataille.

DANS LES SECTIONS A CHEVAL, les pelotons de servants s'arrêtent en même temps que les caissons, au commandement EN BATTERIE; et les pelotons de chevaux s'alignent du côté du guide.

Commencer le feu. — Cesser le feu.

147. Pour faire commencer le feu, l'instructeur commande :

COMMENCEZ LE FEU.

Au commandement COMMENCEZ LE FEU, les chefs de pièce commandent: EN ACTION. A ce commandement les canonniers-servants exécutent la *Charge à volonté.* (Voir le Règlement sur le service des bouches à feu de campagne.)

DANS LES SECTIONS A CHEVAL, les deuxièmes servants mettent rapidement pied à terre; donnent aux garde-chevaux les rênes de leurs chevaux et celles des chevaux des pointeurs, et se portent au coffre de l'avant-train pour approvisionner leur pièce.

148. Pour faire cesser le feu, l'instructeur commande:

CESSEZ LE FEU.

(Voir le Règlement sur le service des bouches à feu de campagne.)

DANS LES SECTIONS A CHEVAL, au commandement CESSEZ LE FEU, les deuxièmes servants ferment le coffre de l'avant-train; montent rapidement à cheval, et saisissent les rênes des chevaux des pointeurs.

149. Lorsque l'on fait feu réellement, le sous-instructeur qui tient la place du chef de section, met pied à terre, ainsi que les chefs de pièce; le sous-instructeur fait tenir son cheval par le conducteur de devant de l'avant-train de la pièce de droite, et les chefs de pièce font tenir les leurs par le conducteur de derrière de l'avant-train de leur pièce.

La section étant en batterie, la former en avant en bataille.

150. La section étant en batterie, pour la former en avant en bataille, les pièces en tête, l'instructeur commande:

1. *Amenez les avant-trains en avant = Caissons en avant.*
2. MARCHE.

Au premier commandement les premiers servants et les pointeurs se placent comme il est prescrit pour amener l'avant-train en avant. (Voir le Règlement sur le service des bouches à feu de campagne.)

Au commandement MARCHE, les premiers servants et les pointeurs font faire demi-tour aux pièces; l'écouvillon et le levier de pointage sont remis en place, et la hausse latérale est retirée.

Les avant-trains partent ensemble au trot, en se réglant à droite, et doublent leurs pièces, en les laissant à gauche. Lorsque le conducteur de derrière arrive à hauteur de la crosse, il appuie fortement à gauche, de manière à raser la crosse, sans la toucher; s'arrête, et redresse le timon, sans avancer ni reculer, de manière que la cheville-ouvrière soit près de la lunette.

Les servants remettent l'avant-train.

Dans les sections montées, au commandement Marche, les caissons prennent le trot, et serrent à 1 mètre de distance de leurs pièces, en se réglant à droite. Dès que les avant-trains sont remis, les servants reprennent leurs postes autour de la pièce.

Dans les sections a cheval, au commandement Marche, les pelotons de chevaux, conduits par les garde-chevaux et les deuxièmes servants, partent franchement au trot, et s'arrêtent à 1 mètre derrière les pièces. Les caissons suivent le mouvement des pelotons de chevaux, et s'arrêtent à leur distance.

Les premiers servants et les pointeurs montent rapidement à cheval, dès que les avant-trains sont remis.

151. La section étant en batterie, pour la former en avant en bataille, les caissons en tête, l'instructeur commande :

1. *Amenez les avant-trains en avant = Caissons doublez vos pièces.*

2. Marche.

Dans les sections montées, le mouvement s'exécute suivant les principes prescrits n° 150, avec cette différence que les caissons, au lieu de s'arrêter derrière leur pièce, la doublent au trot, et s'arrêtent dès que le doublement est terminé.

Dans les sections a cheval, le mouvement s'exécute suivant les principes prescrits n° 150, avec cette différence que les caissons, au lieu de suivre le mouvement des pelotons de chevaux, commencent immédiatement leur doublement, au commandement Marche, et s'arrêtent dès que le doublement est terminé.

La section étant en bataille, la former face en arrière en batterie.

152. La section étant en bataille, les caissons en tête, pour la former face en arrière en batterie, l'instructeur commande :

    1. *Feu en arrière.*
    2. *Guide à droite* (ou *à gauche*).
    3. En batterie.

Au commandement En batterie, les pointeurs ôtent l'avant-train; les servants prennent leurs postes; tous se disposent à faire feu.

Les avant-trains exécutent un *demi-tour à gauche* au trot, aussitôt que les caissons ont démasqué le terrain; s'arrêtent à 6 mètres de l'extrémité du levier de pointage, et s'alignent à droite.

Les caissons partent franchement au trot; marchent 16 mètres droit devant eux, en se réglant du côté du guide; exécutent un *demi-tour à gauche*, sans changer d'allure, en se réglant à droite; s'arrêtent, la tête des chevaux de devant à 10 mètres du derrière des avant-trains, et s'alignent à droite.

Le sous-instructeur prend immédiatement sa place de batterie.

Les chefs de pièce se portent à leur bouche à feu au commandement En batterie, et prennent leur place de batterie, en s'alignant du côté du guide.

Dans les sections montées, lorsque les servants sont montés sur les coffres, ils sautent vivement à terre au commandement En batterie.

Les caissons ne partent au trot que lorsque les servants sont descendus.

Dans les sections a cheval, les pelotons de servants déboîtent vivement à droite au commandement En batterie, et s'arrêtent à hauteur des roues des avant-trains des pièces.

Les premiers servants et les pointeurs mettent rapidement pied à terre; ôtent l'avant-train; prennent leurs postes, et se disposent à faire feu.

Les garde-chevaux et les deuxièmes servants saisissent de la main droite les rênes du cheval qui est à leur droite; et dès que les premiers servants et les pointeurs ont mis pied à terre, les pelotons de chevaux partent franchement au trot; dépassent les avant-trains, et prennent leur place de batterie par un *demi-tour à gauche*.

153. La section marchant en bataille au pas ou au trot, les caissons en tête, la formation face en arrière en batterie

s'exécute aux mêmes commandements et suivant les mêmes principes que lorsque la section est de pied ferme, avec cette différence, que l'instructeur, au lieu de commander: EN BATTERIE, commande: *En batterie* = HALTE; à ce commandement, les pièces s'arrêtent, et s'alignent du côté du guide; les caissons prennent le trot ou continuent de marcher au trot, selon que la section marchait au pas ou au trot.

L'instructeur a l'attention de ne point changer le guide, et de le commander, pour la formation face en arrière en batterie, du côté où il se trouvait pendant la marche en bataille.

DANS LES SECTIONS MONTÉES, lorsque les servants sont montés sur les coffres, les caissons s'arrêtent en même temps que les pièces, et ne partent au trot que lorsque les servants sont descendus.

La section étant en batterie, la former face en arrière en bataille.

154. La section étant en batterie, pour la former face en arrière en bataille, les pièces en tête, l'instructeur commande :

1. *Amenez les avant-trains* = *Caissons derrière vos pièces.*
2. MARCHE.

Au commandement MARCHE, les avant-trains partent ensemble au trot, en se réglant à droite; se portent immédiatement par un *demi-à-droite*, à 7 mètres à droite, et exécutent un *demi-tour à gauche,* en venant raser la crosse; dès que la roue droite arrive à hauteur de la flèche, les avant-trains s'arrêtent, et les timons sont redressés à gauche, sans avancer ni reculer.

Les servants remettent l'avant-train.

Les caissons doublent leurs pièces, en les laissant à gauche, et s'en écartant jusqu'à la moitié de l'intervalle ; lorsque les chevaux de devant ont depassé les bouches à feu de 25 mètres, les caissons reviennent, par deux *à-gauche* successifs, se placer derrière leurs pièces, à leur distance.

Dans les sections montées, les servants reprennent leurs postes aussitôt que les avant-trains sont remis.

Dans les sections a cheval, les pelotons de chevaux, conduits par les garde-chevaux et les deuxième servants, partent franchement au trot, aussitôt que les caissons les ont dépassés, et vont prendre leur place de bataille par un *demi-tour à gauche.*

Les premiers servants et les pointeurs montent rapidement à cheval, aussitôt que les avant-trains sont remis et que les pelotons de chevaux ont repris leur place de bataille.

155. La section étant en batterie, pour la former face en arrière en batterie, les caissons en tête, l'instructeur commande :

1. *Amenez les avant-trains = Caissons devant vos pièces.*

2. Marche.

Au commandement Marche, les avant-trains sont amenés comme il est prescrit n° 154.

Les caissons se portent en avant au trot, en obliquant à droite, jusqu'à la moitié de l'intervalle ; exécutent deux *à-gauche* successifs, en passant près de la tête des chevaux de devant des avant-trains, et s'arrêtent à leur distance.

DANS LES SECTIONS MONTÉES, les servants reprennent leurs postes aussitôt que les avant-trains sont remis.

DANS LES SECTIONS A CHEVAL, au commandement MARCHE, les pelotons de chevaux conduits par les garde-chevaux et les deuxièmes servants partent franchement au trot, et vont prendre leur place de bataille par un *demi-tour à gauche.*

Les premiers servants et les pointeurs montent rapidement à cheval, aussitôt que les avant-trains sont remis et que les pelotons de chevaux ont pris leur place de bataille.

Les caissons ne se mettent en mouvement que lorsque les pelotons de chevaux ont démasqué le terrain.

La section marchant en colonne par pièces, la former en avant, à gauche ou sur la droite en batterie.

156. La section marchant en colonne, les pièces en tête, chacune de ces formations en batterie s'exécute suivant les principes prescrits pour la formation en bataille correspondante, aux commandements :

	(ou)	(ou)
1. *En avant en batterie, oblique à gauche* (ou *à droite*).	1. *A gauche* (ou *à droite*) *en batterie.*	1. *Sur la droite* (ou *sur la gauche*) *en batterie.*
2. MARCHE.	2. MARCHE.	2. MARCHE.
3. EN BATTERIE.	3. EN BATTERIE.	3. EN BATTERIE.
4. HALTE.	4. HALTE.	4. HALTE.

Au commandement En batterie, le premier caisson s'arrête seul; la première pièce prend le trot, s'arrête au commandement Halte, et est immédiatement mise en batterie.

Le deuxième caisson et la deuxième pièce viennent successivement se former à hauteur du premier caisson et de la première pièce, et à leur intervalle.

Aussitôt que la volée de la deuxième pièce a dépassé les chevaux de devant du premier caisson, cette pièce prend le trot, s'arrête sans commandement à hauteur de la première pièce, et est immédiatement mise en batterie.

L'instructeur fait le commandement En batterie, à l'instant où il ferait le commandement Halte dans la formation en bataille correspondante; et il commande Halte en se conformant à ce qui est prescrit n° 145.

Feu en avançant.

157. La section étant en batterie et faisant feu, pour lui faire exécuter le feu en avançant, l'instructeur fait *cesser le feu*, et commande :

    1. *Feu en avançant.*
    2. *Amenez les avant-trains en avant.*
    3. Marche.

Dès que les avant-trains sont remis, l'instructeur commande :

    1. *Section en avant.*
    2. *Guide à droite* (ou *à gauche*).
    3. Marche.

Au commandement Marche, la section se porte en

avant ; les caissons marchant à 26 mètres en arrière des bouches à feu, afin de conserver leur distance de batterie.

DANS LES SECTIONS A CHEVAL, les pelotons de servants marchent à 20 mètres en arrière des bouches à feu, afin de conserver leur position de l'ordre en batterie.

Lorsque l'instructeur est arrivé au point où il veut faire recommencer le feu, il commande :

> 1. *En batterie* = HALTE.
> 2. COMMENCEZ LE FEU.

Au commandement *En batterie* = HALTE, les pièces et les caissons s'arrêtent, et les pièces sont rapidement mises en batterie.

Au commandement COMMENCEZ LE FEU, fait immédiatement après celui *En batterie* = HALTE, les pièces commencent le feu.

Feu en retraite.

158. La section étant en batterie et faisant feu, pour lui faire exécuter le feu en retraite, l'instructeur fait *cesser le feu*, et commande :

1. *Feu en retraite.*
2. *Amenez les avant-trains* = *Caissons demi-tour à gauche.*
3. MARCHE.

Dès que les avant-trains sont remis, et que les caissons ont exécuté leur demi-tour, l'instructeur commande :

> 1. *Section en avant.*
> 2. *Guide à droite* (ou *à gauche*).
> 3. MARCHE.

5*

Au commandement MARCHE, la section se met en mouvement, les pièces conservant par rapport aux caissons leur distance de batterie.

DANS LES SECTIONS A CHEVAL, au commandement *Amenez les avant-trains = Caissons demi-tour à gauche*, les pelotons de chevaux, conduits par les garde-chevaux et les deuxièmes servants, partent franchement au trot, et vont se placer derrière leurs pièces, en obliquant d'abord à droite, et en exécutant ensuite un *demi-tour à gauche*.

Les premiers servants et les pointeurs montent à cheval dès que les avant-trains sont remis et que les pelotons de chevaux ont pris leur place derrière les pièces.

Lorsque l'instructeur est arrivé au point où il veut faire recommencer le feu, il commande :

1. *En batterie* = HALTE.
2. COMMENCEZ LE FEU.

Au commandement *En batterie* = HALTE, les pièces s'arrêtent, et sont rapidement mises en batterie. Les caissons restent face en arrière.

Au commandement COMMENCEZ LE FEU, fait immédiatement après celui de HALTE, les pièces commencent le feu.

DANS LES SECTIONS A CHEVAL, au commandement *En batterie* = HALTE, les pelotons de chevaux déboîtent vivement à droite, et s'arrêtent à hauteur des roues des avant-trains; les premiers servants et les pointeurs mettent rapidement pied à terre; les pelotons de chevaux conduits par les garde-chevaux et les deuxièmes servants, partent franchement au trot, et vont se placer à 1 mètre de distance du derrière des caissons, le dos tourné à leurs pièces.

159. Lorsque l'instructeur veut faire cesser le feu en retraite, en conservant l'ordre en batterie, il fait exécuter aux caissons un demi-tour à gauche, aux commandements : 1. *Caissons demi-tour à gauche;* 2. Marche.

Dans les sections a cheval, les caissons et les pelotons de chevaux font ensemble *demi-tour*, aux commandements : 1. *Caissons et pelotons demi-tour à gauche;* 2. Marche.

160. La section étant en batterie, et faisant feu, pour lui faire exécuter le feu en retraite à la prolonge, l'instructeur commande d'abord :

Déployez les prolonges.

Au commandement Déployez les prolonges, les avant-trains font demi-tour, et s'arrêtent de manière que le crochet cheville-ouvrière soit à 6 mètres environ de la crosse; le deuxième servant de gauche déploie la prolonge; le pointeur-servant engage le T dans la lunette; les conducteurs des avant-trains ont soin de ne point faire tendre la prolonge.

Les caissons font demi-tour, et restent face en arrière sur le terrain qu'ils occupaient.

Dans les sections a cheval, les garde-chevaux font faire demi-tour à gauche à leur peloton de chevaux.

Pour porter la section en arrière, l'instructeur commande :

1. Cessez le feu.
2. *Section en avant.*
3. *Guide à droite.*
4. Marche.

Dans les sections montées, les servants marchent à leurs postes autour des bouches à feu; le premier servant de droite conserve l'écouvillon, et le levier reste dans les anneaux de pointage.

Quand on se retire en présence de l'ennemi, le premier servant de gauche conserve toujours dans son sac un sachet et une boîte à mitraille; se tenant prêt en outre, si les circonstances l'exigent, à faire usage des munitions placées, pour les cas urgents, dans les coffrets d'affût.

Dans les sections a cheval, les deuxièmes servants seuls remontent à cheval; les premiers servants et les pointeurs ne remontent à cheval que si le mouvement de retraite doit, par exception, être exécuté au trot. Dans le cas contraire, ils marchent à leurs postes autour de la bouche à feu, le premier servant de droite et le premier servant de gauche se conformant à ce qui est prescrit pour les premiers servants dans les sections montées.

Les garde-chevaux et les deuxièmes servants conduisent les pelotons de chevaux.

Lorsque la section est arrivée à la nouvelle position qu'elle doit occuper, l'instructeur commande:

1. *En batterie* = Halte.
2. Commencez le feu.

Au commandement *En batterie* = Halte, les pièces et les caissons s'arrêtent, les attelages restant face en arrière.

Les pièces commencent le feu, au commandement Commencez le feu.

Dans les sections a cheval, au commandement *En batterie* = Halte, les pelotons de chevaux s'arrêtent, et restent face en arrière.

Pour faire ployer les prolonges, en conservant l'ordre en batterie, l'instructeur commande :

Ployez les prolonges.

Au commandement Ployez les prolonges, les servants reploient les prolonges. Les avant-trains et les caissons font demi-tour, et reprennent leurs places de batterie.

Dans les sections a cheval, les garde-chevaux font faire demi-tour à gauche aux pelotons de chevaux, et reprennent leur place de batterie.

161. Le travail étant terminé, l'instructeur conduit la section au parc, fait *dételer* et *sortir du parc.*
Les servants et les attelages sont reconduits au quartier comme il est prescrit n° 143.

APPENDICE.

Le texte de l'École de section est applicable à une section de 12 rayé de campagne, MONTÉE OU A CHEVAL, sauf les modifications ci-après:

162. DANS LES SECTIONS MONTÉES, l'intervalle entre les pièces en bataille est de 12 mètres.

Les pelotons de servants se composent chacun de 8 hommes.

Dans chaque peloton, les servants sont placés sur deux rangs, dans l'ordre suivant:

PREMIER RANG.	DEUXIÈME RANG.
Premier servant de gauche.	Premier servant de droite.
Deuxième servant de gauche.	Deuxième servant de droite.
Pointeur.	Pointeur-servant.
Troisième servant de gauche.	Troisième servant de droite (artificier, garde-coffre).

Lorsque les servants à pied doivent monter sur les coffres, ils s'y placent dans l'ordre suivant:

	Sur l'avant-train de la pièce.	Sur l'avant-train du caisson.	Sur l'arrière-train du caisson.
A droite ..	Pointeur.	1er servant de droite.	2e servant de droite.
Au milieu .	3e servant de droite (artif. garde-coff.)	3e servant de gauche.	
A gauche .	Pointeur-servant.	1er servant de gauche.	2e servant de gauche.

DANS LES SECTIONS A CHEVAL, l'intervalle entre les pièces en bataille est de 15 mètres.

Chaque peloton de servants se compose de 10 hommes, dont 2 garde-chevaux, placés dans l'ordre suivant :

PREMIER RANG.	DEUXIÈME RANG.
Premier servant de gauche.	Premier servant de droite.
Deuxième servant de gauche.	Deuxième servant de droite.
Garde-chevaux.	Garde-chevaux.
Pointeur.	Pointeur-servant.
Troisième servant de gauche.	Troisième servant de droite (artificier, garde-coffre).

163. Dans la marche de flanc d'une section en colonne par pièces, les voitures, après avoir exécuté leur à-gauche ou leur à-droite individuel, sont à 12 mètres d'intervalle, dans les SECTIONS MONTÉES; et dans les SECTIONS A CHEVAL, elles sont à 18 mètres ou à 12 mètres d'intervalle, selon la position relative des pièces et des caissons.

Dans la marche de flanc, d'une section en bataille, les intervalles sont les mêmes que dans le cas précédent, et les distances sont de 1 mètre, dans les SECTIONS MONTÉES, et de 4 mètres, dans les SECTIONS A CHEVAL.

164. La section étant en bataille, pour la former en avant en batterie, en exécutant à bras le demi-tour des pièces :

DANS LES SECTIONS MONTÉES, l'instructeur commande HALTE, lorsque les pièces ont marché 30 mètres.

DANS LES SECTIONS A CHEVAL, l'instructeur commande HALTE, lorsque les pièces ont marché 24 mètres.

165. La section étant en bataille, si l'on veut la former en avant en batterie, et que la nature du terrain ne permette pas d'exécuter à bras le demi-tour des pièces, l'instructeur commande :

1. *Feu en avant.*
2. *Guide à droite* (ou *à gauche*).
3. EN BATTERIE.
4. *Pièces demi-tour à gauche.*
5. MARCHE.

Aux trois premiers commandements, on se conforme à ce qui est prescrit n° 145.

Au cinquième commandement, les pièces exécutent leur demi-tour en conservant l'allure du trot, et s'arrêtent dès qu'il est terminé.

Les servants ôtent les avant-trains; les avant-trains prennent leurs places de batterie par un demi-tour à gauche.

DANS LES SECTIONS MONTÉES, l'instructeur fait le commandement *Pièces demi-tour à gauche*, assez à temps pour commander MARCHE, lorsque les pièces ont marché 17 mètres.

Les servants suivent leur pièce au pas de course jusqu'au moment où elles commencent leur demi-tour; ils se portent alors à hauteur des postes qu'ils devront occuper après le demi-tour, et séparent les deux trains dès que le demi-tour est terminé.

Si les servants sont montés sur les coffres, ceux de la pièce ne sautent à terre que lorsque le demi-tour de la pièce est terminé.

DANS LES SECTIONS A CHEVAL, le commandement *Pièces demi-tour à gauche* doit être fait assez à temps pour commander MARCHE, lorsque les pièces ont marché 11 mètres.

Les premiers et les deuxièmes servants ainsi que les pointeurs mettent pied à terre; les troisièmes servants restent à cheval, et tiennent les rênes des chevaux des pointeurs.

166. DANS LES SECTIONS A CHEVAL, la section étant en batterie, les troisièmes servants, aux commandements: Com-

mencez le feu et Cessez le feu, se conforment à ce qui est prescrit pour les deuxièmes servants, lorsqu'on manœuvre avec des bouches à feu de 4 rayé.

167. La section étant en batterie, si l'on veut la former en avant en bataille, les pièces en tête, et que la nature du terrain ne permette pas de faire exécuter à bras le demi-tour des pièces, l'instructeur commande :

1. *Amenez les avant-trains.*
2. Marche.
3. *Pièces demi-tour à gauche = Caissons en avant.*
4. Marche.

Au deuxième commandement, les avant-trains sont amenés et remis comme il·est prescrit n° 154.

Au quatrième commandement, les pièces font demi-tour au trot, et s'arrêtent dès que le demi-tour est terminé; les caissons serrent au trot à leur distance.

Dans les sections montées, lorsqu'il est prescrit aux servants de monter sur les coffres sans commandement, les pointeurs et le troisième servant de droite montent sur le coffre d'avant-train de la pièce, aussitôt que l'avant-train est remis; les autres servants attendent, pour monter sur les coffres du caisson, que le caisson ait serré à sa distance.

Dans les sections a cheval, les garde-chevaux, aidés des troisièmes servants, conduisent au trot les pelotons de chevaux à leur place de bataille, dès que le terrain est démasqué. Les caissons suivent les pelotons de chevaux.

Les premiers et les deuxièmes servants, ainsi que les pointeurs, après avoir remis l'avant-train, montent rapidement à cheval, dès que les pelotons de chevaux sont à leur place de bataille.

168. La section étant en batterie, si l'on veut la former en avant en bataille, les caissons en tête, et que la nature du terrain ne permette pas de faire exécuter à bras le demi-tour des pièces, l'instructeur commande :

1. *Amenez les avant-trains.*
2. Marche.
3. *Pièces demi-tour à gauche = Caissons doublez vos pièces.*
4. Marche.

Au deuxième commandement, les avant-trains sont amenés et remis comme il est prescrit n° 154.

Au quatrième commandement, les caissons doublent leurs pièces au trot, et s'arrêtent dès que le doublement est terminé; les pièces font demi-tour au trot, et s'arrêtent à 1 mètre de distance des caissons.

Dans les sections a cheval, les pelotons de chevaux attendent, pour se placer derrière leurs pièces, qu'elles aient achevé leur demi-tour.

Les premiers et les deuxièmes servants, ainsi que les pointeurs, montent rapidement à cheval dès que les pelotons de chevaux sont à leur place de bataille.

ÉCOLE DE BATTERIE.

169. La batterie est composée comme il est prescrit (titre Iᵉʳ, article Iᵉʳ).

DANS LES BATTERIES MONTÉES, les servants ne sont habituellement appelés à l'*École de batterie* qu'à partir du quatrième article.

DANS LES BATTERIES A CHEVAL, les servants exécutent tous les articles de l'*École de batterie*.

La tenue des canonniers et celle des chevaux sont les mêmes qu'à l'*École de section*.

Le capitaine-commandant veille à ce que les chefs de section exécutent avec régularité ce qui leur est commandé, et fassent toujours les commandements à propos et dans l'intonation prescrite. Il exige que les chefs de pièce et de caisson agissent dans les différents mouvements avec calme et sans hésitation.

Le capitaine-commandant donne quelquefois au maréchal-des-logis-chef ou aux sous-officiers chefs de pièce, le commandement d'une section, pour les mettre en état de remplacer un officier au besoin.

Les différents mouvements sont successivement enseignés et exécutés dans l'ordre indiqué par la progression écrite en tête de chaque article.

Tout mouvement exécuté pour la première fois, doit être détaillé par le capitaine-commandant, la troupe étant de pied ferme, et exécuté ensuite au pas. — Chaque mouvement est répété aux diverses allures (voir tit. Iᵉʳ, art. VIII), jusqu'à ce qu'il soit bien compris et exécuté sans hésitation par tous ceux qui y concourent.

Le capitaine rectifie l'alignement du premier rang de voitures.

Le chef de la ligne des caissons surveille et rectifie l'alignement du deuxième rang de voitures, il reprend sa place de bataille au commandement FIXE.

Dans les batteries a cheval, le capitaine-commandant rectifie l'alignement des pelotons de servants, lorsque les pièces sont en tête; mais lorsque les caissons sont en tête, l'alignement des pelotons de servants est surveillé par le chef de la ligne des caissons.

Le capitaine-commandant se porte partout où il juge sa présence nécessaire; il a l'attention toutefois de se placer, autant que possible, du côté du guide, lorsqu'on marche en colonne.

Il exige qu'on observe un silence absolu et que toute espèce de rectification se fasse par signe ou à voix basse.

Le texte de l'*École de batterie* s'applique également à une batterie de 4 rayé, soit MONTÉE soit A CHEVAL, en tenant compte, pour ce dernier cas, des distances et des intervalles nécessités par les pelotons de servants à cheval.

Ce même texte est également applicable à une batterie de 12 rayé de campagne, en ayant égard aux modifications consignées dans l'*Appendice* qui fait suite à l'*École de section*.

ARTICLE Ier.

Alignement successif des sections dans la batterie.

Alignement de la batterie.

Rompre la batterie par pièces.

Marche directe en colonne par pièces.

Changement de direction.

Marche oblique individuelle.

Marche de flanc.

Demi-tour individuel.

Contre-marche.

Doublement de voitures.

La batterie marchant en colonne par pièces, la former en avant, à gauche ou sur la droite en bataille.

---

170. La batterie est rassemblée comme il est prescrit (titre Ier, article Ier). [1]

Le capitaine conduit la batterie au parc en la faisant marcher par le flanc, le chef de la section de droite à la tête des servants et le chef de la section de gauche à la tête des attelages.

En arrivant au parc, le chef de la section de droite forme les servants en bataille comme il est prescrit n° 79, et leur fait distribuer les armements.

Dès que les servants sont équipés, les chefs des première, troisième et cinquième pièces se portent chacun à l'attelage de sa pièce.

Le chef de la section de gauche fait *entrer les attelages au parc, mettre pied à terre, atteler* et *monter à cheval* comme il est prescrit n°s 31 et 32. Il est secondé par le chef de la section du centre.

Les servants étant équipés, et les voitures étant attelées, le capitaine commande :

GARDE A VOUS.

A ce commandement, les chefs de section mettent le sabre à la main, et se placent au centre de leur section, sur l'alignement des chefs de pièce.

---

1. Lorsque la manœuvre a lieu sans les servants, les trois chefs de section, dès que les attelages sont rassemblés, se placent sur l'alignement des chefs de pièce, au centre des attelages de leur section. Le chef de la ligne des caissons se place sur l'alignement des officiers, à 2 mètres de la gauche des attelages.

Le chef de la ligne des caissons se place en serre-file, à 2 mètres en arrière du centre du détachement des servants.

Le capitaine fait *rompre le parc,* comme il est prescrit n° 33, les servants se conformant à ce qui est prescrit n° 81; les chefs de section, les chefs de pièce et les chefs de caisson prennent les places qui leur sont assignées dans l'ordre en colonne par pièces (titre Ier, article II).

Le chef de la ligne des caissons surveille le mouvement des pelotons de servants, et ne reprend sa place dans la colonne que lorsque tous les pelotons de servants sont à leurs pièces.

Arrivé sur le terrain de manœuvre, le capitaine arrête la colonne, et forme la batterie en bataille, par de simples avertissements.

Il s'assure, que les chefs de section le chef de la ligne des caissons, les chefs de pièce et de caisson prennent les places qui leur sont assignées dans l'ordre en bataille (titre Ier, article Ier).

Alignement successif des sections dans la batterie.

171. La batterie étant en bataille, le chef de la section de droite, à l'avertissement du capitaine, porte sa section en avant, aux commandements: 1. *Section en avant;* 2. *Guide à droite;* 3. MARCHE. La section marche droit devant elle, dans une direction perpendiculaire au front de la batterie, et lorsqu'elle a parcouru 30 mètres, son chef l'arrête, aux commandements: 1. HALTE; 2. *A droite =* ALIGNEMENT.

La section de droite étant correctement alignée, le capitaine commande:

1. *Par section = à droite =* ALIGNEMENT.
2. FIXE.

Au premier commandement, le chef de la section du centre commande : 1. *Section en avant*; 2. *Guide à droite*; 3. Marche; et lorsque les chevaux de devant du premier rang de voitures arrivent à 5 mètres en arrière du front, il commande : 1. Halte; 2. *A droite* = alignement.

Au commandement Halte, la section s'arrête.

Au commandement *A droite* = alignement, les conducteurs se portent ensemble sur l'alignement; s'arrêtent un peu avant d'arriver à hauteur de la section qui sert de base d'alignement, et se portent à sa hauteur, en faisant tendre les traits.

Les voitures du deuxième rang suivent à leur distance celles du premier, et s'alignent entre elles, ayant soin de se maintenir exactement en file derrière les voitures du premier rang.

Le chef de la section de gauche fait exécuter le même mouvement, ayant l'attention de ne commander Marche, que lorsque le chef de la section du centre a commandé Halte.

La batterie étant alignée, le capitaine commande : Fixe.

Le capitaine veille à ce que les chefs de section ne mettent pas trop d'intervalle entre les commandements Halte et *A droite* = alignement, pour ne pas retarder les alignements successifs.

Dans les batteries a cheval, les pelotons de servants s'alignent entre eux, en même temps que les pièces.

Alignement de la batterie.

172. Le capitaine, après avoir placé la pièce de droite, suivie de son caisson, à 5 mètres environ en avant de la pièce la plus avancée de la batterie, commande :

    1. *A droite* = ALIGNEMENT.
    2. FIXE.

Au premier commandement, les chefs de section, les chefs de pièce et de caisson, et les conducteurs, s'alignent promptement à droite, en se portant sans à-coup, à hauteur de la base d'alignement.

Les conducteurs ont soin de faire tendre les traits.

La batterie étant alignée, le capitaine commande : FIXE.

DANS LES BATTERIES A CHEVAL, les pelotons de servants s'alignent à droite, au commandement *A droite* = ALIGNEMENT.

173. Le capitaine fait exécuter ces différents alignements par la gauche, suivant les mêmes principes et par les moyens inverses.

Rompre la batterie par pièces.

174. La batterie étant en bataille, le capitaine commande :

1. *Par la droite* = *par pièces* = *rompez la batterie*.
2. MARCHE.

Au commandement MARCHE, la pièce de droite suivie de son caisson, se porte droit devant elle. Au moment où les chevaux de devant du premier caisson arrivent à hauteur des chevaux de devant de la seconde pièce, cette pièce suivie de son caisson, tourne à droite, et prend sa place dans la colonne par un à-gauche.

Les autres pièces exécutent successivement le même mouvement, lorsque les chevaux de devant du caisson, immédiatement placé à leur droite, arrivent à hauteur de leurs chevaux de devant.

175. Pour rompre la batterie par la gauche par pièces, le mouvement s'exécute suivant les mêmes principes et par les moyens inverses, aux commandements : 1. *Par la gauche = par pièces = rompez la batterie;* 2. MARCHE.

176. Pour arrêter la colonne, le capitaine commande :

1. *Colonne.*
2. HALTE.

Marche directe en colonne par pièces.

177. Quand la colonne est arrêtée, le capitaine s'assure que les officiers, les sous-officiers et les brigadiers chefs de caisson, sont placés comme il est prescrit (titre Ier, article II), ensuite il commande :

1. *Colonne en avant.*
2. MARCHE.

178. Le capitaine fait passer du pas au trot, et du trot au pas, aux commandements :

1. *Au trot.*
2. MARCHE.

et

1. *Au pas.*
2. MARCHE.

Lorsque la colonne passe du pas au trot, il veille à ce que la tête de la colonne entame modérément l'allure indiquée; et lorsque la colonne passe du trot au pas, il recommande à la tête de la colonne d'allonger les premiers pas.

Pour prévenir les à-coup dans les changements d'allure, le capitaine a le soin de se tenir, autant que possible, au centre de la colonne; de mettre suffisamment d'intervalle entre les commandements préparatoires et ceux d'exécution, et de se placer face à la troupe, au moment où il fait ses commandements, de manière à être entendu de la tête à la queue de la colonne.

Changement de direction.

179. La batterie marchant en colonne par pièces, pour lui faire exécuter des changements de direction, le capitaine commande:

Tête de colonne à gauche (ou *à droite*).

Ce qui s'exécute comme il est prescrit n° 92; le chef de la section tête de colonne se conformant à ce qui est indiqué pour le sous-instructeur.

180. Marche oblique individuelle.
Marche de flanc.
Demi-tour individuel.
Contre-marche.
Doublement de voitures.

Ces divers mouvements s'exécutent aux commandements et suivant les principes prescrits n° 94 et suivants.

Les chefs de section se conforment au mouvement de la première pièce de leur section, le chef de la ligne des caissons se conforme au mouvement général.

La batterie marchant en colonne par pièces, la former en avant, à gauche ou sur la droite en bataille.

181. La batterie marchant en colonne par pièces, pour la former en avant en bataille, en gagnant du terrain à gauche, le capitaine commande :

1. *En avant en bataille, oblique à gauche.*
2. Marche.
3. *A droite* = alignement.
4. Fixe.

Au commandement Marche, la première pièce suivie de son caisson, continue de marcher droit devant elle ; lorsqu'elle a marché 20 mètres, le chef de la première section commande : Halte.

A ce commandement, les deux premières voitures s'arrêtent bien carrément, et en file. Toutes les autres viennent successivement, et sans commandement des chefs de section, se former à la gauche et sur l'alignement des premières, comme il est prescrit n° 102, en arrivant par un oblique individuel, dans la direction de la place qu'elles doivent occuper, de manière à pouvoir se redresser avant de se porter sur la ligne.

Le capitaine qui s'est porté à l'aile droite après le commandement Marche, ne commande l'alignement, que lorsque le chef de la première section a commandé Halte.

Le chef de la ligne des caissons se porte également à l'aile droite après le commandement Marche, pour rectifier l'alignement du deuxième rang de voitures.

A mesure que les chefs de section arrivent sur la ligne, ils se placent au centre de leurs sections, et s'alignent.

Le capitaine ne commande FIXE, que lorsque la dernière pièce et le dernier caisson sont alignés.

182. La batterie marchant en colonne par pièces, pour la former en bataille sur son flanc gauche, le capitaine commande :

      1. *A gauche en bataille.*

      2. MARCHE.

      3. *A droite* = ALIGNEMENT.

      4. FIXE.

Au commandement MARCHE, la première pièce, suivie de son caisson, tourne à gauche et se porte droit devant elle ; lorsqu'elle a marché 35 mètres, le chef de la première section commande : HALTE.

A ce commandement, les deux premières voitures s'arrêtent bien carrément et en file. Toutes les autres pièces suivies de leurs caissons viennent, successivement et sans commandement des chefs de section, se former, comme il est prescrit n° 104, à la gauche et sur l'alignement des premières, en prenant leurs intervalles, et en observant de se maintenir dans la même direction avant de tourner à gauche, afin de ne pas se rapprocher de la ligne de bataille.

Le capitaine, les chefs de section et le chef de la ligne des caissons se conforment exactement à ce qui est prescrit pour l'*En avant en bataille.*

183. La batterie marchant en colonne par pièces, pour la former en bataille sur le prolongement en avant de son flanc droit, le capitaine commande :

    1. *Sur la droite en bataille.*
    2. MARCHE.
    3. *A droite =* ALIGNEMENT.
    4. FIXE.

Au commandement MARCHE, la première pièce, suivie de son caisson, tourne à droite et se porte droit devant elle ; lorsqu'elle a marché 35 mètres, le chef de la première section commande : HALTE.

A ce commandement, les deux premières voitures s'arrêtent bien carrément et en file. Toutes les autres pièces suivies de leurs caissons continuent de marcher droit devant elles, et viennent, successivement et sans commandement des chefs de section, se former, comme il est prescrit n° 106, à la gauche et sur l'alignement des premières, en prenant leurs intervalles, et en observant de se maintenir dans la même direction avant de tourner à droite, afin de ne pas se rapprocher de la ligne de bataille.

Le capitaine, les chefs de section et le chef de la ligne des caissons se conforment exactement à ce qui est prescrit pour l'*En avant en bataille.*

184. Les formations en avant en bataille en gagnant du terrain à droite, à droite en bataille, ou sur la gauche en bataille, s'exécutent suivant les mêmes principes et par les moyens inverses, aux commandements :

    1. *En avant en bataille, oblique à droite* (ou *A droite en bataille* ou *Sur la gauche en bataille*).

2. Marche.

3. *A gauche* = alignement.

4. Fixe.

185. Les mouvements en colonne par pièces ayant déjà été exécutés à l'École de section, et l'exécution de ces mouvements à l'École de batterie, ne présentant d'autres difficultés nouvelles que celles résultant de l'augmentation de profondeur de la colonne, le capitaine doit passer rapidement sur cette instruction, s'attachant principalement à donner aux allures de l'ensemble et de la précision.

186. Pour terminer le travail, le capitaine dirige la colonne vers le parc, et fait *former le parc*, comme il est prescrit n° 69, les servants se conformant à ce qui est prescrit n° 142. Le capitaine fait ensuite *mettre pied à terre*, *dételer*, *monter à cheval* et *sortir du parc* comme il est prescrit nos 71 et 73.

Dès que les servants sont formés en bataille, le chef de la section de droite fait reporter les armements.

Dans les batteries montées, le chef de la section de droite fait reprendre le mousqueton après avoir fait reporter les armements.

Le capitaine reconduit la batterie au quartier, en la faisant marcher dans le même ordre que pour se rendre au parc.

ARTICLE II.

La batterie étant en bataille, la former en colonne par sections.

Marcher en colonne par sections.

Changement de direction par des conversions successives.

Changer d'allure étant en colonne par sections.

Marche oblique individuelle.

Marche de flanc

Demi-tour individuel.

Contre-marche.

Doublement de voitures.

Serrer et reprendre les intervalles.

Rompre par pièces, et former les sections à la même allure.

Rompre par pièces, et former les sections en doublant l'allure.

A gauche en bataille.

Rompre par la droite pour marcher vers la gauche.

Sur la droite en bataille.

Rompre par sections en avant de son front.

En avant en bataille.

Rompre par sections à droite, et se porter en avant après la conversion.

Rompre par sections à droite, tête de colonne à gauche ou demi-à-gauche.

Sur la tête de la colonne face en arrière en bataille.

Rompre en colonne d'attaque par la section du centre.

Former la colonne d'attaque en avant en bataille.

La batterie étant en bataille, la former en colonne par sections.

187.   Le capitaine commande :

> 1. *Sectoins à droite.*
> 2. Marche.
> 3. Halte.

Au commandement Marche, chaque section exécute une conversion à droite, suivant les principes prescrits n° 114. Les ailes marchantes ont soin de prendre franchement le trot, pour démasquer le terrain ; elles se règlent sur l'aile de la section qui devient tête de colonne.

Le capitaine commande Halte, lorsque les sections sont près de terminer leur conversion.

Le capitaine s'assure que chaque officier, sous-officier et brigadier conserve la place qui lui est assignée dans cet ordre de colonne (titre Ier, article II).

188.   Pour former la batterie en colonne par sections faisant face à gauche, le mouvement s'exécute suivant les mêmes principes et par les moyens inverses, aux commandements : 1. *Sections à gauche* ; 2. Marche ; 3. Halte.

Marcher en colonne par sections.

189.   Les chefs de section sont responsables de la conservation des intervalles et des distances.

La première section d'une colonne qui se met en marche, doit toujours modérer son allure, afin de donner à la colonne le temps de prendre, de la tête à la queue, un mouvement uniforme et régulier.

190. La colonne par sections étant de pied ferme, pour la porter en avant, le capitaine commande :

> 1. *Colonne en avant.*
> 2. MARCHE.
> 3. *Guide à gauche* (ou *à droite*).

Au commandement MARCHE, les trois sections se mettent en mouvement à la fois, en se conformant à ce qui est prescrit n° 109, et en conservant entre elles 1 mètre de distance.

Le capitaine commande *Guide à gauche* lorsque la colonne a été formée par une conversion *à droite* des sections ; il commande *Guide à droite* dans le cas contraire.

Le capitaine marche sur le flanc de la colonne, autant que possible du côté où le guide a été indiqué.

Avant de mettre la colonne en marche, le capitaine donne lui-même, ou fait donner par le chef de la section tête de colonne, un point de direction au chef de la première voiture du côté du guide ; ce sous-officier, qui est guide de la colonne, choisit des points intermédiaires, afin d'être sûr de marcher droit. Les chefs des autres voitures, du côté du guide, se maintiennent exactement dans la direction suivie par le chef de la voiture qui les précède.

191. La colonne étant en marche, le capitaine, pour l'arrêter, commande :

> 1. *Colonne.*
> 2. HALTE.

Au premier commandement les sections se préparent à arrêter.

Au commandement HALTE, les trois sections s'arrêtent à la fois.

Après le commandement HALTE, il ne doit plus y avoir aucun mouvement dans la colonne, les distances et les directions ne devant se reprendre qu'en marchant.

Changement de direction par des conversions successives.

192. Dans les changements de direction de la colonne par sections, le quart de cercle que doivent décrire les voitures pivots, est de 5 mètres.

La colonne étant en marche, pour faire changer de direction à gauche, le capitaine commande :

Tête de colonne à gauche (ou *demi-à-gauche*).

A ce commandement, le chef de la section tête de colonne commande : 1. *Tournez* = (à) GAUCHE; 2. *En* = AVANT; à la dernière partie du premier commandement qui est GAUCHE, la section tête de colonne exécute un *à-gauche* (ou un *demi-à-gauche*) comme il est prescrit n° 118, et à la dernière partie du commandement *En* = AVANT, faite dès que la voiture pivot du premier rang est redressée dans la nouvelle direction, cette voiture se porte droit devant elle. Chaque chef de section fait successivement les mêmes commandements, de manière que sa section tourne sur le même terrain où la première a tourné.

Après le changement de direction, un nouveau point de direction est donné au guide.

193. Le changement de direction à droite s'exécute suivant les mêmes principes et par les moyens inverses, aux commandements : *Tête de colonne à droite* (ou *demi-à-droite*), du capitaine, et : 1. *Tournez* = (à) DROITE; 2. *En* = AVANT, faits successivement par les chefs de section.

194. La colonne marchant au trot, le changement de direction s'exécute suivant les mêmes principes, les pivots conservant l'allure du trot, et les ailes marchantes prenant successivement le trot allongé pour exécuter la conversion.

Changer d'allure étant en colonne par sections.

195. On fait passer la colonne du pas au trot, et du trot au pas, et, lorsque les sections ont pris de l'ensemble dans ces changements d'allure, on peut faire partir au trot, la colonne étant de pied ferme, et arrêter, la colonne marchant au trot.

Le capitaine fait parfois allonger ou diminuer insensiblement l'allure de la tête de colonne, sans commandement, pour juger de l'attention des chefs de pièce et de caisson, et les habituer à se conformer aux différentes progressions d'allure des voitures qui sont devant eux.

Marche oblique individuelle.

196. La batterie étant en colonne par sections, de pied ferme ou en marche, pour lui faire gagner du terrain vers l'un de ses flancs en avançant, le capitaine commande :

1. *Pièces et caissons oblique à gauche* (ou *à droite*).
2. Marche.

Ce qui s'exécute à la fois dans chaque section, comme il est prescrit n° 119. Les guides des deux dernières sections ont l'attention de marcher à la même hauteur, et de se maintenir dans une direction exactement parallèle à celle du guide de la première section, qu'ils ne doivent jamais dépasser.

Les chefs de section et le chef de la ligne des caissons exécutent pour leur compte un *demi-à-*

gauche (ou un *demi-à-droite*), et se portent ensuite droit devant eux en se conformant au mouvement général.

Pour faire reprendre la direction primitive, le capitaine commande :

En = AVANT.

Ce qui s'exécute à la fois dans chaque section, comme il est prescrit nº 119. Les chefs de section et le chef de la ligne des caissons reprennent les places qu'ils doivent occuper dans la colonne par sections.

Marche de flanc.

197. La batterie étant en colonne par sections, de pied ferme ou en marche, pour lui faire gagner du terrain vers l'un de ses flancs par un mouvement individuel, le capitaine commande :

1. *Pièces et caissons à gauche* (ou *à droite*).
2. MARCHE.
3. *En* = AVANT.
4. *Guide à droite* (ou *à gauche*).

Ce qui s'exécute à la fois dans chaque section, comme il est prescrit nº 121.

Les chefs de section se portent au milieu de l'intervalle des voitures qui sont en tête de leur section, à hauteur des conducteurs de devant. Le chef de la ligne des caissons se conforme au mouvement général.

Pour faire reprendre la direction primitive, le capitaine commande :

1. *Pièces et caissons à droite* (ou *à gauche*).
2. MARCHE.
3. HALTE ou $\begin{cases} 3. \textit{En} = \text{AVANT.} \\ 4. \textit{Guide à gauche} \text{ (ou } \textit{à droite}\text{).} \end{cases}$

Les chefs de section et le chef de la ligne des caissons reprennent leur place dans la colonne.

Le capitaine commande HALTE ou 1. *En* = AVANT; 2. *Guide à gauche* (ou *à droite*), selon qu'il veut arrêter la colonne, ou la porter en avant après la marche de flanc.

Demi-tour individuel.

198. La batterie étant en colonne par sections, de pied ferme ou en marche, pour faire face du côté opposé à sa direction, le capitaine commande :

1. *Pièces et caissons demi-tour à gauche.*
2. MARCHE.
3. HALTE ou $\begin{cases} 3. \textit{En} = \text{AVANT.} \\ 4. \textit{Guide à droite.} \end{cases}$

Au commandement MARCHE, toutes les voitures exécutent ensemble un *demi-tour à gauche*, se réglant dans chaque file, pendant la première partie du mouvement, sur les voitures qui sont en tête de la colonne, et pendant la deuxième partie, sur les voitures qui prennent la tête de la colonne.

Les chefs de section et le chef de la ligne des caissons font demi-tour pour leur compte, au commandement MARCHE, et prennent ensuite leurs places dans la colonne.

Le capitaine commande HALTE, ou 1. *En* = AVANT;
2. *Guide à droite*, selon qu'il veut arrêter la colonne,
ou la porter en avant après le demi-tour.

Contre-marche.

199. La batterie étant en colonne par sections, de pied
ferme ou en marche, pour faire face du côté opposé à sa
direction, mais en conservant, dans chaque section, la
même espèce de voitures en tête, le capitaine commande :

1. *Contre-marche.*
2. MARCHE.
3. HALTE ou $\begin{cases} 3.\ En = \text{AVANT.} \\ 4.\ Guide\ à\ droite. \end{cases}$

Ce qui s'exécute comme il est prescrit n° 111.

Dans chaque file, les voitures se règlent, pendant
la première partie du mouvement, sur celles qui sont
en tête de la colonne, et pendant la deuxième partie,
sur celles qui prennent la tête de la colonne.

Les chefs de section et le chef de la ligne des caissons font demi-tour pour leur compte, au commandement MARCHE, et prennent ensuite leurs places dans
la colonne.

Le capitaine commande HALTE, ou 1. *En* = AVANT; 2. *Guide
à droite*, selon qu'il veut arrêter la colonne, ou la porter
en avant après la contre-marche.

200. Lorsque la *marche oblique individuelle*, la *marche
de flanc*, le *demi-tour individuel* et la *contre-marche*
ont été exécutés de pied ferme, et en marchant au pas,
le capitaine fait répéter ces mouvements d'abord en marchant au trot, et ensuite en partant de pied ferme au trot.

Doublement de voitures.

201. Le capitaine fait exécuter ces doublements par les commandements et suivant les principes prescrits n⁰ˢ 99, 100 et 101.

Serrer et reprendre les intervalles.

202. La batterie marchant en colonne par sections, pour diminuer le front de la colonne en serrant les intervalles, le capitaine commande:

1. *A gauche* (ou *à droite*) = *à* (tant) *de mètres* = *serrez les intervalles.*
2. MARCHE.

Ce qui s'exécute dans chaque section, comme il est prescrit n⁰ˢ 129 ou 127.

Le capitaine fait de préférence serrer les intervalles à gauche, lorsque le guide est à gauche; et à droite, lorsque le guide est à droite.

Le capitaine ne doit pas réduire les intervalles à moins de 2 mètres, afin que les chefs de section et les chefs de pièce puissent conserver les places qui leur sont assignées dans l'ordre en colonne par sections.

203. La batterie marchant en colonne par sections, à intervalles serrés, pour faire reprendre les intervalles réguliers, le capitaine commande:

1. *A droite* (ou *à gauche*) = *reprenez les intervalles.*
2. MARCHE.

Ce qui s'exécute dans chaque section, comme il est prescrit n⁰ˢ 129 ou 128.

Rompre par pièces, et former les sections à la même allure.

204. La batterie marchant en colonne par sections, pour rompre par pièces, à la même allure, le capitaine commande :

1. *Par la droite = rompez les sections.*
2. MARCHE.

Au premier commandement, le chef de la première section commande : *Par la droite = rompez la section.*

Au commandement MARCHE, répété par cet officier, la première section rompt par pièces, comme il est prescrit nº 130 ; et les chefs des deux dernières sections commandent : HALTE.

Le chef de la deuxième section, et celui de la troisième, commandent successivement *Par la droite = rompez la section*, assez à temps pour commander MARCHE, à l'instant où les voitures de gauche de la section qui précède commencent leur oblique pour entrer dans la colonne.

205. La batterie marchant en colonne par sections, *au trot*, pour rompre par pièces à la même allure, le capitaine commande :

1. *Par la droite = rompez les sections.*
2. MARCHE.

Au premier commandement, le chef de la première section commande : *Par la droite = rompez la section*, les chefs des deux autres sections commandent : *Au pas.*

Au commandement MARCHE, répété par ces mêmes officiers, la première section rompt par pièces, comme il est prescrit n° 131 ; et les deux autres sections prennent le pas.

Le chef de la deuxième section, et celui de la troisième, commandent successivement *Par la droite = rompez la section = au trot,* assez à temps pour commander MARCHE, à l'instant où les voitures de gauche de la section qui précède commencent leur oblique pour entrer dans la colonne.

206. La batterie marchant en colonne par sections, *au pas* ou *au trot,* la rupture par pièces s'exécute par la gauche, suivant les mêmes principes et par les moyens inverses, aux commandements : 1. *Par la gauche = rompez les sections;* 2. MARCHE.

207. La batterie marchant en colonne par pièces, pour former les sections à la même allure, en gagnant du terrain à gauche, le capitaine commande :

1. *Formez les sections, oblique à gauche.*
2. MARCHE.

Au premier commandement, le chef de la première section commande : *Formez la section, oblique à gauche.*

Au commandement MARCHE, répété par cet officier, le première section se forme comme il est prescrit n° 133; son chef commande HALTE, lorsque la tête de colonne a marché 10 mètres.

Les autres sections continuent de marcher en colonne par pièces, et ne se forment successivement, qu'au commandement *Formez la section, oblique à gauche,* fait par leurs chefs, assez à temps pour commander

202 ÉCOLE DE BATTERIE.

Marche, lorsque la première voiture de leur section arrive à 10 mètres de distance des dernières voitures de la section qui précède.

208. La batterie marchant en colonne par pièces, *au trot*, pour former les sections à la même allure, en gagnant du terrain à gauche, le capitaine commande :

1. *Formez les sections, oblique à gauche.*
2. Marche.
3. *Guide à gauche.*

Au premier commandement, le chef de la première section commande : *Formez la section, oblique à gauche.*

Au commandement Marche, répété par cet officier, la première section se forme comme il est prescrit n° 134.

Les autres sections continuent de marcher en colonne par pièces au trot, et ne se forment successivement qu'au commandement *Formez la section, oblique à gauche,* fait par leurs chefs, assez à temps pour commander Marche, lorsque, dans chaque section, les deux premières voitures arrivent à leur distance de la section qui précède ; alors ces deux premières voitures prennent le pas.

Le capitaine ne commande *Guide à gauche,* que lorsque la première section est formée, le guide de la colonne prend alors un point de direction. Chaque chef de section répète successivement le commandement du guide, dès que sa section est formée.

209. La batterie marchant en colonne par pièces, *au pas* ou *au trot*, pour former les sections à la même allure, en gagnant du terrain à droite, le mouvement s'exécute suivant les mêmes principes et par les moyens inverses, aux commandements : 1. *Formez les sections, oblique à droite;* 2. MARCHE (et 3. *Guide à gauche,* si la formation se fait en marchant au trot).

210. Lorsque, pour former la batterie en colonne par pièces, on a rompu les sections par la gauche, la formation des sections s'exécute suivant les mêmes principes, mais le guide est commandé *à droite.*

Rompre par pièces, et former les sections en doublant l'allure.

211. La batterie marchant en colonne par sections, pour rompre par pièces, en doublant l'allure, le capitaine commande :

1. *Par la droite = rompez les sections = au trot.*
2. MARCHE.

Au premier commandement, le chef de la première section commande: *Par la droite = rompez la section = au trot.*

Au commandement MARCHE, répété par cet officier, la première section rompt comme il est prescrit n° 137.

Les autres sections continuent de marcher au pas, leurs chefs commandent *Par la droite = rompez la section = au trot,* assez à temps pour commander MARCHE, lorsque les voitures de gauche de la section qui précède commencent leur oblique pour entrer dans la colonne.

212. La batterie marchant en colonne par sections, la rupture par pièces, en doublant l'allure, s'exécute par la gauche, suivant les mêmes principes et par les moyens inverses, aux commandements: 1. *Par la gauche = rompez les sections = au trot;* 2. MARCHE.

213. La batterie marchant en colonne par pièces, pour former les sections, en doublant l'allure, et en gagnant du terrain à gauche, le capitaine commande :

1. *Formez les sections, oblique à gauche = au trot.*
2. Marche.
3. *Guide à gauche.*

Au premier commandement, le chef de la première section commande : *Formez la section, oblique à gauche = au trot.*

Les chefs des deux autres sections commandent : *Au trot.*

Au commandement Marche, répété par ces mêmes officiers, la première section se forme comme il est prescrit n° 139.

Les deux autres sections prennent le trot, et ne se forment successivement qu'au commandement *Formez la section, oblique à gauche,* fait par leurs chefs assez à temps pour commander Marche, lorsque, dans chaque section, les deux premières voitures arrivent à leur distance de la section qui précède; alors ces deux premières voitures prennent le pas.

Le capitaine ne commande *Guide à gauche,* que lorsque la première section est formée, le guide de la colonne prend alors un point de direction.

Chaque chef de section répète successivement le commandement du guide, dès que sa section est formée.

214. La batterie marchant en colonne par pièces, pour former les sections, en doublant l'allure, et en gagnant du terrain à droite, le mouvement s'exécute suivant les mêmes principes et par les moyens inverses, aux commandements :
1. *Formez les sections, oblique à droite = au trot;*
2. Marche; 3. *Guide à gauche.*

215. Lorsque, pour former la batterie en colonne par pièces, on a rompu les sections par la gauche, la formation des sections, en doublant l'allure, s'exécute suivant les mêmes principes; mais le guide est commandé à *droite*.

A gauche en bataille.

216. La batterie étant en colonne par sections, de pied ferme ou en marche, pour la former en bataille sur son flanc gauche, le capitaine commande :

1. *A gauche en bataille.*
2. MARCHE.
3. *En* = AVANT.
4. *Guide à droite.*
5. *Batterie.*
6. HALTE.
7. *A droite* = ALIGNEMENT.
8. FIXE.

Au commandement MARCHE, les sections exécutent simultanément une conversion à gauche. Aux commandements : 1. *En* = AVANT; 2. *Guide à droite*, les voitures pivots du premier rang se portent droit devant elles, en se réglant à droite.

Dans ce mouvement, les voitures placées aux pivots doivent marcher franchement, et celles placées aux ailes marchantes doivent modérer leur allure, jusqu'à ce que le terrain soit dégagé par le pivot de la section qui précède.

Le capitaine commande : 1. *En* = AVANT; 2. *Guide à droite,* lorsque les voitures pivots du premier rang, après avoir parcouru un quart de cercle de 5 mètres, sont redressées dans la nouvelle direction, et il commande HALTE, lorsque les voitures du premier rang ayant parcouru 35

6*

mètres, celles du deuxième rang sont redressées dans la nouvelle direction.

217. La formation à droite en bataille s'exécute suivant les mêmes principes et par les moyens inverses, aux commandements : 1. *A droite en bataille;* 2. MARCHE; 3. *En=* AVANT; 4. *Guide à gauche;* 5. *Batterie;* 6. HALTE; 7. *A gauche* = ALIGNEMENT; 8. FIXE.

Rompre par la droite pour marcher vers la gauche.

248. La batterie étant en bataille, le capitaine commande :

1. *Sections rompez par la droite = pour marcher vers la gauche.*

2. MARCHE.

Au premier commandement, le chef de la section de droite commande : 1. *Section en avant;* 2. *Guide à gauche.*

Au commandement MARCHE, répété par le chef de la section de droite, cette section marche 10 mètres droit devant elle, tourne à gauche et se porte en avant aux commandements : 1. *Tournez = (à)* GAUCHE; 2. *En =* AVANT.

Le chef de la section du centre, et celui de la section de gauche, commandent successivement : 1. *Section en avant;* 2. *Guide à gauche,* quand le chef de la section qui est à leur droite commande MARCHE; et il commande MARCHE, au moment où les roues des avant-trains du deuxième rang de voitures de cette section arrivent à leur hauteur, après le changement de direction à gauche.

219. La rupture de la batterie par la gauche pour marcher vers la droite s'exécute suivant les mêmes principes et par les moyens inverses, aux commandements: 1. *Sections rompez par la gauche = pour marcher vers la droite;* 2. MARCHE; 3. *Guide à droite.*

Sur la droite en bataille.

220. La batterie marchant en colonne par sections, pour la former en bataille sur le prolongement en avant de son flanc droit, le capitaine commande:

    1. *Sur la droite en bataille.*

    2. MARCHE.

    3. *Guide à droite.*

    4. FIXE.

Au premier commandement, le chef de la première section commande: *Tournez.*

Au commandement MARCHE, il commande: (*à*) DROITE; il commande ensuite et à propos: *En = AVANT*; la section tourne à droite, et se porte droit devant elle; lorsqu'elle a marché 35 mètres dans la nouvelle direction, son chef commande: HALTE, et de suite *A droite* = ALIGNEMENT.

Les autres sections continuent de marcher droit devant elles, sans se rapprocher de la ligne de bataille; à mesure que chacune d'elles est près d'arriver au point où elle doit tourner pour se porter à sa place de bataille, son chef commande: 1. *Tournez =* (*à*) DROITE; 2. *En = AVANT*; et lorsque la section arrive à 5 mètres en arrière du front, il commande: HALTE, et de suite *A droite* = ALIGNEMENT.

La batterie étant alignée, le capitaine commande: FIXE.

224. La batterie marchant en colonne par sections, pour la former en bataille sur le prolongement en avant de son flanc gauche, le mouvement s'exécute suivant les mêmes principes et par les moyens inverses, aux commandements : 1. *Sur la gauche en bataille*; 2. MARCHE; 3. *Guide à gauche*; 4. FIXE.

Rompre par sections en avant de son front.

222. La batterie étant en bataille, pour rompre par la section de droite en avant du front, le capitaine commande :

1. *Par la droite = par sections = rompez la batterie.*
2. MARCHE.
3. *Guide à gauche.*

Au premier commandement, le chef de la section de droite commande : *Section en avant*, et ceux des deux autres sections commandent : *Pièces et caissons oblique à droite.*

Au commandement MARCHE, répété par le chef de la section de droite, cette section se porte en avant; son chef répète l'indication du guide.

Chacun des autres chefs de section fait successivement le commandement MARCHE, au moment où les chevaux de devant du second rang de voitures de la section qui est à sa droite arrivent à sa hauteur, et il commande : 1. *En = AVANT*; 2. *Guide à gauche*, au moment où les voitures de sa section, en se redressant, peuvent entrer dans la colonne, derrière la section qui était à leur droite.

Le capitaine ne commande le guide que lorsque la section de droite a débité; le guide de la colonne prend alors un point de direction.

223. La batterie étant en bataille, pour rompre par la section de gauche, en avant du front, le mouvement s'exécute suivant les mêmes principes et par les moyens inverses, aux commandements : 1. *Par la gauche = par sections = rompez la batterie;* 2. Marche; 3. *Guide à droite.*

En avant en bataille.

224. La batterie étant en colonne par sections, pour la former en bataille sur la tête de la colonne, en gagnant du terrain à gauche, le capitaine commande :

  1. *En avant en bataille, oblique à gauche.*
  2. Marche.
  3. *Guide à droite.*
  4. Fixe.

Au premier commandement, le chef de la première section commande : *Section en avant*, et ceux des deux autres sections commandent : *Pièces et caissons oblique à gauche.*

Au commandement Marche, répété par ces mêmes officiers, la première section se porte en avant; son chef répète l'indication du guide, et, quand il a marché 20 mètres, il commande : 1. Halte, et de suite 2. *A droite =* alignement.

Chacun des autres chefs de section conduit sa section dans la direction oblique à gauche, jusqu'à ce qu'elle ait gagné son intervalle, alors il commande : 1. *En =* avant; 2. *Guide à droite*, et lorsqu'il arrive à 5 mètres en arrière du front, il commande : 1. Halte, et de suite 2. *A droite =* alignement.

La batterie étant alignée, le capitaine commande : Fixe.

225. La formation en avant en bataille s'exécute de même, la colonne étant en marche; dans ce cas, le chef de la première section, continuant de marcher, ne commande pas *Section en avant*, ni Marche, mais répète l'indication du guide.

226. La batterie marchant en colonne par sections au pas, pour la former en avant en bataille en gagnant du terrain à gauche, et en doublant l'allure, le capitaine commande :

> 1. *En avant en bataille, oblique à gàuche = au trot.*
> 2. Marche.
> 3. *Guide à droite.*
> 4. Fixe.

Au premier commandement, le chef de la première section commande : *Au trot*, et ceux des autres sections commandent : *Pièces et caissons oblique à gauche = au trot.*

Au commandement Marche, répété par ces mêmes officiers, les sections prennent le trot, et le reste du mouvement s'exécute comme il est prescrit n° 224.

227. La batterie étant en colonne par sections, on la forme en bataille sur la tête de la colonne, en gagnant du terrain à droite, suivant les principes prescrits n° 224 et par les moyens inverses, aux commandements : 1. *En avant en bataille, oblique à droite ;* 2. Marche ; 3. *Guide à gauche ;* 4. Fixe.

Cette formation s'exécute, la colonne étant en marche, comme il est prescrit n° 225.

Elle s'exécute également en doublant l'allure, comme il est prescrit n° 226, et par les moyens inverses, aux commandements : 1. *En avant en bataille, oblique à droite = au trot ;* 2. Marche ; 3. *Guide à gauche ;* 4. Fixe.

Rompre par sections à droite, et se porter en avant après la conversion.

228. La batterie étant en bataille, le capitaine commande :

 1. *Sections à droite* (ou *à gauche*).
 2. MARCHE.
 3. *En* = AVANT.
 4. *Guide à gauche* (ou *à droite*).

Au commandement MARCHE, le mouvement s'exécute comme il est prescrit n° 187.

Au troisième commandement, les voitures pivots du premier rang se portent droit devant elles.

Le capitaine commande *En* = AVANT, au moment où les voitures pivots du premier rang, après avoir parcouru un quart de cercle de 5 mètres, sont redressées dans la nouvelle direction ; et il ne commande le *guide* que lorsque les conversions sont entièrement terminées ; il donne alors, ou fait donner, un point de direction au guide de la colonne.

Rompre par sections à droite, tête de colonne à gauche ou demi-à-gauche.

229. La batterie étant en bataille, le capitaine commande :

 1. *Sections à droite* = *tête de colonne à gauche* (ou *demi-à-gauche*).
 2. MARCHE.
 3. *En* = AVANT.
 4. *Guide à gauche.*

Au commandement MARCHE, chaque section exécute un *à-droite*.

Dès que la conversion de sa section est terminée, le chef de la première section commande : 1. *Tournez* = (*à*) GAUCHE ; 2. *En* = AVANT ; les autres sections se portent droit devant elles, et tournent successivement au commandement de leurs chefs, sur le même terrain où la première a tourné.

Le capitaine commande *En* = AVANT, au moment où les voitures pivots du premier rang, après avoir parcouru un quart de cercle de 5 mètres, sont redressées dans la nouvelle direction.

230. La rupture s'exécute par la gauche, suivant les mêmes principes et par les moyens inverses, aux commandements : 1. *Sections à gauche* = *tête de colonne à droite* (ou *demi-à-droite*) ; 2. MARCHE ; 3. *En* = AVANT ; 4. *Guide à droite.*

Sur la tête de la colonne face en arrière en bataille.

231. La batterie étant en colonne par sections, pour la former en bataille sur la tête de la colonne, faisant face au côté opposé à sa direction, et en gagnant du terrain à gauche, le capitaine commande :

1. *Face en arrière en bataille, oblique à gauche.*
2. MARCHE.
3. *Guide à droite.*
4. FIXE.

Au premier commandement, le chef de la première section commande : *Section en avant*, et ceux des deux autres sections commandent : *Pièces et caissons oblique à gauche.*

Au commandement Marche, répété par ces mêmes officiers, le mouvement s'exécute comme il est prescrit nº 224, pour l'*En avant en bataille* en gagnant du terrain à gauche, avec cette différence que l'alignement n'est pas commandé.

Le chef de la section de droite, lorsque la section du centre arrive à sa hauteur, commande : 1. *Contre-marche*, 2. Marche ; la section de droite exécute la contre-marche comme il est prescrit nº 111, et la contre-marche terminée, le chef de section commande : 1. Halte ; 2. *A gauche* = alignement.

Le chef de la section du centre, lorsque la section de gauche arrive à sa hauteur, fait exécuter la contre-marche, arrête sa section à 5 mètres en arrière du nouveau front, et la porte sur l'alignement au commandement *A gauche* = alignement.

Le chef de la section de gauche, dès que sa section arrive en ligne, fait exécuter la contre-marche, comme il est prescrit pour la section du centre.

232. La formation face en arrière en bataille s'exécute de même, la colonne étant en marche *au pas.* Dans ce cas, le chef de la première section ne commande ni *Section en avant,* ni Marche, mais répète l'indication du guide.

233. La colonne étant en marche *au trot,* la formation s'exécute suivant les mêmes principes, et la contre-marche se fait *au trot.*

234. La batterie marchant en colonne par sections *au pas,* pour la former face en arrière en bataille en gagnant du terrain à gauche et en doublant l'allure, le capitaine commande :

1. *Face en arrière en bataille, oblique à gauche*
    == *au trot.*
2. MARCHE.
3. *Guide à droite.*
4. FIXE.

Ce qui s'exécute comme il est prescrit n° 226 pour l'*En avant en bataille* en doublant l'allure, avec cette différence que l'alignement n'est pas commandé, et que chaque section termine son mouvement par une contre-marche exécutée au trot.

235. La batterie étant en colonne par sections, on la forme face en arrière en bataille sur la tête de la colonne, en gagnant du terrain à droite, suivant les principes prescrits n° 231 et par les moyens inverses, aux commandements : 1. *Face en arrière en bataille, oblique à droite;* 2. MARCHE; 3. *Guide à gauche;* 4. FIXE.

Cette formation s'exécute, la colonne étant en marche *au pas* ou *au trot,* comme il est prescrit n°ˢ 232 et 233.

Elle s'exécute également en doublant l'allure, comme il est prescrit n° 234, et par les moyens inverses, aux commandements : 1. *Face en arrière en bataille, oblique à droite* == *au trot;* 2. MARCHE; 3. *Guide à droite;* 4. FIXE.

Rompre en colonne d'attaque par la section du centre.

236. La batterie étant en bataille, les pièces en tête, le capitaine commande :

1. *Par la section du centre = rompez la batterie.*
2. MARCHE.
3. *Guide à gauche.*

Au premier commandement, le chef de la section du centre commande : *Section en avant;* celui de la section de droite commande : *Pièces et caissons oblique à gauche*, et celui de la section de gauche : *Pièces et caissons oblique à droite.*

Au commandement MARCHE, répété par le chef de la section du centre, cette section se porte en avant; son chef répète l'indication du guide.

Les chefs des deux autres sections font le commandement MARCHE, à l'instant où les chevaux de derrière du deuxième rang de voitures de la section du centre arrivent à leur hauteur.

Lorsque, dans chacune de ces sections, la pièce la plus voisine de la colonne est sur le point d'y entrer, le chef de la section de droite commande : 1. *Par la gauche = rompez la section;* 2. MARCHE; et le chef de la section de gauche : 1. *Par la droite = rompez la section;* 2. MARCHE.

Au commandement MARCHE, la pièce et le caisson qui sont près d'entrer dans la colonne se redressent, et marchent droit devant eux; la pièce et le caisson opposés continuent de marcher dans la direction oblique jusqu'à ce qu'ils rencontrent la colonne, où ils entrent par un *demi-à-droite* ou un *demi-à-gauche.*

Les chefs de section des ailes, lorsque la colonne est formée, se placent à 4 mètres en dehors du flanc, à hauteur du conducteur de devant de la première pièce de leurs sections.

Le chef de la ligne des caissons se place à la queue de la colonne, à 2 mètres en arrière du centre.

Le capitaine commande le guide, aussitôt que la section du centre a débolté.

Former la colonne d'attaque en avant en bataille.

237. La batterie étant en colonne d'attaque, pour la former en bataille, le capitaine commande:

1. *En avant en bataille.*
2. Marche.
3. *Guide à gauche* (ou *à droite*).
4. Fixe.

Au premier commandement, le chef de la section tête de colonne commande: *Section en avant;* celui de la section de droite commande: *Section en ligne, oblique à droite;* et celui de la section de gauche: *Section en ligne, oblique à gauche.*

Au commandement Marche, répété par ces mêmes officiers, la section du centre se porte en avant; son chef répète l'indication du guide, et, quand il a marché 5 mètres, il commande: 1. Halte, et de suite 2. *A gauche* (ou *à droite*) = alignement.

Les sections des ailes se dirigent sur la ligne de bataille par des obliques individuels, les pièces s'arrêtant successivement, sans commandement, à 5 mètres en arrière du front, et se portant ensuite sur l'alignement.

Les chefs des sections des ailes, lorsque celle de leurs pièces qui est la plus voisine de la base de formation s'est arrêtée, commandent de suite, celui de droite : *A gauche* = ALIGNEMENT; celui de gauche: *A droite* = ALIGNEMENT.

La batterie étant alignée, le capitaine commande: FIXE.

238. La formation en avant en bataille de la colonne d'attaque, s'exécute de même, la colonne étant en marche; dans ce cas, la première section continue de marcher, et son chef ne commande pas *Section en avant,* ni MARCHE, mais répète l'indication du guide.

239. La colonne d'attaque étant en marche au pas, pour la former en avant en bataille, en doublant l'allure, le capitaine commande :

1. *En avant en bataille* = *au trot.*
2. MARCHE.
3. *Guide à gauche* (ou *à droite*).
4. FIXE.

Au premier commandement le chef de la section tête de colonne commande : *Au trot;* celui de la section de droite commande : *Section en ligne, oblique à droite* = *au trot;* et celui de la section de gauche: *Section en ligne, oblique à gauche* = *au trot.*

Au commandement MARCHE, répété par ces mêmes officiers, les sections prennent le *trot,* et le reste du mouvement s'exécute comme il est prescrit n° 237.

7

ARTICLE III.

Marche de la batterie en bataille.

Contre-marche.

Conversions.

Marche oblique individuelle.

Marche de flanc.

Demi-tour individuel.

Doublement de voitures.

Serrer et reprendre les intervalles.

Contre-marche ou demi-tour individuel, à intervalles serrés.

La batterie marchant en bataille, la rompre par sections à droite, et la remettre en ligne.

La batterie marchant en bataille, la rompre en avant par sections, et la reformer.

La batterie marchant en bataille, la rompre en avant par sections, en doublant l'allure, et la reformer.

La batterie marchant en bataille, la rompre en colonne d'attaque par la section du centre, et la reformer.

La batterie marchant en bataille, la rompre en colonne d'attaque par la section du centre, en doublant l'allure, et la reformer.

Passage d'obstacles.

Marche de la batterie en bataille.

240. La batterie étant en bataille, pour la porter en avant, le capitaine indique au guide le point sur lequel il doit se diriger, et il commande :

      1. *Batterie en avant.*
      2. *Guide à droite.*
      3. MARCHE.

Au commandement MARCHE, la batterie se met en mouvement.

Le chef de la voiture de droite du premier rang, qui est *guide de la marche,* suit exactement la direction indiquée.

Il règle son allure de manière à avoir toujours la même vitesse, pour ne pas obliger l'aile opposée à augmenter ou à ralentir la sienne.

Les autres chefs des voitures du premier rang donnent, de temps en temps, un coup d'œil du côté du guide, pour se maintenir à sa hauteur, et conserver leurs intervalles de ce côté.

Les chefs de section restent constamment alignés sur le guide et se maintiennent au centre de leur section.

Les voitures du deuxième rang suivent celles du premier en conservant leur distance, et se maintiennent exactement en file derrière elles.

241. Pour arrêter la batterie, le capitaine commande :

      1. *Batterie.*
      2. HALTE.
      3. *A droite* = ALIGNEMENT.
      4. FIXE.

Au commandement HALTE, la batterie s'arrête.

Au commandement *A droite* = ALIGNEMENT, la batterie s'aligne à droite, comme il est prescrit n° 172.

La batterie étant alignée, le capitaine commande : FIXE.

242. La batterie est exercée à marcher avec le guide à gauche, comme avec le guide à droite.

Lorsqu'on arrête la batterie, après avoir marché avec le guide à gauche, l'alignement est commandé à gauche.

243. La marche en bataille ayant été exécutée *au pas,* avec le guide à droite, et avec le guide à gauche, on répète les mêmes mouvements *au trot.*

On exerce ensuite la batterie à partir de pied ferme *au trot,* et à s'arrêter marchant à cette allure.

Contre-marche.

244. La batterie étant en bataille, de pied ferme ou en marche, pour faire face au côté opposé, en conservant la même espèce de voiture en tête, le capitaine commande :

1: *Contre-marche.*

2. MARCHE.

3. HALTE ou
{ 3. *En* = AVANT.
{ 4. *Guide à droite.*

Ce qui s'exécute comme il est prescrit n° 111. Les voitures du premier rang se règlent, pendant toute la durée du mouvement, sur la voiture qui se trouve à leur droite. Les voitures du deuxième rang suivent celles du premier, à leur distance.

Les chefs de section font demi-tour pour leur compte, et reprennent ensuite leur place de bataille.

Le chef de la ligne des caissons suit la ligne des caissons, fait demi-tour, et reprend sa place de bataille.

Conversions.

245. Les principes des conversions prescrits pour la section n° 113, sont applicables à la batterie.

Le quart de cercle que doit décrire la voiture pivot est de 20 mètres.

246. La batterie étant en bataille, pour la placer dans une direction perpendiculaire à l'ancien front, le capitaine commande :

1. *Batterie à gauche* (ou *à droite*).
2. Marche.
3. *En* $=$ avant.
4. *Batterie.*
5. Halte.
6. *A droite* (ou *à gauche*) $=$ alignement.
7. Fixe.

Au commandement Marche, toutes les voitures se mettent en mouvement à la fois.

La voiture pivot du premier rang décrit, en marchant au pas, un quart de cercle de 20 mètres.

Toutes les autres voitures du premier rang prennent le trot, et conservent leurs intervalles du côté du pivot; elles règlent la vitesse de leur allure en raison de leur éloignement du pivot, de manière à rester le moins longtemps possible en arrière de la ligne, et à s'y porter successivement, sans forcer l'allure des chevaux.

Les voitures du deuxième rang, pendant toute la durée du mouvement, suivent à leur distance celles du premier rang.

Au commandement *En* = AVANT, la voiture pivot du premier rang se porte droit devant elle dans la nouvelle direction.

Au commandement HALTE, la voiture pivot du premier rang et celle qui la suit s'arrêtent, toutes les autres voitures continuent de marcher, et ne s'arrêtent que lorsqu'elles arrivent en ligne, à hauteur du pivot.

Lorsqu'elles sont près d'arriver en ligne, elles ralentissent progressivement leur allure, de manière à s'arrêter sans à-coup, et à ne pas dépasser l'alignement.

Le capitaine commande *En* = AVANT, lorsque, après avoir parcouru un quart de cercle de 20 mètres, la voiture pivot du premier rang est redressée dans la nouvelle direction, et il commande HALTE, lorsque cette voiture et celle qui la suit sont entièrement redressées dans la nouvelle direction.

Avant de commander l'alignement, le capitaine a le soin de faire porter l'aile marchante de quelques pas en avant.

247. La batterie étant en bataille, pour la placer dans une direction oblique à l'ancien front, le capitaine commande :

1. *Batterie demi-à-gauche* (ou *demi-à-droite*).
2. MARCHE.

3. *En* = avant.

4. *Batterie.*

5. Halte.

6. *A droite* (ou *à gauche*) = alignement.

7. Fixe.

Ce qui s'exécute suivant les principes prescrits n° 246, en observant que la voiture pivot ne doit parcourir que la moitié d'un quart de cercle de 20 mètres.

248. La batterie étant en marche *au pas*, le capitaine lui fait exécuter les mêmes mouvements, aux commandements :

1. *Batterie* $\left\{ \begin{array}{l} \textit{à gauche (ou à droite).} \\ \textit{demi-à-gauche (ou demi-à-droite).} \end{array} \right.$

2. Marche.

3. *En* = avant.

4. *Guide à droite* (ou *à gauche*).

Au commandement Marche, les voitures placées au pivot exécutent leur mouvement sans changer d'allure ; toutes les autres voitures prennent le trot ; exécutent leur conversion comme il est prescrit n° 246, et passent au pas en arrivant à hauteur du pivot.

La batterie reprend alors la marche directe au pas.

Le capitaine commande *En* = avant, lorsque, après avoir parcouru un quart de cercle de 20 mètres, la voiture pivot du premier rang est redressée dans la nouvelle direction, et il ne commande *Guide à droite* (ou *à gauche*) que lorsque la conversion est entièrement terminée.

249. La batterie marchant *au trot*, les conversions s'exécutent suivant les mêmes principes ; les voitures pivots modérant leur allure, sans prendre le pas, et toutes les autres voitures allongeant la leur, sans jamais la forcer.

250. Après une conversion en partant de pied ferme, le capitaine, au lieu d'arrêter la batterie comme il est prescrit n°⁵ 246 et 247, peut la porter en avant comme il est prescrit n° 248, aux commandements: **1.** *En* = AVANT; **2.** *Guide à droite* (ou *à gauche*).

251. La batterie étant en marche, et étant supposée tête de colonne, pour lui faire changer de direction, le capitaine commande:

    1. *Tournez* = (*à*) GAUCHE (ou [*à*] DROITE).
    2. *En* = AVANT.

Ce qui s'exécute suivant les principes prescrits n° 248.

Marche oblique individuelle.

252. La batterie étant en bataille, de pied ferme ou en marche, pour lui faire gagner du terrain vers l'un de ses flancs, sans changer le front de la batterie, le capitaine commande:

1. *Pièces et caissons oblique à gauche* (ou *à droite*).
2. MARCHE.

et pour faire reprendre la direction primitive, le capitaine commande:

        En = AVANT.

Ce qui s'exécute, dans chaque section, comme il est prescrit n° 119.

Les chefs de section et le chef de la ligne des caissons reprennent leur place de bataille au commandement *En* = AVANT.

Marche de flanc.

253. La batterie étant en bataille, de pied ferme ou en marche, pour lui faire gagner du terrain vers l'un de ses flancs, par un mouvement individuel, le capitaine commande :

1. *Pièces et caissons à gauche* (ou *à droite*).
2. Marche.
3. *En* = avant.
4. *Guide à droite* (ou *à gauche*).

Ce qui s'exécute, dans chaque section, comme il est prescrit n° 121 ; les chefs de section font un *à-gauche* (ou un *à-droite*) pour leur compte, et se portent à hauteur des conducteurs de devant des premières voitures de leur section, au milieu de l'intervalle.

Le chef de la ligne des caissons fait un *à-gauche* (ou un *à-droite*) pour son compte, et marche sur le flanc, à hauteur du centre de la colonne.

Pour faire reprendre la direction primitive, le capitaine commande :

1. *Pièces et caissons à droite* (ou *à gauche*).
2. Marche.
3. Halte ou { 3. *En* = avant.
{ 4. *Guide à gauche* (ou *à droite*).

Les chefs de section et le chef de la ligne des caissons reprennent leurs places de bataille.

254. La batterie marchant en colonne par le flanc, le capitaine lui fait exécuter des changements de direction, aux commandements : *Tête de colonne à gauche* (ou *demi-à-gauche*) et :*Tête de colonne à droite* (ou *demi-à-droite*), ce qui s'exécute comme il est prescrit n° 192, pour la colonne par sections ; les chefs de section font les commandements : 1. *Tournez* $=$ (*à*) GAUCHE [ou (*à*) DROITE] ; 2. *En* $=$ AVANT, comme il est prescrit pour la colonne par sections.

255. La batterie étant en bataille, de pied ferme ou en marche, pour lui faire gagner du terrain vers l'un de ses flancs, et changer immédiatement de direction, le capitaine commande : 1. *Pièces et caissons à droite* (ou *à gauche*) $=$ *Tête de colonne à gauche* (ou *à droite*) (ou *demi-à-gauche* ou *demi-à-droite*) ; 2. MARCHE ; 3. *En* $=$ AVANT ; 4. *Guide à gauche* (ou *à droite*). Ce qui s'exécute suivant les principes prescrits n°ˢ 253 et 254. Au commandement *En* $=$ AVANT, le chef de la section de droite commande de suite : 1. *Tournez* $=$ (*à*) GAUCHE ; 2. *En* $=$ AVANT.

Demi-tour individuel.

256. La batterie étant en bataille, de pied ferme ou en marche, pour faire face du côté opposé à sa direction, le capitaine commande :

    1. *Pièces et caissons demi-tour à gauche.*

    2. MARCHE.

    3. HALTE ou $\left\{ \begin{array}{l} \text{3. } En = \text{AVANT.} \\ \text{4. } Guide\ à\ droite. \end{array} \right.$

Ce qui s'exécute comme il est prescrit n° 123.

Les chefs de section font demi-tour pour leur compte, et vont se placer à hauteur des conducteurs de devant du deuxième rang de voitures, devenu premier.

Le chef de la ligne des caissons va se placer à 2 mètres en arrière du deuxième rang de voitures.

257. Lorsque le capitaine arrête la batterie, après lui avoir fait exécuter soit une *contre-marche*, soit une *marche de flanc*, soit un *demi-tour individuel*, il peut, s'il le juge nécessaire, aligner la batterie, et dans ce cas, il commande l'alignement du côté où le guide aurait été indiqué si la batterie avait été portée en avant après l'exécution de ces mouvements.

Doublement de voitures.

258. La batterie étant en bataille, de pied ferme ou en marche, le capitaine fait exécuter les doublements de voitures comme il est prescrit nos 99, 100 et 101.

Serrer et reprendre les intervalles.

259. La batterie marchant en bataille, pour diminuer l'étendue de son front, en faisant serrer les intervalles, le capitaine commande :

1. *A droite = à* (tant) *de mètres = serrez les intervalles.*
2. MARCHE.

Au commandement MARCHE, la section de droite exécute son mouvement, comme il est prescrit n° 127.

Toutes les autres voitures exécutent un *demi-à-droite* individuel au trot; marchent dans cette direction, jusqu'à ce qu'elles aient gagné l'intervalle indiqué; chaque voiture du premier rang se réglant sur sa voisine du côté où l'on serre, et les voitures du deuxième rang réglant leur mouvement sur celui des voitures du premier rang qui leur correspondent;

chaque pièce et chaque caisson, à mesure qu'ils arrivent à leur intervalle, se redressent, continuent de marcher au trot, pour se porter en ligne, et en y arrivant, passent au pas.

Lorsque toutes les voitures sont en ligne, le capitaine renouvelle l'indication du guide.

Le capitaine ne doit pas réduire les intervalles à moins de 2 mètres, afin que les chefs de pièce et les chefs de section puissent conserver leurs places.

260.   Pour faire reprendre les intervalles réguliers, le capitaine commande :

    1. *A gauche = reprenez les intervalles.*
    2. MARCHE.

Au commandement MARCHE, la section de droite exécute son mouvement comme il est prescrit n° 128.

Toutes les autres voitures exécutent un oblique à gauche individuel au trot, et le reste du mouvement s'exécute suivant les principes prescrits pour serrer les intervalles ; chaque pièce et chaque caisson se redressant lorsqu'ils ont repris leur intervalle.

Lorsque toutes les voitures sont en ligne, le capitaine renouvelle l'indication du guide.

261.   On fait serrer les intervalles à gauche, et reprendre les intervalles à droite, suivant les principes prescrits n°s 259 et 260, et par les moyens inverses, aux commandements :

    1. *A gauche = à* (tant) *de mètres = serrez les intervalles.*

2. MARCHE.

et

1. *A droite = reprenez les intervalles.*
2. MARCHE.

Contre-marche ou demi-tour individuel, à intervalles serrés.

262. La batterie étant en bataille, à intervalles serrés, pour lui faire exécuter une contre-marche ou un demi-tour individuel, le capitaine commande d'abord :

1. *Dans chaque section = pièce et caisson de droite en avant.*
2. MARCHE.

Au commandement MARCHE, les voitures désignées se portent en avant *au pas*, et lorsque l'arrière de celles du deuxième rang est à 5 mètres en avant du front primitif, le capitaine commande une *contre-marche* ou un *demi-tour*, qui s'exécutent au pas, pour toute la batterie, suivant les principes prescrits n°s 244 ou 256.

Lorsque les voitures qui n'ont pas débolté sont près de terminer leur contre-marche ou leur demi-tour, le capitaine commande HALTE.

Au commandement HALTE, les voitures qui n'ont pas débolté s'arrètent ; celles qui ont débolté continuent de marcher, rentrent au pas à leur place de bataille, et s'arrètent en arrivant sur le nouveau front.

Ces mouvements ne s'exécutent que lorsque la batterie est de pied ferme.

La batterie marchant en bataille, la rompre par sections à droite, et la remettre en ligne.

263. La batterie marchant en bataille, pour lui faire gagner du terrain vers l'un de ses flancs, le capitaine commande :

1. *Sections à droite* (ou *à gauche*).
2. Marche.
3. *En* = avant.
4. *Guide à gauche* (ou *à droite*).

Ce qui s'exécute comme il est prescrit n° 228. Les voitures pivots, dans chaque section, continuent de marcher à la même allure; celles de l'aile marchante exécutent franchement leur mouvement pour démasquer promptement le terrain que doit occuper la section voisine.

Les ailes marchantes se règlent, pendant la conversion, sur l'aile de la section qui prend la tête de la colonne, afin d'arriver ensemble en colonne.

Pour remettre la batterie en ligne, le capitaine commande :

1. *Sections à gauche* (ou *à droite*).
2. Marche.
3. *En* = avant.
4. *Guide à droite* (ou *à gauche*).

Les ailes marchantes se règlent sur l'aile de la section qui est en tête de la colonne, afin d'arriver ensemble en ligne.

La batterie marchant en bataille, la rompre en avant par sections, et la reformer.

264. Le capitaine commande :

1. *Par la droite = par sections = rompez la batterie.*
2. MARCHE.
3. *Guide à gauche.*

Au premier commandement, le chef de la section du centre, et celui de la section de gauche, commandent: *Section.*

Au commandement MARCHE, ils commandent: HALTE.

La section de droite continue de marcher droit devant elle; son chef répète l'indication du guide.

Le reste du mouvement s'exécute comme il est prescrit n° 222.

265. La batterie marchant en bataille *au trot,* pour la rompre en avant par sections, à la même allure, le capitaine commande :

1. *Par la droite = par sections = rompez la batterie.*
2. MARCHE.
3. *Guide à gauche.*

Au premier commandement, le chef de la section du centre et celui de la section de gauche commandent: *Au pas.*

Au commandement MARCHE, répété par ces deux officiers, la section du centre et la section de gauche passent *au pas;* la section de droite continue de marcher droit devant elle *au trot;* son chef répète l'indication du guide.

Les autres chefs de section commandent successivement *Pièces et caissons oblique à droite = au trot* assez à temps pour commander MARCHE, lorsque les chevaux de devant du deuxième rang de voitures de la section qui est à leur droite arrivent à leur hauteur.

Le reste du mouvement s'exécute comme il est prescrit n° 264.

266. La batterie marchant en bataille *au pas* ou *au trot,* on la rompt en avant par la gauche par sections, suivant les mêmes principes et par les moyens inverses, aux commandements: 1. *Par la gauche = par sections = rompez la batterie;* 2. MARCHE; 3. *Guide à droite.*

267. La batterie marchant en colonne par sections *au pas,* pour la former à la même allure, en gagnant du terrain à gauche, le capitaine commande :

1. *Formez la batterie, oblique à gauche.*
2. MARCHE.
3. *Guide à droite.*

Ce qui s'exécute comme il est prescrit pour l'*En avant en bataille,* n° 224.

La batterie étant alignée, le capitaine commande: FIXE.

268. La batterie marchant en colonne par sections *au trot,* pour la former à la même allure, en gagnant du terrain à gauche, le capitaine commande:

1. *Formez la batterie, oblique à gauche.*
2. Marche.
3. *Guide à droite.*

Au premier commandement, le chef de la première section commande : *Au pas;* les autres chefs de section commandent : *Pièces et caissons oblique à gauche.*

Au commandement Marche, répété par ces mêmes officiers, la première section passe *au pas,* son chef répète l'indication du guide; les deux autres continuent de marcher *au trot;* gagnent leur intervalle en obliquant à gauche; se redressent aux commandements : 1. *En = avant;* 2. *Guide à droite,* et passent *au pas,* aux commandements : 1. *Au pas;* 2. Marche, faits par leurs chefs à mesure qu'elles arrivent en ligne.

Dans ce mouvement, la première section doit avoir soin, en passant *au pas,* d'allonger les premiers pas afin de permettre à la section qui suit, d'exécuter immédiatement son oblique.

269. La batterie marchant en colonne par sections *au pas* ou *au trot,* on la forme à la même allure en gagnant du terrain à droite, suivant les mêmes principes et par les moyens inverses, aux commandements : 1. *Formez la batterie, oblique à droite;* 2. Marche; 3. *Guide à gauche.*

La batterie marchant en bataille, la rompre en avant par sections, en doublant l'allure, et la reformer.

270. Le capitaine commande :

1. *Par la droite = par sections = rompez la batterie = au trot.*

2. MARCHE.
3. *Guide à gauche.*

Au premier commandement, le chef de la section de droite commande : *Au trot ;* au commandement MARCHE, répété par cet officier, la section de droite prend le *trot*, et se porte droit devant elle, son chef répète l'indication du guide.

Les autres chefs de section commandent successivement et à propos : 1. *Pièces et caissons oblique à droite = au trot ;* 2. MARCHE ; 3. *En =* AVANT ; 4. *Guide à gauche.*

Ce qui s'exécute comme il est prescrit n° 265.

271. La batterie marchant en bataille, on la rompt en avant par la gauche par sections, en doublant l'allure, suivant les mêmes principes et par les moyens inverses, aux commandements : 1. *Par la gauche = par sections = rompez la batterie = au trot ;* 2. MARCHE ; 3. *Guide à droite.*

272. La batterie marchant en colonne par sections, pour la former en doublant l'allure, et en gagnant du terrain à gauche, le capitaine commande :

1. *Formez la batterie, oblique à gauche = au trot.*
2. MARCHE.
3. *Guide à droite.*

Au premier commandement, les chefs des deux dernières sections commandent : *Pièces et caissons oblique à gauche = au trot.*

Au commandement MARCHE, répété par ces mêmes officiers, la première section continue de marcher droit devant elle *au pas*, son chef répète l'indication du guide; la section du centre et la section de gauche prennent le trot, et exécutent leur mouvement, comme il est prescrit n° 268.

Dans ce mouvement, la section qui suit celle qui est en tête de la colonne doit avoir soin, en commençant son oblique, de prendre un trot modéré, afin de n'être point arrêtée par la section qui est en tête.

273. La batterie marchant en colonne par sections, on la forme en doublant l'allure, et en gagnant du terrain à droite, suivant les mêmes principes et par les moyens inverses, aux commandements : 1. *Formez la batterie, oblique à droite = au trot;* 2. Marche; 3. *Guide à gauche.*

La batterie marchant en bataille, la rompre en colonne d'attaque par la section du centre, et la reformer.

274. Le capitaine commande :

1. *Par la section du centre = rompez la batterie.*
2. Marche.
3. *Guide à gauche.*

Au premier commandement, le chef de la section de droite et celui de la section de gauche commandent : *Section.*

Au commandement Marche, ils commandent : Halte. La section du centre continue de marcher droit devant elle; son chef répète l'indication du guide, et le reste du mouvement s'exécute comme il est prescrit n° 236.

275. La batterie marchant en bataille *au trot*, le mouvement s'exécute suivant les mêmes principes, avec cette différence, que les chefs des sections des ailes, au lieu de commander : 1. *Section;* 2. Halte; commandent : 1. *Au pas;* 2. Marche. Les chefs des sections des ailes commandent ensuite, et à propos, celui de la section de droite : 1. *Pièces et caissons oblique à gauche = au trot; 2.* Marche; et : 1. *Par la gauche = rompez la section;* 2. Marche; celui de la section de gauche : 1. *Pièces et caissons oblique à droite = au trot;* 2. Marche; et : 1. *Par la droite = rompez la section;* 2. Marche.

276. La batterie marchant en colonne d'attaque, pour la former à la même allure, le capitaine commande :

> 1. *Formez la batterie.*
> 2. Marche.
> 3. *Guide à gauche* (ou *à droite*).

Ce qui s'exécute comme il est prescrit pour l'*En avant en bataille,* nº 237.

La batterie étant alignée, le capitaine commande : Fixe.

277. La batterie marchant en colonne d'attaque *au trot,* pour la former à la même allure, le capitaine commande :

> 1. *Formez la batterie.*
> 2. Marche.
> 3. *Guide à gauche* (ou *à droite*).

Au premier commandement, le chef de la section du centre commande : *Au pas;* celui de la section de droite commande : *Section en ligne, oblique à droite,* et celui de la section de gauche : *Section en ligne, oblique à gauche.*

Au commandement Marche, répété par ces mêmes officiers, la section du centre passe au pas, son chef répète l'indication du guide; les pièces et les caissons des sections des ailes continuent de marcher au trot, se conformant à ce qui est prescrit nº 237, et chaque pièce, suivie de son caisson, passe au pas, sans commandement, à mesure qu'elle arrive en ligne.

La batterie marchant en bataille, la rompre en colonne d'attaque par la section du centre, en doublant l'allure, et la reformer.

278. La batterie marchant en bataille, pour la rompre en colonne d'attaque par la section du centre, en doublant l'allure, le capitaine commande :

1. *Par la section du centre* = *rompez la batterie* = *au trot.*
2. Marche.
3. *Guide à gauche* (ou *à droite*).

Au premier commandement, le chef de la section du centre commande: *Au trot,* celui de la section de droite commande : *Pièces et caissons oblique à gauche* = *au trot*, et celui de la section de gauche: *Pièces et caissons oblique à droite* = *au trot.*

Au commandement Marche, répété par le chef de la section du centre, cette section prend le trot; son chef répète l'indication du guide.

Les chefs des sections des ailes font le commandement Marche, à l'instant où les chevaux de derrière des caissons de la section du centre arrivent à leur hauteur, et le reste du mouvement s'exécute comme il est prescrit n° 236.

279. La batterie marchant en colonne d'attaque, pour la former en doublant l'allure, le capitaine commande :

1. *Formez la batterie = au trot.*
2. MARCHE.
3. *Guide à gauche* (ou *à droite*).

Au premier commandement, le chef de la section de droite commande : *Section en ligne, oblique à droite = au trot*, et celui de la section de gauche : *Section en ligne, oblique à gauche = au trot.*

Au commandement MARCHE, répété par ces deux officiers, les sections des ailes prennent le trot, et exécutent leur mouvement comme il est prescrit n° 277.

La section du centre continue de marcher droit devant elle au pas ; son chef répète l'indication du guide.

Passage d'obstacles.

280. La batterie marchant en bataille, pour lui faire exécuter des passages d'obstacles, le capitaine commande :

1. *Section de droite* (*du centre* ou *de gauche*).
2. OBSTACLE.

Au commandement OBSTACLE, le chef de la section désignée fait, selon la nature de l'obstacle, les commandements nécessaires soit pour rompre sa section en colonne par pièces ; soit pour lui faire serrer l'inter-

valle; soit encore pour l'arrêter et la former en colonne derrière la section voisine.

L'obstacle supposé franchi, le capitaine commande :

1. *Section de droite (du centre* ou *de gauche).*
2. EN LIGNE.

Au commandement EN LIGNE, la section reprend sa
place de bataille, en doublant l'allure, son chef lui
faisant habituellement exécuter les mouvements inverses
de ceux par lesquels elle a quitté sa place de bataille.

Si le guide est à droite, dès que la section de droite est
rentrée en ligne, le capitaine indique de nouveau le guide;
il en est de même dès que la section de gauche est rentrée
en ligne, si le guide est à gauche.

ARTICLE IV.

La batterie étant en bataille, la former en avant
en batterie.

Exécution des feux.

Étant en batterie, former la batterie en avant
en bataille.

La batterie étant en bataille, la former face en
arrière en batterie.

Étant en batterie, former la batterie face en
arrière en bataille.

La batterie étant en colonne par sections, la
 former en avant, à gauche ou sur la droite
 en batterie.

La batterie étant en colonne par sections, la
 former face en arrière en batterie.

La batterie étant en colonne d'attaque, la former
 en avant en batterie.

Passer de l'ordre en batterie à l'ordre en colonne.

Feu en avançant.

Feu en retraite.

Changement de front pour faire feu à droite,
 l'aile gauche en avant, et le symétrique.

Changement de front pour faire feu à droite,
 l'aile gauche en arrière, et le symétrique.

Passage de défilé en exécutant les feux.

La batterie étant en bataille, la former en avant en batterie.

281. La batterie étant en bataille, les pièces en tête[1], pour
la former en avant en batterie, le capitaine commande:

---

1. Conformément à ce qui est prescrit à l'École de section, le capitaine doit, selon le terrain, les circonstances, ou les prévisions du
moment, faire prendre à l'avance, aux caissons, par un doublement
de voitures, la disposition la plus avantageuse pour se mettre le plus
promptement possible en batterie.

1. *Feu en avant.*
2. *Guide à droite* (ou *à gauche*).
3. En batterie.
4. Halte.

Ce qui s'exécute comme il est prescrit n° 145, toutes les pièces se réglant du côté du guide.

Les chefs de section se conforment à ce qui est prescrit pour le sous-instructeur n° 145, et s'alignent entre eux du côté du guide.

282. La batterie marchant en bataille *au pas* ou *au trot,* les pièces en tête, la formation en avant en batterie s'exécute comme il est prescrit n° 146, aux commandements : 1. *Feu en avant;* 2. *Guide à droite* (ou *à gauche*); 3. En batterie ; 4. Halte.

Au commandement *Guide à droite* (ou *à gauche*), le chef de la ligne des caissons se porte rapidement à l'aile de la batterie du côté du guide; au commandement En batterie, il rectifie à voix basse l'alignement des caissons, et reprend ensuite sa place de batterie.

Le capitaine a l'attention de commander le guide, pour la formation en batterie, du côté où il se trouvait pendant la marche en bataille.

283. Dans toutes les formations en batterie, le capitaine ne fait les commandements pour la formation, qu'après s'être porté rapidement en avant, face à la troupe, et à bonne distance du centre de la batterie.

Exécution des feux.

284. Pour faire commencer le feu, le capitaine commande :

7 *

COMMENCEZ LE FEU.

Ce qui s'exécute comme il est prescrit n° 147.

Les chefs de section se conforment à ce qui est prescrit pour le sous-instructeur, n° 149.

285. Pour faire cesser le feu, le capitaine commande:

CESSEZ LE FEU.

Ce qui s'exécute comme il est prescrit n° 148.

Étant en batterie, former la batterie en avant en bataille.

286. Pour former la batterie en avant en bataille, les pièces en tête, le capitaine commande:

1. *Amenez les avant-trains en avant = Caissons en avant.*
2. MARCHE.

Ce qui s'exécute comme il est prescrit n° 150, les avant-trains et les caissons se réglant à droite.

287. Pour former la batterie en avant en bataille, les caissons en tête, le capitaine commande:

1. *Amenez les avant-trains = Caissons doublez vos pièces.*
2. MARCHE.

Ce qui s'exécute comme il est prescrit n° 151, les avant-trains et les caissons se réglant à droite.

La batterie étant en bataille, la former face en arrière en batterie.

288. La batterie étant en bataille, les caissons en tête, pour la former face en arrière en batterie, le capitaine commande :

> 1. *Feu en arrière.*
> 2. *Guide à droite* (ou *à gauche*).
> 3. En batterie.

Au commandement *Guide à droite* (ou *à gauche*), le chef de la ligne des caissons se porte rapidement à l'aile de la batterie, du côté du guide, pour marquer le point où la ligne des caissons doit commencer le demi-tour. Au commandement En batterie, le mouvement s'exécute comme il est prescrit n° 152.

Le demi-tour exécuté, le chef de la ligne des caissons rectifie à voix basse l'alignement des caissons, et reprend ensuite sa place de batterie.

289. La batterie marchant en bataille, les caissons en tête, *au pas* ou *au trot*, la formation face en arrière en batterie s'exécute comme il est prescrit n° 153, aux commandements : 1. *Feu en arrière;* 2. *Guide à droite* (ou *à gauche*); 3. *En batterie* = Halte.

Le chef de la ligne des caissons se conforme à ce qui est prescrit n° 288.

Le capitaine a l'attention de commander le guide, pour la formation en batterie, du côté où il se trouvait pendant la marche en bataille.

Étant en batterie, former la batterie face en arrière en bataille.

290. Pour former la batterie face en arrière en bataille, les pièces en tête, le capitaine commande :

1. *Amenez les avant-trains = Caissons derrière vos pièces.*
2. MARCHE.

Ce qui s'exécute comme il est prescrit n° 154, les avant-trains et les caissons se réglant à droite.

291. Pour former la batterie face en arrière en bataille, les caissons en tête, le capitaine commande :

1. *Amenez les avant-trains = Caissons devant vos pièces.*
2. MARCHE.

Ce qui s'exécute comme il est prescrit n° 155, les avant-trains et les caissons se réglant à droite.

La batterie étant en colonne par sections, la former en avant, à gauche ou sur la droite en batterie.

292. La batterie étant en colonne par sections, les pièces en tête, pour la former en avant en batterie, en gagnant du terrain à gauche, le capitaine commande :

1. *En avant en batterie, oblique à gauche.*
2. MARCHE.
3. *Guide à droite.*

Ce qui s'exécute comme il est prescrit pour l'*En avant en bataille*, avec cette différence que les chefs de section, au lieu de commander Halte et l'alignement, commandent successivement et à propos : 1. En batterie ; 2. Halte.

Le chef de la première section commande En batterie, lorsqu'il a marché 20 mètres ; il commande ensuite Halte, en se conformant à ce qui est prescrit n° 145.

Les autres chefs de section commandent En batterie, lorsque leurs caissons, après s'être redressés, arrivent à hauteur des caissons déjà formés. Ils font ensuite le commandement Halte, lorsque leurs pièces arrivent sur l'alignement de celles qui sont déjà en batterie.

Le chef de la ligne des caissons se porte rapidement à la droite des caissons de la section tête de colonne, pour rectifier l'alignement des caissons à mesure qu'ils arrivent en ligne.

293. La batterie marchant en colonne par sections, les pièces en tête, la formation en avant en batterie en gagnant du terrain à gauche, s'exécute par l'application des principes prescrits n°s 225 et 292.

La formation en avant en batterie en gagnant du terrain à gauche et en doublant l'allure, s'exécute par l'application des principes prescrits n°s 226 et 292, aux commandements : 1. *En avant en batterie, oblique à gauche = au trot* ; 2. Marche ; 3. *Guide à droite.*

294. La batterie étant en colonne par sections, de pied ferme ou en marche, les pièces en tête, pour la former en avant en batterie, en gagnant du terrain à droite, le mouvement s'exécute suivant les principes prescrits pour la formation en avant en batterie, en gagnant du terrain à gauche, et par les moyens inverses, aux commandements : 1. *En avant en batterie, oblique à droite;* 2. MARCHE; 3. *Guide à gauche.*

Cette formation s'exécute également en doublant l'allure, aux commandements : 1. *En avant en batterie, oblique à droite = au trot;* 2. MARCHE; 3. *Guide à gauche.*

295. La batterie étant en colonne par sections, de pied ferme ou en marche, les pièces en tête, si l'on veut la former en batterie pour faire feu à gauche, et en gagnant du terrain à gauche, le capitaine commande :

1. *A gauche en batterie = sections à gauche.*
2. MARCHE.
3. *En =* AVANT.
4. *Guide à droite.*

Au commandement MARCHE, le mouvement s'exécute suivant les principes prescrits pour l'*A gauche en bataille.*

Aussitôt que la batterie est en ligne, le capitaine la forme en batterie, aux commandements :

1. EN BATTERIE.
2. HALTE.

Ce qui s'exécute comme il est prescrit n° 282.

Le capitaine commande EN BATTERIE, aussitôt que les caissons sont redressés dans la nouvelle direction.

296. La batterie étant en colonne par sections, de pied ferme ou en marche, les caissons en tête, si l'on veut la former en batterie pour faire feu à gauche, et en gagnant du terrain à droite, le capitaine commande :

1. *A gauche en batterie* = *sections à droite.*
2. Marche.
3. *En* = avant.
4. *Guide à gauche.*

Au commandement Marche, le mouvement s'exécute suivant les principes prescrits pour l'*A droite en bataille.*

Aussitôt que la batterie est en ligne, le capitaine la forme en batterie, au commandement :

En batterie = Halte.

Ce qui s'exécute comme il est prescrit n° 289.

Le capitaine commande *En batterie* = Halte, au moment où les pièces sont redressées dans la nouvelle direction.

297. Les pièces étant en tête, la formation en batterie pour faire feu à droite, en gagnant du terrain à droite, s'exécute suivant les principes prescrits n° 295, et par les moyens inverses, aux commandements : 1. *A droite en batterie* = *sections à droite ;* 2. Marche ; 3. *En* = avant ; 4. *Guide à gauche ;* 5. En batterie ; 6. Halte.

298. Les caissons étant en tête, la formation en batterie pour faire feu à droite, en gagnant du terrain à gauche, s'exécute suivant les principes prescrits n° 296 et par les moyens inverses, aux commandements : 1. *A droite en batterie* = *sections à gauche ;* 2. Marche ; 3. *En* = avant ; 4. *Guide à droite ;* 5. *En batterie* = Halte.

299. La batterie marchant en colonne par sections, les pièces en tête, pour la former en batterie sur le prolongement en avant de son flanc droit, et pour faire feu à droite, le capitaine commande :

1. *Sur la droite en batterie.*
2. MARCHE.
3. *Guide à droite.*

Le mouvement s'exécute suivant les principes prescrits pour la formation sur la droite en bataille, n° 220.

Le chef de la première section conduit sa section sur le nouveau front, et, dès que les caissons sont redressés dans la nouvelle direction, il met sa section en batterie aux commandements : 1. EN BATTERIE ; 2. HALTE.

Chacun des autres chefs de section fait successivement les mêmes commandements à mesure que les voitures de sa section arrivent à hauteur de celles déjà formées.

300. La batterie marchant en colonne par sections, les pièces en tête, la formation sur la gauche en batterie s'exécute suivant les mêmes principes et par les moyens inverses, aux commandements : 1. *Sur la gauche en batterie*; 2. MARCHE; 3. *Guide à gauche.*

301. Les formations de la colonne par pièces, en avant, à gauche ou sur la droite en batterie, s'exécutent suivant les principes prescrits pour les formations en bataille correspondantes, avec cette différence, que le capitaine remplace dans ses commandements le mot *bataille* par le mot *batterie*, et qu'il ne commande pas l'alignement.

De plus, le chef de la première section, au lieu de commander HALTE en arrivant sur le nouveau front, commande : EN BATTERIE ; il fait ensuite le commandement HALTE, en se conformant à ce qui est prescrit n° 145. Les pièces qui suivent la première sont successivement mises en batterie, à l'avertissement de leurs chefs, à mesure qu'elles arrivent en ligne ; leurs caissons s'arrêtent à hauteur de celui, ou de ceux déjà formés.

La batterie étant en colonne par sections, la former face en arrière en batterie.

302. La batterie étant en colonne par sections, les caissons en tête, pour la former face en arrière en batterie, en gagnant du terrain à gauche, le capitaine commande :

1. *Face en arrière en batterie, oblique à gauche.*
2. MARCHE.
3. *Guide à droite.*

Le mouvement s'exécute suivant les principes prescrits pour l'*En avant en bataille*, avec cette différence qu'en arrivant sur la ligne, chaque chef de section au lieu de commander HALTE et l'alignement, forme successivement sa section face en arrière en batterie au commandement *En batterie* = HALTE.

Le chef de la ligne des caissons se porte rapidement à la droite de la section tête de colonne, pour marquer le point où les caissons doivent commencer leur demi-tour ; il rectifie ensuite l'alignement des caissons, à mesure qu'ils arrivent en ligne, après avoir exécuté le demi-tour.

303. La batterie marchant en colonne par sections, les caissons en tête, la formation face en arrière en batterie, en gagnant du terrain à gauche, s'exécute par l'application des principes prescrits n°ˢ 225 et 302.

La formation face en arrière en batterie, en gagnant du terrain à gauche, et en doublant l'allure, s'exécute par l'application des principes prescrits n°ˢ 226 et 302, aux commandements : 1. *Face en arrière en batterie, oblique à gauche* = *au trot* ; 2. MARCHE ; 3. *Guide à droite.*

304. La batterie étant en colonne par sections, les caissons en tête, de pied ferme ou en marche, pour la former face en arrière en batterie, en gagnant du terrain à droite, le mouvement s'exécute suivant les principes prescrits pour la formation face en arrière en batterie en gagnant du terrain à gauche, et par les moyens inverses, aux commandements : 1. *Face en arrière en batterie, oblique à droite;* 2. Marche; 3. *Guide à gauche.*

Cette formation s'exécute également en doublant l'allure, aux commandements : 1. *Face en arrière . en batterie, oblique à droite = au trot* ; 2. Marche; 3. *Guide à gauche.*

La batterie étant en colonne d'attaque, la former en avant en batterie.

305. Le capitaine commande :

1. *En avant en batterie.*
2. Marche.
3. *Guide à gauche* (ou *à droite*).

Le mouvement s'exécute suivant les principes prescrits pour l'*En avant en bataille*, nº 237, avec cette différence qu'après avoir marché 5 mètres, le chef de la section du centre au lieu de commander Halte et l'alignement, commande : En batterie; il commande ensuite Halte, en se conformant à ce qui est prescrit nº 145.

Les chefs des sections des ailes font les commandements prescrits nº 237, sauf celui relatif à l'alignement; et chacune de leurs pièces vient successivement se former en batterie, sans nouveau commandement, à hauteur des pièces déjà en ligne.

306. La batterie marchant en colonne d'attaque, la formation en avant en batterie s'exécute par l'application des principes prescrits n⁰ˢ 238 et 305.

Cette formation s'exécute également en doublant l'allure, par l'application des principes prescrits n⁰ˢ 239 et 305, aux commandements : 1. *En avant en batterie = au trot ;* 2. MARCHE ; 3. *Guide à gauche* (ou *à droite*).

Passer de l'ordre en batterie à l'ordre en colonne.

307. Pour passer de l'ordre en batterie à l'ordre en colonne, le capitaine fait d'abord exécuter la formation en bataille la plus convenable, selon le mouvement qu'il se propose de faire ultérieurement ; il rompt ensuite la ligne de bataille soit en avant du front, soit à gauche ou à droite du front, selon la direction qu'il doit prendre.

Feu en avançant.

308. La batterie faisant feu, pour la porter successivement, par demi-batterie, en avant de son front, le capitaine commande :

1. *Feu en avançant = par demi-batterie.*
2. *Demi-batterie de droite =* COMMENCEZ LE MOU-
   VEMENT.

Au deuxième commandement, les chefs des sections des ailes prennent le commandement de leurs demi-batteries respectives ; le chef de la section du centre se rend auprès du capitaine et l'accompagne. Le chef de la demi-batterie de droite commande :

1. *Cessez le feu.*
2. *Amenez les avant-trains en avant.*
3. MARCHE.

Il commande ensuite :

1. *Demi-batterie en avant.*
2. *Guide à gauche.*
3. MARCHE.

Au commandement MARCHE, la demi-batterie de droite se porte en avant, les caissons marchant à 26 mètres en arrière des bouches à feu, afin de conserver leur distance de batterie.

La demi-batterie de gauche continue son feu sans interruption, son chef ayant soin de régler la direction du tir de manière à ne pas gêner les pièces qui se portent en avant.

Lorsque le chef de la demi-batterie de droite arrive à la position qui lui a été indiquée par le capitaine, il commande :

1. *En batterie* = HALTE.
2. COMMENCEZ LE FEU.

Au commandement *En batterie* = HALTE, les pièces et les caissons s'arrêtent ; les pièces sont rapidement mises en batterie, et commencent immédiatement leur feu, au commandement COMMENCEZ LE FEU.

Aussitôt que la demi-batterie de droite a commencé son feu, celle de gauche se porte en avant à son tour, mais avec le guide à droite ; et ainsi de suite, les demi-batteries se portant alternativement à des positions de plus en plus avancées.

Pendant le feu en avançant, le capitaine marche habituellement avec la demi-batterie la plus avancée.

Le chef de la ligne des caissons marche avec la demi-batterie de gauche.

DANS LES BATTERIES A CHEVAL, les pelotons de servants marchent à 20 mètres en arrière des bouches à feu, afin de conserver leur position dans l'ordre en batterie.

309. Lorsque le capitaine veut faire cesser le feu, en avançant, il se porte à la demi-batterie sur laquelle il veut faire rallier, et il fait sonner le ralliement.

A la sonnerie du ralliement, la demi-batterie qui doit se rallier, cesse son feu, vient rejoindre au trot l'autre demi-batterie, et prend, en arrivant à sa hauteur, la même formation qu'elle.

Les chefs de section reprennent alors le commandement de leurs sections respectives.

310. Le feu en avançant, en commençant par la demi-batterie de gauche, s'exécute suivant les mêmes principes.

311. Le feu en avançant s'exécute par section, suivant les mêmes principes, aux commandements :

1. *Feu en avançant = par section.*
2. *Section de droite* (ou *de gauche*) = COMMENCEZ LE MOUVEMENT.

Feu en retraite.

312. La batterie faisant feu, pour la porter successivement, par demi-batterie, en arrière de son front, le capitaine commande :

8

1. *Feu en retraite = par demi-batterie.*
2. *Demi-batterie de droite =* COMMENCEZ LE MOU-
   VEMENT.

Au deuxième commandement le chef de la demi-batterie de droite commande :

1. CESSEZ LE FEU.
2. *Amenez les avant-trains = Caissons demi-tour
   à gauche.*
3. MARCHE.

Il commande ensuite :

1. *Demi-batterie en avant.*
2. *Guide à droite.*
3. MARCHE.

La demi-batterie de droite se porte à la position indiquée par le capitaine, les pièces conservant, par rapport aux caissons, leur distance de batterie.

En arrivant à cette nouvelle position, le chef de la demi-batterie de droite commande :

1. *En batterie =* HALTE.
2. COMMENCEZ LE FEU.

Au commandement *En batterie =* HALTE, les pièces s'arrêtent ; sont mises rapidement en batterie, et commencent leur feu le plus tôt possible.

Les caissons restent face en arrière.

Le chef de la demi-batterie de droite surveille particulièrement le tir de sa pièce de gauche, de manière à ne pas gêner la demi-batterie qui est en avant.

Dès que la demi-batterie de droite a commencé le feu, celle de gauche se retire à son tour avec le guide à gauche, et ainsi de suite, les demi-batteries se portant jusqu'au ralliement à des positions de plus en plus en arrière.

Le capitaine, accompagné du chef de la section du centre, marche avec la demi-batterie la plus rapprochée de l'ennemi.

Le chef de la ligne des caissons marche avec la demi-batterie de gauche.

DANS LES BATTERIES A CHEVAL, les servants se conforment, pour l'exécution des feux en retraite, à ce qui est prescrit n° 158.

313. Pour faire cesser le feu en retraite, le capitaine se conforme à ce qui est prescrit pour faire cesser le feu en avançant, n° 309.

La batterie étant ralliée, le capitaine fait exécuter un demi-tour aux caissons.

DANS LES BATTERIES A CHEVAL, les pelotons de chevaux font demi-tour en même temps que les caissons, aux commandements : **1.** *Caissons et pelotons demi-tour à gauche ;* **2.** MARCHE.

314. Le feu en retraite, en commençant par la demi-batterie de gauche, s'exécute suivant les mêmes principes.

315. Le feu en retraite s'exécute par section, suivant les mêmes principes, aux commandements :

1. *Feu en retraite par section.*

2. *Section de droite* (ou *de gauche*) = COMMENCEZ LE MOUVEMENT.

316. La prolonge peut, dans certaines circonstances, être utilement employée pour exécuter les feux en retraite.

Lorsque le capitaine veut faire exécuter les feux en retraite à la prolonge, il commande d'abord :

> DÉPLOYEZ LES PROLONGES.

Ce qui s'exécute comme il est prescrit n° 160. Les avant-trains et les caissons font demi-tour.

DANS LES BATTERIES A CHEVAL, les garde-chevaux font faire demi-tour à gauche à leur peloton de chevaux.

Quand ce mouvement préparatoire est exécuté, le capitaine commande :

1. *Feu en retraite à la prolonge = par demi-batterie.*
2. *Demi-batterie de droite =* COMMENCEZ LE MOUVEMENT.

Au deuxième commandement le chef de la demi-batterie de droite commande :

1. *Cessez le feu.*
2. *Demi-batterie en avant.*
3. *Guide à droite.*
4. MARCHE.

Au commandement MARCHE, la demi-batterie se met en mouvement, les servants se conformant à ce qui est prescrit n° 160.

En arrivant à la nouvelle position indiquée par le capitaine, le chef de la demi-batterie de droite commande :

1. *En batterie* = Halte.
2. Commencez le feu.

Le mouvement continue ainsi, la demi-batterie de gauche se conformant à ce qui est prescrit pour la demi-batterie de droite, et les caissons restant face en arrière, comme les avant-trains.

Dans les batteries a cheval, au commandement *En batterie* = Halte, les servants se conforment à ce qui est prescrit n° 160.

317. Pour faire ployer les prolonges, le capitaine, après avoir fait exécuter le ralliement, commande :

Ployez les prolonges.

Ce qui s'exécute comme il est prescrit n° 160. Les avant-trains et les caissons se remettent face en tête.

Dans les batteries a cheval, les pelotons de chevaux se remettent face en tête, en même temps que les avant-trains et les caissons.

318. Le feu en retraite à la prolonge, en commençant par la demi-batterie de gauche, s'exécute suivant les mêmes principes.

319. Le feu en retraite à la prolonge, s'exécute par section, suivant les mêmes principes, aux commandements :

1. *Feu en retraite à la prolonge* = *par section.*
2. *Section de droite* (ou *de gauche*) = Commencez le mouvement.

Changement de front pour faire feu à droite, l'aile gauche en avant, et le symétrique.

320. La batterie faisant feu, pour changer perpendiculairement le front de la ligne, et faire feu à droite, en portant l'aile gauche en avant, le capitaine fait *cesser le feu*, et commande :

1. *Feu à droite.*
2. *Changement de front sur la pièce de droite = l'aile gauche en avant.*
3. Marche.

Au deuxième commandement, le chef de la pièce de droite de la section pivot fait placer sa pièce dans la nouvelle direction, en portant la flèche à gauche, et lui fait reprendre immédiatement son feu. Le chef de la pièce de gauche [1] de la même section commande : 1. *A bras en avant;* 2 Marche, et dirige sa pièce, par le chemin le plus court, vers sa nouvelle place de batterie; dès qu'elle y est arrivée, il commande : Halte, et fait de suite commencer le feu.

Le chef de la section de droite veille à la prompte exécution de ces mouvements, et commande: 1. *Avant-trains et caissons à gauche;* 2. Marche. Les avant-trains et les caissons de la section de droite s'arrêtent dès que leur à-gauche est terminé, et se trouvent ainsi formés en deux files parallèles.

---

1. Dans toute espèce de changement de front, la deuxième pièce, du côté du pivot, est remise sur son avant-train, toutes les fois que la nature du terrain rend les mouvements à bras trop difficiles.

Le chef de la section du centre commande : 1. *Amenez les avant-trains en avant* = *Caissons à gauche* ; 2. Marche, et, dès que les avant-trains sont remis, il commande : 1. *Section en avant;* 2. *Guide à droite.*

Les caissons de la section du centre s'arrètent après avoir exécuté leur à-gauche individuel; ces caissons, ainsi que ceux de la section de droite, se trouvent ainsi disposés tous quatre en une seule file.

Le chef de la section de gauche commande : 1. *Amenez les avant-trains en avant* = *Caissons en avant;* 2. Marche, et, dès que le mouvement est ter- miné : 1. *Section en avant ;* 2. *Guide à droite.*

Le chef de la ligne des caissons se porte rapidement à hauteur de la tête des chevaux de devant du caisson de gauche de la section du centre, pour marquer le point où les quatre caissons placés en file devront successivement tourner.

Au commandement Marche du capitaine, répété par le chef de la section du centre et par celui de la section de gauche, les pièces de la section du centre se portent en avant; le chef de cette section, se réglant sur la section de droite, commande à propos : 1. *Section à droite ;* 2. Marche ; 3. *En* = avant ; 4. *Guide à droite*, pour conduire ses pièces sur le nouveau front à leur intervalle; dès qu'elles y sont arrivées, il les met en batterie, au commandement *En batterie* = Halte, et commande aussitôt : Commencez le feu.

Le chef de la section de gauche porte sa section en avant; la conduit sur le nouveau front, à son inter- valle en commandant à propos : 1. *Section à droite ;*

2. Marche ; 3. *En* = avant ; 4. *Guide à droite ;* met
sa section en batterie au commandement *En batterie*
= Halte, et commande aussitôt: Commencez le feu.

Les caissons de la section du centre et ceux de la
section de droite se mettent en mouvement; tournent
successivement à droite au point marqué par le chef
de la ligne des caissons; se prolongent ainsi parallèlement au nouveau front, et prennent leur nouvelle
place de batterie par un *à-droite* individuel exécuté
lorsqu'ils arrivent à hauteur de leurs pièces.

Les avant-trains de la section de droite partent
ensemble au trot, dès que le terrain est démasqué;
lorsque celui de la pièce de gauche a marché 15
mètres droit devant lui, il tourne à droite, suivi par
l'avant-train de la pièce de droite, qui vient tourner
sur le même terrain, et tous deux prennent leur place
de batterie par un nouvel *à droite.*

Dans les batteries montées, quand le mouvement
doit se faire au trot, les servants de la section placée
à l'aile marchante montent seuls sur les coffres; tous
les autres suivent leurs pièces au pas de course.

Dans les batteries à cheval, les pelotons de chevaux
de la section de droite exécutent un à-gauche en même
temps que l'avant-train de leur pièce; marchent à
hauteur de la roue gauche, et se portent avec l'avant-
train à leur nouvelle place de batterie.

Les pelotons de servants de la section du centre
serrent sur leurs pièces; tournent à droite en même
temps qu'elles, et s'arrêtent à hauteur de leur place

de batterie, en s'alignant sur les pelotons de la section de droite.

321. Le changement de front pour faire feu à gauche, en portant l'aile droite en avant, s'exécute suivant les mêmes principes et par les moyens inverses, aux commandements : 1. *Feu à gauche;* 2. *Changement de front sur la pièce de gauche = l'aile droite en avant;* 3. Marche.

Changement de front pour faire feu à droite, l'aile gauche en arrière, et le symétrique.

322. La batterie faisant feu, pour changer perpendiculairement le front de la ligne et faire feu à droite, en portant l'aile gauche en arrière, le capitaine fait *cesser le feu,* et commande :

1. *Feu à droite.*
2. *Changement de front sur la pièce de droite =*
   l'aile gauche en arrière.
3. Marche.

Au deuxième commandement, le chef de la pièce de droite de la section pivot fait placer sa pièce dans la nouvelle direction, en portant la flèche à gauche, et lui fait reprendre immédiatement son feu.

Le caisson et l'avant-train de la pièce pivot dégagent promptement le terrain qu'ils occupent; à cet effet, le caisson prend le trot; double l'avant-train, en le laissant à droite; passe derrière la pièce pivot, à 6 mètres au moins du levier de pointage; dès qu'il a dépassé cette pièce, il oblique fortement à droite, et tourne ensuite à gauche, pour venir se placer sur une ligne parallèle au front primitif et distante de 20 mètres de ce front, le derrière du caisson à hauteur de la pièce pivot. L'avant-train prend le trot dès que le caisson l'a dépassé, se porte en avant en passant à 6 mètres de l'extrémité du levier de pointage de la pièce pivot, et, dès qu'il a dépassé cette pièce, il s'arrête dans une direction perpendiculaire au front primitif, attendant que le terrain soit démasqué pour prendre sa place de batterie.

Le chef de la pièce de gauche de la section pivot fait faire *demi-tour* à sa pièce, et, dès que le terrain est libre, il commande : 1. *A bras en avant;* 2. MARCHE. Il dirige la pièce par le chemin le plus court vers sa nouvelle place de batterie; en y arrivant, il commande : HALTE, et fait de suite commencer le feu.

Dès que la pièce de gauche de la section de droite s'est mise en mouvement pour prendre sa place de batterie, le caisson et l'avant-train de cette pièce exécutent un mouvement analogue à celui exécuté par le caisson et l'avant-train de la pièce pivot; le caisson, après avoir doublé l'avant-train, mais en le laissant à gauche, vient se placer sur le prolongement en avant du caisson de la pièce pivot, et l'avant-train, après que le caisson l'a dépassé, se porte en avant, et s'arrête à hauteur de l'avant-train de la pièce pivot dans une direction parallèle.

Le chef de la section de droite veille à ce que ces mouvements s'exécutent promptement et dans l'ordre où ils viennent d'être décrits.

Le chef de la section du centre commande : 1. *Amenez les avant-trains = Caissons derrière vos pièces,*

à gauche en colonne; 2. Marche. Au commandement
Marche, les avant-trains sont remis; les caissons
doublent leurs pièces au trot, obliquent à droite,
tournent ensuite simultanément à gauche, pour venir
se placer en tête de la colonne formée par les caissons
de la section de droite. Dès que les avant-trains sont
remis, le chef de la section du centre commande :
1. *Section en avant;* 2. *Guide à gauche.*

Le chef de la ligne des caissons se porte à 20 mètres
du front primitif, à hauteur du point où doit arriver
la tête de colonne des quatre caissons placés en file;
il marque le point où ces caissons devront faire tête
de colonne à gauche.

Le chef de la section de gauche commande: 1. *Amenez les avant-trains = Caissons derrière vos pièces;*
2. Marche, et, dès que les avant-trains sont remis :
1. *Section en avant;* 2. *Guide à gauche.*

Au commandement Marche du capitaine, répété par
le chef de la section du centre et par celui de la
section de gauche, le mouvement s'achève suivant les
principes prescrits pour le changement de front sur
la pièce de gauche, l'aile droite en avant, avec cette
différence que les avant-trains de la section pivot, dès
que le terrain est démasqué, vont prendre leur place
de batterie par trois *à-gauche* successifs, exécutés
au trot.

323. Le changement de front pour faire feu à gauche, en
portant l'aile droite en arrière, s'exécute suivant les mêmes
principes et par les moyens inverses, aux commandements:
1. *Feu à gauche;* 2. *Changement de front sur la pièce de
gauche = l'aile droite en arrière;* 3. Marche.

Passage de défilé en exécutant les feux.

324. La batterie faisant feu, pour passer le défilé, en avant de la section de droite, le capitaine commande :

1. *Par la section de droite = en avant = passez le défilé.*
2. Marche!

Au commandement Marche, le chef de la section de droite commande :

1. Cessez le feu.
2. *Amenez les avant-trains en avant = Caissons en avant.*
3. Marche.

Il commande ensuite :

1. *Section en avant, guide à droite = au trot.*
2. Marche.

Et, lorsqu'après avoir franchi le défilé, il est arrivé à sa nouvelle position, il commande :

1. *Feu en avant.*
2. *Guide à droite.*
3. En batterie.
4. Halte.
5. Commencez le feu.

Pendant le mouvement de la section qui passe le défilé, les autres continuent leur feu.

Dès que la section de droite commence son feu, la section du centre cesse le sien, et se dispose à passer le défilé; son chef la conduit au delà du défilé par les mouvements les mieux appropriés au terrain, et la met en batterie à hauteur de la section de droite.

La section de gauche se porte en ligne suivant les mêmes principes aussitôt que la section du centre commence son feu.

325. Si le défilé est en avant de la section de gauche, le mouvement s'exécute suivant les mêmes principes et par les moyens inverses, aux commandements : 1. *Par la section de gauche = en avant = passez le défilé*; 2. Marche.

326. Si le défilé est en avant de la section du centre, cette section commence le mouvement; la section de droite, à moins de motifs contraires, passe avant la section de gauche, et le mouvement s'exécute aux commandements; 1. *Par la section du centre = en avant = passez le défilé;* 2. Marche.

327. Si le défilé ne donne passage qu'à une seule pièce à la fois, chaque chef de section rompt sa section à propos, de manière à faire entrer la première dans le défilé, la pièce qui en est la plus rapprochée; au sortir du défilé, le chef de section met sa section en batterie par les mouvements les plus simples et les plus rapides.

328. Ces mouvements doivent toujours être exécutés *au trot*, afin que la batterie ne soit privée de l'action d'une partie de ses pièces, que le moins longtemps possible.

329. La batterie faisant feu, pour passer le défilé en arrière de la section du centre, le capitaine commande:

1. *Par la section de droite = en arrière du centre = passez le défilé.*
2. Marche.

Au commandement Marche, le chef de la section de droite commande:

1. CESSEZ LE FEU.
2. *Amenez les avant-trains = Caissons devant vos pièces.*
3. MARCHE.

Il commande ensuite :

1. *Section en avant, guide à droite = au trot.*
2. MARCHE.

conduit sa section au delà du défilé par les mouvements les mieux appropriés au terrain, et la met en batterie en arrière de la position qu'elle occupait primitivement, par les commandements :

1. *Feu en arrière.*
2. *Guide à droite.*
3. *En batterie =* HALTE.

La section de gauche cesse son feu, dès que la section de droite commence le sien ; son chef la conduit sur la nouvelle ligne, en arrière de la position qu'elle occupait, et la met en batterie.

La section du centre ne cesse son feu que lorsque la section de gauche commence le sien.

330. Si le défilé est en arrière de l'une des ailes, le mouvement commence par l'aile opposée, et finit toujours par la section qui couvre le passage ; il s'exécute aux commandements : 1. *Par la section de droite = en arrière de la gauche = passez le défilé* ; 2. MARCHE ; ou : 1. *Par la section de gauche = en arrière de la droite = passez le défilé* ; 2. MARCHE.

331. Si le défilé ne donne passage qu'à une seule pièce à la fois, chaque chef de section rompt sa section à propos,

de manière à faire passer la première au delà du défilé la
pièce qui en est la plus éloignée; au sortir du défilé, le
chef de section met sa section en batterie par les mouvements les plus simples et les plus rapides.

DE LA COLONNE PAR DEMI-BATTERIES.

332. L'ordre en colonne par demi-batteries n'est point
employé dans les manœuvres; mais il est parfois employé
pour défiler.

Il se prête à peu près à tous les mouvements de l'ordre
en colonne par sections. Seulement, on doit avoir égard
aux inversions, afin d'éviter les formations en bataille ou
en batterie qui sépareraient les deux pièces de la section
du centre. Par exemple, la colonne par demi-batteries,
marchant la droite en tête, il faut éviter de la former en
avant en bataille, en gagnant du terrain à droite; cette
formation jetterait la troisième pièce à l'aile gauche, et la
quatrième à l'aile droite, ce qui rendrait irrégulière la
formation immédiate de la colonne par sections.

333. La batterie étant en bataille, pour la former en colonne par demi-batteries, le capitaine commande:

1. *Demi-batteries à droite* (ou *à gauche*).
2. MARCHE.
3. HALTE ou $\left\{ \begin{array}{l} \text{3. } En = avant. \\ \text{4. } Guide \text{ } à \text{ } gauche \text{ (ou } à \text{ } droite). \end{array} \right.$

Au premier commandement, les chefs de demi-
batterie se placent à 1 mètre en avant de la pièce du
centre de leur demi-batterie.

Au commandement MARCHE, chaque demi-batterie
exécute une conversion à droite (ou à gauche), suivant

les principes prescrits n° 114, les voitures pivots décrivant un quart de cercle de 10 mètres.

Le chef de la section du centre marche avec la demi-batterie tête de colonne, à 2 mètres du flanc, à hauteur des conducteurs de devant de la première ligne de voitures, du côté opposé au guide.

Le chef de la ligne des caissons marche avec l'autre demi-batterie, et se place, par rapport à elle, comme il vient d'être dit pour le chef de la section du centre.

Les distances, mesurées du derrière des caissons de la demi-batterie tête de colonne à la tête des chevaux de la demi-batterie qui suit, sont de 13 mètres DANS LES BATTERIES MONTÉES, et de 16 mètres DANS LES BATTERIES A CHEVAL.

334. On se conforme pour la marche *en colonne par demi-batteries*, pour les *changements de direction*, la *marche oblique individuelle*, la *marche de flanc*, le *demi-tour individuel*, la *contre-marche*, le *doublement de voitures* pour *serrer et reprendre les intervalles* et pour les différentes manières de *passer de l'ordre en bataille à l'ordre en colonne*, et *de l'ordre en colonne à l'ordre en bataille*, aux principes prescrits pour la colonne par sections.

335. Dans le changement de direction de la colonne par demi-batteries, les voitures pivots décrivent un quart de cercle de 10 mètres.

APPENDICE.

Ouvrir et reprendre les intervalles.

I. La batterie marchant en bataille à intervalles réguliers, pour augmenter l'étendue du front, en faisant ouvrir les intervalles, le capitaine commande :

1. *A gauche = à* (tant) *de mètres = ouvrez les intervalles.*
2. MARCHE.

Au commandement MARCHE, la pièce et le caisson de l'aile droite continuent de marcher droit devant eux. Toutes les autres voitures exécutent un à-gauche individuel au trot, et se portent droit devant elles, les voitures du deuxième rang réglant leur mouvement sur celui des voitures du premier. Chaque pièce et son caisson, lorsqu'ils arrivent à 3 mètres du point correspondant à l'intervalle indiqué, exécutent simultanément un à-droite individuel ; les deux voitures étant redressées et bien en file, elles continuent de marcher au trot pour se porter en ligne, et, en y arrivant, elles passent au pas.

Dès que le mouvement est terminé, le capitaine renouvelle l'indication du guide.

II. La batterie étant en bataille, à intervalles ouverts, de pied ferme ou en marche, est formée en avant, ou face en arrière en batterie, aux commandements et suivant les principes prescrits n°s 281 et 288.

III. La batterie marchant en bataille, à intervalles ouverts, pour lui faire reprendre les intervalles réguliers, le capitaine commande :

1. *A droite* = *reprenez les intervalles.*
2. MARCHE.

Au commandement MARCHE, la pièce et le caisson de l'aile droite continuent de marcher droit devant eux ; toutes les autres voitures exécutent un à-droite individuel au trot, et le reste du mouvement s'exécute suivant les principes prescrits n° I, et par les moyens inverses, chaque pièce et son caisson exécutant simultanément et à propos un à-gauche individuel pour se replacer à leur intervalle.

IV. On fait ouvrir les intervalles à droite, et reprendre les intervalles à gauche, suivant les principes prescrits n°ˢ I et III, aux commandements : 1. *A droite* = *à* (tant) *de mètres* = *ouvrez les intervalles* ; 2. MARCHE, et : 1. *A gauche* = *reprenez les intervalles* ; 2. MARCHE.

Manœuvres d'une batterie, les caissons étant à leur distance de batterie.

V. La batterie marchant en bataille, les pièces en tête, pour placer les caissons à leur distance de batterie, le capitaine commande :

1. *Caissons.*
2. HALTE.

Au commandement HALTE, les caissons s'arrêtent, et, lorsque les pièces ont marché 25 mètres, le capitaine remet les caissons en mouvement par les commandements : 1. *Caissons en avant;* 2. MARCHE.

DANS LES BATTERIES A CHEVAL, les pelotons de servants s'arrêtent en même temps que les caissons, aux commandements : 1. *Pelotons et caissons;* 2. HALTE, et, lorsque les pièces ont marché 19 mètres, le capitaine remet les pelotons de servants et les caissons en mouvement, par les commandements : 1. *Pelotons et caissons en avant;* 2. MARCHE.

VI. La batterie marchant en bataille, les pièces en tête et les caissons étant à leur distance de batterie, le capitaine fait ouvrir les intervalles, aux commandements et suivant les principes prescrits n° I.

Il fait ensuite exécuter aux diverses allures à la batterie ainsi formée : la marche en bataille, les à-droite, les à-gauche, les demi-tours individuels, et la contre-marche, par les commandements prescrits n⁰ˢ 240 et suivants.

VII. La batterie étant en bataille, à intervalles réguliers ou ouverts, les pièces en tête et les caissons à leur distance de batterie, pour se former en avant en batterie, le capitaine commande :

1. *Feu en avant.*
2. EN BATTERIE.

Au deuxième commandement, les servants séparent rapidement les bouches à feu des avant-trains, et les mettent en batterie. Les avant-trains se portent au trot à leur place de batterie.

Si la batterie est en marche, le capitaine la forme en avant en batterie, au commandement : 1. *Feu en avant :* 2. *En batterie* = HALTE. Toutes les voitures s'arrêtent en même temps au deuxième commandement, et les pièces sont immédiatement mises en batterie.

VIII. La batterie étant formée en batterie, à intervalles réguliers ou ouverts, le capitaine lui fait exécuter les feux en retraite pour toutes les pièces à la fois, suivant les principes prescrits nᵒˢ 312 et 316.

IX. La batterie marchant en bataille à intervalles réguliers ou ouverts, les pièces en tête, et les caissons étant à leur distance de batterie, le capitaine, pour faire serrer les caissons à leur distance régulière, commande : 1. *Caissons = au trot*; 2. MARCHE. Les caissons passent au pas, sans commandement, dès qu'ils sont à leur distance.

DANS LES BATTERIES A CHEVAL, le capitaine fait serrer les pelotons de servants et les caissons aux commandements : 1. *Pelotons et caissons = au trot*; 2. MARCHE.

Manœuvres d'une batterie sans caissons.

X. La batterie étant en bataille, le capitaine la rompt par pièces en avant du front, aux commandements : 1. *Par la droite (ou par la gauche) par pièces = rompez la batterie*; 2. MARCHE. Le mouvement s'exécute comme il est prescrit nᵒ 174, chaque pièce rompant assez à temps pour marcher, DANS LES BATTERIES MONTÉES, à 1 mètre de distance de la pièce qui précède, et DANS LES BATTERIES A CHEVAL, à 1 mètre de distance du peloton de servants de la pièce qui précède.

XI. La batterie marchant en colonne par pièces, le capitaine la forme en avant, à gauche ou sur la droite en bataille, aux commandements et suivant les principes prescrits nᵒˢ 181, 182 et 183.

XII. La batterie étant en bataille, le capitaine la forme en colonne par sections, aux commandements : 1. *Sections à droite (ou à gauche)*; 2. MARCHE; 3. HALTE ou : 3. *En = avant*; 4. *Guide à gauche (ou à droite)*.

Le mouvement s'exécute comme il est prescrit n° 187, avec cette différence que la section du centre et la section de gauche, après avoir exécuté leur conversion, prennent le trot, sans commandement, et s'arrêtent ou passent au pas, lorsqu'elles arrivent à 1 mètre de distance de la section qui les précède.

La colonne par sections ainsi formée n'est plus une colonne avec distance.

XIII. La batterie étant en colonne par sections, le capitaine porte la colonne en avant; l'arrête; lui fait exécuter les changements de direction, la marche oblique individuelle, la marche de flanc, les à-droite, les à-gauche et les demi-tours individuels; lui fait serrer et reprendre les intervalles, ouvrir et reprendre les intervalles, aux commandements et d'après les principes prescrits n°s 190 et suivants, avec cette différence que dans les commandements, les mots *pièces et caissons* sont remplacés par le mot *pièces.*

XIV. La batterie marchant en colonne par sections, le capitaine la rompt par pièces, et fait reformer les sections, à la même allure, ou en doublant l'allure, aux commandements et d'après les principes prescrits n°s 205 et suivants, avec cette différence que pour rompre les sections, les pièces qui doivent obliquer, commencent leur mouvement, dès que les chevaux de derrière de la pièce de leur section qui marche droit devant elle, arrivent à hauteur de leurs chevaux de devant.

XV. La batterie étant en colonne par sections, pour la former en avant en bataille, le capitaine commande:

1. *En avant en bataille = oblique à gauche* (ou *à droite*).
2. MARCHE.
3. *Guide à droite* (ou *à gauche*).
4. FIXE.

Au premier commandement, le chef de la première section commande: *Section en avant*, et ceux des deux autres sections: *Pièces oblique à gauche*.

Au commandement MARCHE, répété par ces mêmes officiers, la première section se porte en avant; son chef répète l'indication du guide, et, quand il a marché 20 mètres, il commande: 1. HALTE, et de suite 2. *A droite* = ALIGNEMENT.

Chacun des autres chefs de section conduit sa section dans la direction oblique, jusqu'à ce qu'elle ait gagné son intervalle; il commande alors: *En avant;* 2. *Guide à droite*, et, lorsqu'il arrive à 5 mètres du front, il commande: 1. HALTE, et de suite 2. *A droite* = ALIGNEMENT.

La batterie étant alignée, le capitaine commande: FIXE.

XVI. La formation en avant en bataille, la colonne étant en marche, s'exécute suivant les mêmes principes. Dans ce cas, le chef de la première section ne commande pas *Section en avant*, ni MARCHE, mais répète seulement l'indication du guide.

XVII. La batterie étant en colonne par sections, de pied ferme ou en marche, pour la former en bataille sur son flanc gauche, le capitaine commande :

1. *Par la queue de la colonne* = *à gauche en bataille.*
2. MARCHE.
3. *Guide à gauche.*
4. FIXE.

Au premier commandement, les chefs des deux premières sections commandent : *Au trot;* le chef de la troisième section commande : *Section à gauche.*

Au commandement MARCHE, répété par ces mêmes officiers, la troisième section exécute une conversion à gauche; lorsqu'elle a terminé sa conversion, son chef l'arrête, aux commandements : 1. HALTE; 2. *A gauche* = ALIGNEMENT.

Les chefs des deux premières sections se portent droit devant eux; répètent l'indication du guide, et chacun d'eux commande *Section à gauche*, assez à temps pour commander MARCHE, lorsque sa pièce de gauche arrive à 3 mètres du point où elle doit tourner pour prendre son intervalle. La conversion étant terminée, le chef de section commande : 1. HALTE, et de suite 2. *A gauche* = ALIGNEMENT.

La batterie étant alignée, le capitaine commande : FIXE.

XVIII. La formation en bataille sur le flanc droit de la batterie, s'exécute suivant les mêmes principes, aux commandements : 1. *Par la queue de la colonne* = *à droite en bataille;* 2. MARCHE; 3. *Guide à droite;* 4. FIXE.

XIX. La batterie marchant en colonne par sections, le capitaine la forme en bataille sur le prolongement en avant de l'un de ses flancs, aux commandements : 1. *Sur la droite* (ou *sur la gauche*) *en bataille;* 2. MARCHE; 3. *Guide à droite* (ou *à gauche*); 4. FIXE.

XX. La batterie étant en bataille, le capitaine la porte en avant; l'arrête; lui fait exécuter les changements de direction, la marche oblique individuelle, la marche de

flanc, les à-droite, les à-gauche et les demi-tours individuels; lui fait serrer et reprendre les intervalles, ouvrir
et reprendre les intervalles, aux commandements et d'après
les principes prescrits n°ˢ 240 et suivants, en tenant
compte pour les commandements de l'observation faite au
n° XIII.

XXI. La batterie étant en bataille, le capitaine la forme
en avant en batterie, aux commandements: 1. *Feu en
avant;* 2. En batterie.

XXII. Étant en batterie, le capitaine forme la batterie
en avant en bataille, aux commandements: 1. *Amenez les
avant-trains en avant;* 2. Marche.

XXIII. La batterie étant en bataille, le capitaine la forme
face en arrière en batterie, aux commandements: 1. *Feu
en arrière;* 2. En batterie.
  Si la batterie est en marche, le capitaine commande:
1. *Feu en arrière;* 2. *En batterie* = Halte.

XXIV. Étant en batterie, le capitaine forme la batterie
face en arrière en bataille, aux commandements: 1. *Amenez
les avant-trains;* 2. Marche.

XXV. La batterie étant en colonne par pièces, ou par
sections, le capitaine la forme en avant, à gauche, ou sur
la droite en batterie, suivant les principes prescrits pour
les formations en bataille correspondantes, et aux mêmes
commandements; avec cette différence que le capitaine
remplace dans ces commandements, le mot *bataille,* par le
mot *batterie,* et que dans les formations en batterie de la
colonne par sections, les chefs de section, au lieu d'arrêter
leur section par le commandement Halte, la mettent en
batterie, aux commandements: En batterie, ou *En batterie*
= Halte, suivant que la colonne est de pied ferme ou en
marche.

XXVI. Il peut être utile, dans certaines circonstances, de former une batterie en colonne, les pièces occupant la tête de la colonne et les caissons la queue.

Une manière simple de former cette colonne, consiste à rompre la batterie par les deux pièces du centre, la ligne des caissons ne bougeant pas ; les pièces de la section de droite exécutent simultanément un à-gauche, et tournent ensuite successivement à droite pour se placer en colonne derrière la pièce de droite de la section du centre; les pièces de la section de gauche exécutent les mouvements inverses, pour se placer en colonne derrière la pièce de gauche de la section du centre.

La ligne des caissons se ploie ensuite en colonne derrière les deux caissons du centre, de la même manière et par les mêmes mouvements que les pièces; les caissons forment ainsi une colonne indépendante qui suit celle des pièces à la distance que le commandant de la batterie juge convenable.

La colonne ainsi composée, qui a de l'analogie avec la colonne d'attaque, est formée en avant en bataille, ou en avant en batterie, par les moyens employés pour exécuter ces formations lorsque la batterie est en colonne d'attaque. Les pièces des sections des ailes se portent individuellement à leur place de bataille ou de batterie par une marche oblique, et les caissons exécutent le même mouvement que les pièces qui leur correspondent, pour venir prendre derrière elles leur place de batterie, en s'arrêtant à la distance indiquée par le commandant de la batterie.

TITRE III.

—

ÉVOLUTIONS
DE BATTERIES ATTELÉES.

——•◆◆◆◆◆—

Notions préliminaires et mouvements préparatoires.

336. Les évolutions de batteries attelées se rattachent à cinq dispositions principales :

1. Passer de l'ordre en bataille à l'ordre en colonne.
2. Marcher en colonne.
3. Passer de l'ordre en colonne à l'ordre en bataille.
4. Marcher en bataille.
5. Passer des ordres en bataille et en colonne à l'ordre en batterie, et réciproquement.

337. Les évolutions de batteries attelées sont présentées pour quatre batteries ; mais elles sont susceptibles de s'appliquer à un plus ou moins grand nombre de batteries.

Le colonel se place au point d'où son commandement peut être le mieux entendu.

Le commandement *d'avertissement* et le commandement FIXE ne sont pas répétés.

Les commandements *préparatoires* sont immédiatement répétés par les chefs d'escadrons.

En principe, le guide étant à gauche lorsqu'on a rompu la ligne de bataille par la droite, et à droite, lorsqu'on a rompu la ligne de bataille par la gauche, le colonel ne commande pas le guide. Il peut néanmoins le rappeler lorsqu'il le juge à propos. Il en est de même si, par quel-

que motif, le colonel est obligé d'indiquer le guide du
côté opposé au principe établi.

Dans l'un et l'autre cas, l'indication du guide est répétée
par les chefs d'escadrons et par les capitaines.

Lorsqu'une ligne ou une colonne doit se mouvoir à la
fois par un même mouvement, les capitaines répètent immédiatement les commandements préparatoires.

Dans le cas de mouvements successifs, ils répètent les
commandements préparatoires, assez à temps pour faire
celui d'exécution, au moment où le mouvement doit commencer dans leur batterie.

Si une évolution exige de quelque batterie un mouvement particulier, le capitaine commande ce mouvement,
au lieu de répéter le commandement préparatoire du
colonel.

Les commandements d'exécution sont répétés simultanément par les chefs d'escadrons. Ils le sont de même par
les capitaines, excepté dans les mouvements qui exigent
des commandements successifs. Les capitaines indiquent
toujours le guide, en se conformant à ce qui est prescrit
à l'École de batterie.

S'il arrive qu'un commandement ne soit pas entendu,
chaque capitaine se conforme le plus promptement possible,
au mouvement de la batterie qui le précède, du côté de
la formation ou de la rupture.

Dans toutes les formations en bataille, les capitaines,
après avoir commandé FIXE, restent sur le point où ils se
sont portés pour aligner leur batterie, et ne reprennent
leur place de bataille, qu'au commandement FIXE du
colonel.

DANS LES RÉGIMENTS MONTÉS, lorsqu'il y a lieu de faire
exécuter certains mouvements du maniement des armes,
le colonel se conforme à ce qui est prescrit à l'Instruction
à pied.

DANS LES RÉGIMENTS A CHEVAL, on met le sabre à la main;
on le remet, et on le présente, au seul commandement du
colonel.

Dans une formation en bataille ou dans un déploiement,
lorsqu'une ou plusieurs fractions de la troupe ne trouvent

pas de place pour entrer en ligne, ces fractions, quelles qu'elles soient, restent ou passent en arrière de la ligne, dans l'ordre où elles se trouvaient avant le mouvement.

Le colonel indique les points de direction qu'il lui convient de donner à la ligne de bataille. Les adjudants-majors sont chargés de placer les *guides-généraux* aux points qui ont été déterminés, et, lorsqu'ils ne l'ont pas été, d'établir, avec ces mêmes guides, la ligne sur laquelle la formation ou le déploiement doit se faire.

Lorsque le colonel veut faire marcher les batteries, soit en bataille, soit en colonne, il indique le point sur lequel la ligne ou la colonne doit se diriger. Les adjudants-majors, pour la marche en bataille, le font connaître au guide de droite (ou de gauche) de la batterie désignée, et, pour la marche en colonne, ils le désignent au guide de gauche (ou de droite) de la tête de colonne. Ils font prendre des points intermédiaires, pour assurer par ce moyen la direction de la marche.

Si le colonel n'a pas déterminé la direction de la colonne, les adjudants-majors, aux commandements préparatoires, indiquent au guide de gauche (ou de droite), conformément au principe, le point sur lequel il doit marcher. Il en est de même pour la marche en bataille.

Dans la marche en bataille, le guide est toujours à l'une des ailes de la ligne.

Dans les alignements de pied ferme, la nouvelle ligne doit être établie de manière à ne pas traverser l'ancienne, ce qui forcerait à reculer. Par suite de ce principe, lorsqu'on veut s'aligner après une marche en bataille, on trace la ligne sur la portion de la troupe qui est le plus en avant.

Lorsqu'on manœuvre avec des voitures attelées de deux chevaux dans les batteries de 4, ou de quatre chevaux dans les batteries de 12, on doit tenir compte de la place des chevaux manquants, et calculer les distances en conséquence, afin que la colonne se prête toujours à la formation immédiate de la ligne de bataille.

Une batterie peut être réduite à deux sections.

Les batteries d'un même régiment, quand même il y aurait entre elles quelque inégalité, n'en sont pas moins subordonnées aux principes de la formation complète. Dans l'ordre en colonne avec distance comme dans l'ordre en colonne serrée, elles observent leur distance et la direction des guides. Dans l'ordre en bataille, elles conservent l'intervalle prescrit.

Lorsque des batteries MONTÉES et des batteries A CHEVAL manœuvrent ensemble, les batteries montées prennent les intervalles et les distances des batteries à cheval.

Lorsque des batteries de 4 manœuvrent avec des batteries de 12, les batteries de 4 prennent les intervalles et les distances des batteries de 12.

Tracé des lignes.

338. Le tracé des lignes a pour but de déterminer à l'avance, suivant les intentions du colonel, le front des lignes de bataille.

Les lignes de bataille sont tracées sur l'alignement des chevaux de devant du premier rang de voitures.

Les lignes sont tracées, sous la direction des adjudants-majors, par les *guides-généraux* et les deux adjudants qui accompagnent les chefs d'escadrons. Dans toute espèce de formation, les guides-généraux se font face.

Les deux adjudants font toujours face au guide-général du côté de la formation, excepté dans les mouvements centraux.

Au commandement préparatoire du colonel, le premier adjudant-major se porte rapidement à la distance fixée, ou sur le point indiqué d'avance, et place immédiatement le premier guide-général faisant face au prolongement de la ligne, sur le point où doit s'appuyer la tête de la colonne. Le deuxième adjudant-major se porte, au même commandement, au point où la queue de la colonne doit arriver, et y place le deuxième guide-général.

Entre ces deux points, les deux adjudants se placent en points intermédiaires, de telle manière que chacun d'eux marque, avec le guide-général qui lui correspond, les points où doivent s'appuyer les deux ailes d'une division.

Le premier adjudant-major, qui se tient derrière le premier guide-général, rectifie au besoin la position des deux adjudants chargés de marquer les points intermédiaires.

Si la formation s'exécute sur une subdivision, ou sur une batterie du centre, le premier adjudant-major, pour les deux premières batteries, place les deux adjudants se faisant face, au point où les ailes de la batterie base de formation doivent arriver.

Ces points établis, il se porte rapidement vers la droite, pour y placer le premier guide-général, tandis que le deuxième adjudant-major va placer le deuxième guide-général.

Si la formation s'exécute sur les deux dernières batteries, le deuxième adjudant-major trace la ligne et place les deux adjudants.

Dans les formations composées de deux évolutions, la ligne est tracée suivant les mêmes principes, avec cette différence que les adjudants sont placés: le premier, au point où doit arriver l'aile, opposée à la tête de la colonne, des batteries qui font à-gauche ou à-droite en bataille; et le deuxième, au point où doit arriver l'aile, opposée à la queue de la colonne, des batteries qui font en avant ou face en arrière en bataille.

Les adjudants-majors, les adjudants et les guides-généraux, ne reprennent leur place de bataille qu'au commandement Fixe du colonel.

Le tracé des lignes n'est pas obligatoire. Le colonel cesse de faire tracer la ligne, lorsque l'exécution des mouvements est suffisamment correcte; dans ce cas, les formations ont lieu aux distances prescrites, sans que les guides-généraux et les adjudants viennent s'établir sur la nouvelle ligne.

339. Lorsque le colonel n'a pas indiqué des points pour établir la nouvelle ligne, soit que cette ligne doive être tracée ou non, les formations ou déploiements s'exécutent aux distances ci-après:

COLONNE PAR SECTIONS. — La formation en avant en bataille, à 20 mètres en avant du front de la tête de colonne. [1]

La formation face en arrière en bataille, à 20 mètres en arrière du front de la tête de colonne.

Les formations à gauche, sur la gauche en bataille, à 40 mètres du flanc gauche de la colonne.

Les formations composées, à gauche et en avant en bataille, à 40 mètres du flanc gauche de la tête de colonne.

Les formations composées, à droite et face en arrière en bataille, à 40 mètres du flanc droit de la tête de colonne.

Les formations sur une ligne dépassée par la tête de la colonne, aux distances prescrites, mesurées à partir de la tête de la batterie de formation.

COLONNE SERRÉE. — Les déploiements en avant en bataille, en avant du front, à 30 mètres en avant de la tête de colonne.

Le déploiement en bataille sur le front d'une des batteries, sur l'alignement des chevaux de devant du premier rang de cette batterie.

Les formations par la queue de la colonne à gauche en bataille, ou sur la gauche en bataille, à 50 mètres du flanc.

Alignement successif des batteries dans le régiment.

340. Le régiment étant en bataille, comme il est prescrit (titre Ier, article Ier), le colonel fait porter la batterie de droite à 30 mètres en avant, et lorsque cette batterie est correctement alignée par son capitaine, le colonel commande :

1. *Garde à vous.*
2. *Par batterie* = *à droite* = ALIGNEMENT.

---

1. Les distances indiquées sont, en nombres ronds, des distances pouvant convenir à toutes les batteries, même à celles dont les éléments ont le plus de longueur.

Au deuxième commandement, répété par les chefs d'escadrons, le capitaine de la deuxième batterie commande : 1. *Batterie en avant;* 2. *Guide à droite;* 3. Marche. La batterie étant arrivée à 5 mètres en arrière du front, le capitaine commande : 1. *Batterie;* 2. Halte. La batterie s'arrête, le capitaine se porte à l'aile gauche, et commande : *A droite* = alignement; la batterie étant alignée, il commande : Fixe.

Chaque capitaine fait successivement exécuter le même mouvement et ne commande Marche, que lorsque celui qui le précède a commandé Halte.

Le régiment étant aligné, le colonel commande : Fixe.

Alignement du régiment.

341. Le régiment étant en bataille, le colonel fait porter la batterie de droite assez en avant, pour qu'aucune des batteries ne soit obligée de reculer, et il commande :

1. *Garde à vous.*
2. *A droite* = alignement.

Au deuxième commandement, répété par les chefs d'escadrons et par les capitaines, les batteries s'alignent sur la batterie de droite. Chaque capitaine, pour aligner sa batterie, se porte à l'aile du côté opposé à l'alignement.

Le régiment étant aligné, le colonel commande : Fixe.

342. Le colonel fait exécuter ces différents alignements par la gauche, suivant les mêmes principes et par les moyens inverses.

Rompre le régiment par pièces.

Le régiment étant en bataille, le colonel commande :

1. *Garde à vous.*
2. *Par la droite = par pièces = rompez les batteries.*
3. MARCHE.

Au deuxième commandement, répété par les chefs d'escadrons, le capitaine de la première batterie commande : *Par la droite = par pièces = rompez la batterie.*

Au commandement MARCHE, répété par les chefs d'escadrons et par le capitaine de la première batterie, cette batterie rompt par pièces comme il est prescrit n° 174.

Le capitaine de la deuxième batterie, et successivement ceux des autres batteries, commandent : 1. *Par la droite = par pièces = rompez la batterie;* 2. MARCHE, assez à temps pour que leur batterie se trouve à sa distance de la batterie qui précède.

343. Pour rompre le régiment par la gauche par pièces, le mouvement s'exécute suivant les mêmes principes et par les moyens inverses, aux commandements : 1. *Garde à vous;* 2. *Par la gauche = par pièces = rompez les batteries;* 3. MARCHE.

Former les sections à la même allure.

344. Le régiment marchant en colonne par pièces, pour former les sections à la même allure, en gagnant du terrain à gauche, le colonel commande :

1. *Garde à vous.*
2. *Formez les sections, oblique à gauche.*
3. MARCHE.

Le deuxième commandement est répété par les chefs d'escadrons et par le capitaine de la première batterie.

Au commandement MARCHE, répété par ces mêmes officiers, les sections se forment dans la première batterie, comme il est prescrit nº 207.

Les autres batteries continuent de marcher et les sections se forment successivement, dans chacune d'elles, de la même manière que dans la première batterie, aux commandements : 1. *Formez les sections, oblique à gauche;* 2. MARCHE, faits assez à temps par chaque capitaine, pour que sa tête de colonne s'arrête à sa distance de la batterie qui précède.

345. La colonne marchant au trot, la formation des sections à la même allure s'exécute suivant les mêmes principes, excepté que la tête de colonne du régiment, et, successivement, celle de chaque batterie, au lieu de s'arrêter, passe au pas.

346. Le régiment marchant en colonne par pièces, pour former les sections à la même allure, en gagnant du terrain à droite, le mouvement s'exécute suivant les mêmes principes et par les moyens inverses, aux commandements : 1. *Garde à vous;* 2. *Formez les sections, oblique à droite;* 3. MARCHE.

Rompre les sections à la même allure.

347. Le régiment marchant en colonne par sections, pour rompre les sections par la droite, par pièces, à la même allure, le colonel commande :

1. *Garde à vous.*
2. *Par la droite = rompez les sections.*
3. MARCHE.

Au deuxième commandement, répété par les chefs d'escadrons et par le capitaine de la première batterie, les capitaines des autres batteries commandent: *Colonne.*

Au commandement MARCHE, répété par les chefs d'escadrons et par le capitaine de la première batterie, les capitaines des autres batteries commandent: HALTE. Les sections rompent par la droite par pièces, dans la première batterie, comme il est prescrit n° 204.

Le capitaine de la deuxième batterie, et, successivement, ceux des autres batteries, commandent: 1. *Par la droite = rompez les sections;* 2. MARCHE, assez à temps pour que la tête de leur batterie se trouve, après avoir rompu, à sa distance de la batterie qui précède.

348. La colonne marchant au trot, la première batterie rompt les sections par pièces, comme il est prescrit n° 205.

Les capitaines des autres batteries commandent: *Au pas,* au lieu de *Colonne,* et MARCHE, au lieu de HALTE; ensuite ils commandent: 1. *Par la droite = rompez les sections = au trot;* 2. MARCHE, assez à temps pour que la tête de leur batterie se trouve, après avoir rompu, à sa distance de la batterie qui précède.

349. Le régiment marchant en colonne par sections, pour rompre les sections par la gauche, par pièces, à la même allure, le mouvement s'exécute suivant les mêmes principes et par les moyens inverses, aux commandements: 1. *Garde à vous;* 2. *Par la gauche = rompez les sections;* 3. MARCHE.

Former les sections en doublant l'allure.

350. Le régiment marchant en colonne par pièces, pour former les sections, en doublant l'allure, et en gagnant du terrain à gauche, le colonel commande :

1. *Garde à vous.*
2. *Formez les sections, oblique à gauche = au trot.*
3. Marche.

Au deuxième commandement, répété par les chefs d'escadrons et par le capitaine de la première batterie, les capitaines des autres batteries commandent : *Au trot.*

Au commandement Marche, répété par les chefs d'escadrons et par tous les capitaines, les sections se forment dans la première batterie, comme il est prescrit n° 213.

Les autres batteries prennent le trot, et se forment successivement aux commandements : 1. *Formez les sections, oblique à gauche;* 2. Marche, faits par chaque capitaine, au moment où sa tête de colonne arrive à sa distance de la batterie qui précède.

351. Le régiment marchant en colonne par pièces, pour former les sections, en doublant l'allure, et en gagnant du terrain à droite, le mouvement s'exécute suivant les mêmes principes et par les moyens inverses, aux commandements : 1. *Garde à vous;* 2. *Formez les sections, oblique à droite = au trot;* 3. Marche.

9

Rompre les sections en doublant l'allure.

352. Le régiment marchant en colonne par sections, pour rompre par la droite, par pièces, en doublant l'allure, le colonel commande :

1. *Garde à vous.*
2. *Par la droite = rompez les sections = au trot.*
3. Marche.

Le deuxième commandement est répété par les chefs d'escadrons et par le capitaine de la première batterie.

Au commandement Marche, répété par ces mêmes officiers, la première batterie rompt, comme il est prescrit n° 211.

Les autres batteries continuent de marcher au pas, et les capitaines commandent successivement : 1. *Par la droite = rompez les sections = au trot ;* 2. Marche, de manière à conserver leur distance.

353. Pour rompre les sections par la gauche, par pièces, en doublant l'allure, le mouvement s'exécute suivant les mêmes principes et par les moyens inverses, aux commandements : 1. *Garde à vous ;* 2. *Par la gauche = rompez les sections = au trot ;* 3. Marche.

Former le régiment en avant, à gauche ou sur la droite en bataille.

354. Le régiment marchant en colonne par pièces, pour le former en bataille, sur la tête de la colonne, en gagnant du terrain à gauche, le colonel commande :

1. *Garde à vous.*
2. *En avant en bataille, oblique à gauche.*
3. Marche.

Au deuxième commandement, répété par les chefs d'escadrons et par le capitaine de la première batterie, les capitaines des autres batteries commandent: *Tête de colonne demi-à-gauche.*

Au commandement Marche, répété par les chefs d'escadrons et par les capitaines, la première batterie se forme, comme il est prescrit n° 181.

Les autres capitaines se portent à hauteur de la tête de leur batterie, et la dirigent, par la ligne la plus courte, à 100 mètres en arrière du point où sa droite doit s'appuyer dans la ligne de bataille; à mesure que la tête de chaque batterie arrive à la hauteur indiquée, le capitaine commande: *Tête de colonne demi-à-droite*, et ensuite *En avant en bataille*, assez à temps pour commander Marche, au moment où sa tête de colonne arrive à 20 mètres de la ligne de bataille.

Le régiment étant aligné, le colonel commande: Fixe.

355. Le régiment marchant en colonne par pièces, pour le former en bataille, sur la tête de la colonne, en gagnant du terrain à droite, le mouvement s'exécute suivant les mêmes principes et par les moyens inverses, aux commandements: 1. *Garde à vous;* 2. *En avant en bataille, oblique à droite;* 3. Marche.

356. Le régiment marchant en colonne par pièces, pour le former en bataille sur son flanc gauche, le colonel commande:

>   1. *Garde à vous.*
>   2. *A gauche en bataille.*
>   3. Marche.

Le deuxième commandement est répété par les chefs d'escadrons et par le capitaine de la première batterie.

Au commandement Marche, répété par ces mêmes officiers, la première batterie se forme, comme il est prescrit n° 182.

Les autres capitaines se portent à hauteur de la tête de leur batterie, et chacun d'eux commande successivement *A gauche en bataille,* assez à temps pour commander Marche, au moment où sa première voiture arrive à hauteur du point où elle doit tourner pour venir se former sur la ligne de bataille.

Le régiment étant aligné, le colonel commande : Fixe.

357. Le régiment marchant en colonne par pièces, pour le former en bataille sur son flanc droit, le mouvement s'exécute suivant les mêmes principes et par les moyens inverses, aux commandements : 1. *Garde à vous;* 2. *A droite en bataille;* 3. Marche.

358. Le régiment marchant en colonne par pièces, pour le former en bataille sur le prolongement en avant de son flanc droit, le colonel commande :

>   1. *Garde à vous.*
>   2. *Sur la droite en bataille.*
>   3. Marche.

Le deuxième commandement est répété par les chefs d'escadrons et par le capitaine de la première batterie.

Au commandement Marche, répété par ces mêmes officiers, la première batterie se forme, comme il est prescrit n° 183.

Les autres capitaines se portent à hauteur de la tête de leur batterie, et chacun d'eux commande *Sur la droite en bataille*, assez à temps pour commander Marche, au moment où sa première voiture arrive au point où elle doit tourner à droite pour venir se former sur la ligne de bataille.

Le régiment étant aligné, le colonel commande : Fixe.

359. Le régiment marchant en colonne par pièces, pour le former en bataille sur le prolongement en avant de son flanc gauche, le mouvement s'exécute suivant les mêmes principes et par les moyens inverses, aux commandements : 1. *Garde à vous ;* 2. *Sur la gauche en bataille ;* 3. Marche.

ARTICLE Ier.

Passer de l'ordre en bataille à l'ordre en colonne.

Former le régiment en colonne par sections.

360. Le régiment étant en bataille, pour rompre à droite par un mouvement général, le colonel commande :

> 1. *Garde à vous.*
> 2. *Sections à droite.*
> 3. MARCHE.

Le deuxième commandement est répété par les chefs d'escadrons et par les capitaines.

Au commandement MARCHE, répété par ces mêmes officiers, le mouvement s'exécute à la fois, dans chaque batterie, comme il est prescrit n° 187.

A l'instant où les sections sont près de finir leur conversion, les capitaines commandent : HALTE.

A ce commandement les sections s'arrêtent.

Si le colonel veut porter la colonne immédiatement en avant, il commande, au moment où les voitures pivots du premier rang sont redressées dans la nouvelle direction :

> 4. *En* = AVANT.

Ce commandement est répété par les chefs d'escadrons et par les capitaines, et le mouvement s'exécute, comme il est prescrit n° 228.

361. Le régiment étant en bataille, pour rompre à gauche, par un mouvement général, le mouvement s'exécute suivant les mêmes principes et par les moyens inverses, aux commandements : 1. *Garde à vous ;* 2. *Sections à gauche ;* 3. Marche.

Rompre par la droite pour marcher vers la gauche.

362. Le régiment étant en bataille, pour rompre par des mouvements successifs, la droite venant passer devant le front de la ligne, le colonel commande :

1. *Garde à vous.*
2. *Sections rompez par la droite = pour marcher vers la gauche.*
3. Marche.

Au deuxième commandement, répété par les chefs d'escadrons et par le capitaine de la première batterie, le chef de la première section commande : 1. *Section en avant ;* 2. *Guide à gauche.*

Au commandement Marche, répété par les chefs d'escadrons et par le capitaine de la première batterie, le mouvement s'exécute dans cette batterie, comme il est prescrit n° 218.

Les capitaines des autres batteries répètent successivement le deuxième commandement et commandent Marche, de manière que leur première section, après avoir pris place dans la colonne, se trouve à sa distance de la batterie qui précède.

Le mouvement s'exécute dans chaque batterie comme dans la première.

363. Pour rompre par la gauche pour marcher vers la droite, le mouvement s'exécute suivant les mêmes principes et par les moyens inverses, aux commandements : 1. *Garde à vous*; 2. *Sections rompez par la gauche = pour marcher vers la droite*; 3. MARCHE.

Rompre en arrière par la droite pour marcher vers la gauche.

364. Le régiment étant en bataille, pour rompre en arrière par une aile pour marcher vers l'aile opposée, le colonel fait d'abord exécuter une contre-marche; lorsque ce mouvement est terminé, il fait arrêter les batteries, et exécuter la rupture en avant par une aile pour marcher vers l'aile opposée.

Première évolution.

Former le régiment en colonne serrée.

365. Le régiment étant en bataille, si l'on veut le former en colonne serrée, pour faire face à droite, le colonel commande :

1. *Garde à vous.*
2. *Batteries à droite = formez la colonne serrée.*
3. Marche.

Au deuxième commandement, répété par les chefs d'escadrons, les capitaines commandent : *Batterie à droite.*

Au commandement Marche, répété par les chefs d'escadrons et par les capitaines, toutes les batteries exécutent à la fois une conversion à droite, comme il est prescrit n° 246, leurs capitaines faisant le commandement *En = avant*, dès que les voitures pivots du premier rang, après avoir parcouru un quart de cercle de 20 mètres, sont redressées dans la nouvelle direction.

La conversion étant près de finir, le capitaine de la première batterie se porte à la gauche de sa batterie, et commande : 1. *Batterie*; 2. Halte; 3. *A gauche = alignement*; 4. Fixe.

Les capitaines des autres batteries, dès que leur conversion est entièrement terminée, commandent : *Guide à gauche*, portent leur batterie en avant, et, lorsqu'ils sont près d'arriver à leur distance de la

batterie qui précède, ils commandent: **1.** *Batterie* ;
2. Halte ; **3.** *A gauche* = alignement ; **4.** Fixe.

366. La formation de la colonne serrée, pour faire face à
gauche, s'exécute suivant les mêmes principes et par les
moyens inverses, aux commandements : **1.** *Garde à vous* ;
2. *Batteries à gauche* = *formez la colonne serrée* ;
3. Marche.

367. Le régiment étant en bataille, pour le former en colonne serrée, sans changer de front, la droite en tête, le
colonel commande :

1. *Garde à vous.*
2. *Sur la troisième* (1re, 2e ou 4e) *batterie* = *la*
    droite en tête = *formez la colonne serrée.*
3. Marche.

Au deuxième commandement, répété par les chefs
d'escadrons, le capitaine de la batterie de formation
se porte à la gauche de sa batterie, et commande :
1. *A gauche* = alignement ; **2.** Fixe.

Les capitaines des première et deuxième batteries
commandent : *Pièces et caissons à gauche* = *tête de*
colonne demi-à-droite.

Le capitaine de la quatrième batterie commande :
Pièces et caissons à droite = *tête de colonne à*
droite.

Au commandement Marche, répété par les chefs
d'escadrons et par les capitaines, excepté celui de la
batterie de formation, toutes les batteries exécutent
un *à-gauche* ou *à-droite*, par voiture, et, dès que
les voitures tête de colonne ont commencé leur mouvement, les capitaines des batteries de droite com-

mandent immédiatement: 1. *En* = AVANT; 2. *Guide à gauche*. Ceux des batteries de gauche commandent également: 1. *En* = AVANT; 2. *Guide à gauche*. Tous se portent aussitôt à hauteur de leur tête de colonne pour la diriger.

Le chef de la section de gauche de la deuxième batterie, aussitôt le commandement *En* = AVANT de son capitaine, commande : 1. *Tournez* = (à) DROITE; 2. *En* = AVANT, et ensuite: 1. *Tournez* = (à) GAUCHE; 2. *En* = AVANT, de manière à entrer carrément dans une direction parallèle au front de la troisième batterie, en passant près de la tête des chevaux du premier rang. Les autres sections de cette batterie, après avoir exécuté complétement leur à-gauche par voiture, suivent la marche de la section de gauche, en venant tourner successivement sur le même terrain qu'elle et aux mêmes commandements faits par les chefs de section. Le capitaine de la deuxième batterie continue de marcher à la tête de sa batterie, et commande: *Pièces et caissons à droite*, assez à temps pour commander MARCHE, lorsque les premiers chevaux de sa tête de colonne arrivent à 3 mètres de la gauche de la troisième batterie. *L'à-droite* par voiture étant près de finir, il commande : 1. *En* = AVANT ; 2. *Guide à gauche*, et lorsqu'il a gagné sa distance, il commande : 1. *Batterie* ; 2. HALTE ; 3. *A gauche* = ALIGNEMENT ; 4. FIXE.

Le chef de la section de gauche de la première batterie, aussitôt le commandement *En* = AVANT de son capitaine, commande: 1. *Tournez* = (à) DROITE ; 2. *En* = AVANT, et se dirige diagonalement, de manière à tourner à gauche sur une ligne parallèle au front de la deuxième batterie, au commandement *Tête de colonne demi-à-gauche* fait par le capitaine, lorsque sa tète de colonne arrive à hauteur de la droite de la batterie de formation. Les autres sections de cette batterie, après avoir exécuté complétement leur *à-gauche* par voiture, suivent la marche de la section de gauche, en venant tourner successivement sur le même terrain qu'elle et aux mêmes commandements faits par les chefs de section. Le reste du mouvement est entièrement conforme à ce qui est prescrit pour la deuxième batterie.

Le chef de la section de droite de la quatrième batterie, aussitôt le commandement *En* = AVANT de son capitaine, commande : 1. *Tournez* = (à) DROITE ; 2. *En* = AVANT, et se porte droit devant lui ; il commande ensuite : 1. *Tournez* = (à) GAUCHE ; 2. *En* = AVANT, de manière à entrer carrément dans une direction parallèle à la troisième batterie, au commandement *Tête de colonne à gauche* fait par le capitaine, quand les premiers chevaux de la section ont dépassé de 30 mètres le derrière de la batterie de formation. Les autres sections, après avoir exécuté complétement leur *à-droite* par voiture, suivent la marche de la section de droite, en venant tourner successivement sur le même terrain qu'elle et aux mêmes commandements faits par les chefs de section. Le capitaine qui a marché à la tête de sa batterie jusqu'à ce qu'elle soit parvenue à hauteur de la gauche de la troisième batterie, s'arrête, laisse filer sa colonne, et commande *Pièces et caissons à gauche*, assez à temps pour commander MARCHE, lorsque les premiers chevaux du dernier rang de voitures arrivent à 3 mètres de la gauche de la batterie de formation. Il forme ensuite sa batterie derrière la batterie de formation, aux commandements : 1. *En* = AVANT ; 2. *Guide à gauche* ; 3. *Batterie* ; 4. HALTE ; 5. *A gauche* = ALIGNEMENT ; 6. FIXE.

368. Lorsque la formation a lieu sur la deuxième batterie, le capitaine de la quatrième batterie commande : 1. *Pièces et caissons à droite* = *tête de colonne demi-à-droite ;* 2. MARCHE ; 3. *En* = AVANT ; 4. *Guide à gauche.* Le chef de la section de droite de cette batterie, aussitôt le commandement *En* = AVANT de son capitaine, commande : 1. *Tournez* = (à) DROITE ; 2. *En* = AVANT, et se dirige diagonalement à 30 mètres en arrière de la gauche de la troisième batterie. Lorsqu'il y est parvenu, le capitaine commande : *Tête de colonne demi-à-gauche*, et forme sa batterie derrière la troisième, comme celle-ci s'est formée derrière la batterie de formation, aux commandements : 1. *Pièces et caissons à gauche ;* 2. MARCHE ; 3. *En* = AVANT ; 4. *Guide à gauche ;* 5. *Batterie ;* 6. HALTE ; 7. *A gauche* = ALIGNEMENT ; 8. FIXE.

369. Le régiment étant en bataille, pour le former en colonne serrée, sans changer de front, la gauche en tête, le colonel commande : 1. *Garde à vous ;* 2. *Sur la troisième* (1re, 2e ou 4e) *batterie* = *la gauche en tête* = *formez la colonne serrée ;* 3. MARCHE. Les commandements sont répétés et les mouvements s'exécutent suivant les principes de la formation la droite en tête ; avec la différence que les batteries de droite se forment en arrière de celle désignée pour base de formation ; que celles de gauche se forment en avant de cette batterie ; et que, l'alignement se commandant à droite, chaque capitaine s'arrête, ou se porte sur le point où doit arriver la droite de sa batterie.

370. La formation de la colonne serrée, de pied ferme, s'exécutant presque toujours à des allures vives, il est essentiel que les commandements préparatoires soient faits assez à temps pour qu'il n'y ait ni retard, ni hésitation dans l'exécution.

371. Le régiment marchant en bataille, si l'on veut le former en colonne serrée, sans arrêter, pour faire face à droite, le colonel commande :

1. *Garde à vous.*
2. *Batteries à droite = formez la colonne serrée.*
3. Marche.

Le mouvement s'exécute comme il est prescrit pour former la colonne serrée de pied ferme, face à droite ; avec cette différence que le capitaine de la première batterie, au lieu d'arrêter sa batterie après la conversion, fait successivement et à propos les commandements : 1. *En =* avant ; 2. *Guide à gauche ;* les capitaines des autres batteries, dès que la conversion de leur batterie est terminée, commandent : 1. *Au trot ;* 2. Marche, et ensuite : 1. *Au pas ;* 2. Marche, lorsqu'ils sont près d'arriver à leur distance de la batterie qui précède.

372. La formation de la colonne serrée en marchant, pour faire face à gauche, sans arrêter, s'exécute suivant les mêmes principes et par les moyens inverses, aux commandements : 1. *Garde à vous ;* 2. *Batteries à gauche =* formez la colonne serrée ; 3. Marche.

373. Le régiment marchant en bataille, pour le former en colonne serrée, la droite en tête, sans changer de front et sans arrêter, le colonel commande :

1. *Garde à vous.*
2. *Sur la première batterie = formez la colonne serrée.*
3. Marche.

Au deuxième commandement, répété par les chefs d'escadrons, le capitaine de la première batterie commande: *Guide à gauche*, et se porte à la gauche de sa batterie; les capitaines des autres batteries commandent: *Pièces et caissons à droite.*

Au commandement Marche, répété par les chefs d'escadrons et par les capitaines, excepté celui de la première batterie, les batteries rompent par le flanc, comme il est prescrit n° 254. Quand l'*à-droite* par voiture est près de finir, les capitaines commandent: 1. *En = avant*; 2. *Guide à gauche*, et se portent à la tête de leur colonne pour la diriger. Le capitaine de la deuxième batterie commande: 1. *Au trot;* 2. Marche, lorsque les chevaux de derrière du deuxième rang des voitures de la première batterie arrivent à hauteur de la file de gauche des voitures de sa batterie.

Les capitaines des batteries qui suivent commandent: 1. *Au trot;* 2. Marche, en même temps que le capitaine de la deuxième batterie.

A mesure que la tête de chaque batterie arrive à hauteur de la gauche de la première, le capitaine s'arrête, laisse filer sa colonne, et commande *Pièces et caissons à gauche*, assez à temps pour commander Marche, lorsque les premiers chevaux du dernier rang de voitures arrivent à 3 mètres de la gauche de

la première batterie. La batterie ayant exécuté un
à-gauche par voiture, le capitaine commande : 1. *En*
= AVANT; 2. *Guide à gauche*, et, à sa distance de la
batterie qui précède : 1. *Au pas*; 2. MARCHE.

374. La formation de la colonne serrée, la gauche en tête,
en marchant, sans changer de front, et sans arrêter,
s'exécute suivant les mêmes principes et par les moyens
inverses, aux commandements : 1. *Garde à vous*; 2. *Sur la
quatrième batterie* = *formez la colonne serrée*; 3. MARCHE.

ARTICLE II.

Marcher en colonne.

375. Les principes de la marche en colonne par sections, prescrits n°s 189 et suivants, sont applicables au régiment. Les batteries conservent entre elles une distance égale à la moitié de leur intervalle dans l'ordre en bataille.

376. Le régiment étant en colonne par sections, pour le porter en avant, le colonel indique au premier adjudant-major la direction que la colonne doit suivre, et après que celui-ci a donné au guide de la première batterie les moyens d'assurer la régularité de sa marche, conformément aux principes prescrits n° 190, le colonel commande :

> 1. *Garde à vous.*
> 2. *Colonne en avant.*
> 3. MARCHE.

Le deuxième commandement est répété par les chefs d'escadrons et par les capitaines.

Au commandement MARCHE, répété par ces mêmes officiers, le mouvement s'exécute à la fois, dans chaque batterie, comme il est prescrit n° 190.

377. Pour arrêter la colonne, le colonel commande :

> 1. *Garde à vous.*
> 2. *Colonne.*
> 3. HALTE.

Le deuxième commandement est répété par les chefs d'escadrons et par les capitaines.

Au commandement HALTE, répété par ces mêmes officiers, toutes les voitures s'arrêtent à la fois.

Changement de direction en colonne par sections.

378. Le régiment marchant en colonne par sections, pour le faire changer de direction à droite ou à gauche, par des conversions successives, le colonel commande:

Tête de colonne à gauche (ou *à droite*).

A ce commandement, répété par les chefs d'escadrons et par le capitaine de la première batterie, le mouvement s'exécute, dans cette batterie, comme il est prescrit n° 192.

Chaque capitaine fait successivement le même commandement *Tête de colonne à gauche* (ou *à droite*), lorsque sa tête de colonne est près d'arriver au point où la première batterie a commencé à tourner.

Le premier guide-général, au commandement *Tête de colonne à gauche*, se porte rapidement du côté du pivot, et se place de manière à marquer avec la tête de son cheval, le milieu du quart de cercle que les pivots doivent parcourir; il conserve cette position jusqu'à ce que les dernières voitures des deux premières batteries aient fini leur mouvement, il est alors remplacé par le deuxième guide-général.

379. Le régiment étant en colonne par sections, de pied ferme ou en marche, pour lui faire gagner du terrain à gauche ou à droite, en avançant, le colonel commande:

1. *Garde à vous.*
2. *Pièces et caissons, oblique à gauche* (ou *à droite*).
3. MARCHE.

Les deux derniers commandements sont répétés par les chefs d'escadrons et par les capitaines, et le mouvement s'exécute à la fois, dans chaque batterie, comme il est prescrit n° 196.

Lorsque la colonne a suffisamment obliqué, le colonel commande :

$$En = \text{AVANT.}$$

Ce commandement est répété par les chefs d'escadrons et par les capitaines, et le mouvement s'exécute à la fois, dans chaque batterie, comme il est prescrit n° 196.

380. Le régiment étant en colonne par sections, de pied ferme ou en marche, pour lui faire gagner du terrain vers l'un de ses flancs, par un mouvement individuel, le colonel commande :

1. *Garde à vous.*
2. *Pièces et caissons à gauche* (ou *à droite*).
3. MARCHE.
4. *En* = AVANT.

Les trois derniers commandements sont répétés par les chefs d'escadrons et par les capitaines, et le mouvement s'exécute à la fois, dans chaque batterie, comme il est prescrit n° 197.

Aussitôt après avoir commandé *En* = AVANT, les capitaines indiquent le guide, comme il est prescrit n° 197.

Lorsque la colonne a gagné assez de terrain sur le flanc, le colonel, pour lui faire reprendre la direction primitive, ou une direction parallèle et opposée, commande :

1. *Garde à vous.*
2. *Pièces et caissons à droite* (ou *à gauche*).
3. Marche.
4. *En* = avant.

Les trois derniers commandements sont répétés par les chefs d'escadrons et par les capitaines, et le mouvement s'exécute à la fois, dans chaque batterie, comme il est prescrit n° 197.

Aussitôt après avoir commandé *En* = avant, les capitaines indiquent le guide, comme il est prescrit n° 197.

381. Le régiment étant en colonne par sections, de pied ferme ou en marche, pour faire face du côté opposé à sa direction, le colonel commande :

1. *Garde à vous.*
2. *Pièces et caissons demi-tour à gauche.*
3. Marche.

Les deux derniers commandements sont répétés par les chefs d'escadrons et par les capitaines, et le mouvement s'exécute à la fois, dans chaque batterie, comme il est prescrit n° 198.

Avant que le demi-tour ne soit terminé, le colonel commande :

Halte ou *En* = avant,

selon qu'il veut arrêter la colonne après le demi-tour, ou faire continuer la marche.

Ce commandement est répété par les chefs d'escadrons et par les capitaines.

382. Le régiment étant en colonne par sections, de pied ferme ou en marche, pour faire face du côté opposé à sa première direction, mais en conservant la même espèce de voiture en tête, le colonel commande :

> 1. *Garde à vous.*
> 2. *Contre-marche.*
> 3. MARCHE.

Les deux derniers commandements sont répétés par les chefs d'escadrons et par les capitaines, et le mouvement s'exécute à la fois, dans chaque batterie, comme il est prescrit n° 199.

Avant que la contre-marche ne soit terminée, le colonel commande :

> HALTE ou *En* = AVANT,

selon qu'il veut arrêter la colonne après la contre-marche, ou faire continuer la marche.

Ce commandement est répété par les chefs d'escadrons et par les capitaines.

383. Le régiment étant en colonne par sections, de pied ferme ou en marche, les doublements de voitures s'exécutent comme il est prescrit n°⁰ˢ 99, 100 et 101, aux commandements :

> 1. *Garde à vous.*
> 2. *Caissons doublez vos pièces* (ou *Pièces doublez vos caissons*).
> 3. MARCHE.

Les deux derniers commandements sont répétés par les chefs d'escadrons et par les capitaines.

384. Le régiment étant en colonne par sections, de pied ferme ou en marche, pour faire serrer les intervalles, le colonel commande :

1. *Garde à vous.*
2. *A gauche* (ou *à droite*) = *à* (tant de) *mètres* = *serrez les intervalles.*
3. MARCHE.

Ce qui s'exécute, dans chaque batterie, comme il est prescrit n° 202.

385. Pour faire reprendre les intervalles, le colonel commande :

1. *Garde à vous.*
2. *A droite* (ou *à gauche*) = *reprenez les intervalles.*
3. MARCHE.

Ce qui s'exécute, dans chaque batterie, comme il est prescrit n° 203.

Deuxième évolution.

Passer de l'ordre en colonne par sections à l'ordre en colonne serrée, par la formation successive des batteries.

386. Le régiment marchant en colonne par sections, pour diminuer la profondeur de la colonne, à la même allure, et en gagnant du terrain à gauche, le colonel commande :

1. *Garde à vous.*
2. *Formez les batteries, oblique à gauche.*
3. MARCHE.

Au deuxième commandement, répété par les chefs d'escadrons, le capitaine de la première batterie commande : *Formez la batterie, oblique à gauche.*

Au commandement MARCHE, répété par les chefs d'escadrons et par le capitaine de la première batterie, le mouvement s'exécute, dans cette batterie, comme il est prescrit n° 267. Le capitaine reste sur le flanc de sa batterie, lorsqu'elle est formée, et, par rapport à elle, du même côté où il se trouvait avant la formation.

Les autres batteries continuent de marcher, et se forment successivement au commandement *Formez la batterie, oblique à gauche*, fait par chaque capitaine, assez à temps pour commander MARCHE, de manière que sa batterie puisse se former à sa distance de la batterie qui précède.

Le mouvement s'exécute, dans chaque batterie, comme dans la première ; les chefs des premières sections commandent HALTE, lorsque leur section arrive à sa distance.

A mesure que chaque batterie est formée, le capitaine commande : 1. *A gauche* (ou *à droite*) = ALIGNEMENT ; 2. FIXE ; suivant que la colonne par sections marchait avec le guide à gauche, ou avec le guide à droite.

Si la colonne est au trot, le mouvement s'exécute suivant les mêmes principes ; la première section de chaque batterie passant *au pas* au commandement MARCHE du capitaine, de manière que la batterie se forme à sa distance de celle qui précède. Les capitaines restent sur le flanc de leur batterie et du même côté où ils se trouvaient avant la formation.

A mesure que chaque batterie est formée, le capitaine commande le guide du même côté où il était avant la formation des batteries.

387. Le régiment marchant en colonne par sections, pour diminuer la profondeur de la colonne, en gagnant du terrain à droite, le mouvement s'exécute suivant les mêmes principes, aux commandements: 1. *Garde à vous;* 2. *Formez les batteries, oblique à droite;* 3. MARCHE.

388. Le régiment marchant au *pas*, en colonne par sections, pour diminuer la profondeur de la colonne, en doublant l'allure, et en gagnant du terrain à gauche, le colonel commande:

1. *Garde à vous.*
2. *Formez les batteries, oblique à gauche* = *au trot.*
3. MARCHE.

Au deuxième commandement, répété par les chefs d'escadrons, le capitaine de la première batterie commande: *Formez la batterie, oblique à gauche* = *au trot.*

Les capitaines des autres batteries commandent: *Au trot.*

Au commandement MARCHE, répété par les chefs d'escadrons et par tous les capitaines, le mouvement s'exécute dans la première batterie comme il est prescrit n° 272. Le capitaine reste sur le flanc de sa batterie, lorsqu'elle est formée, et, par rapport à elle, du même côté où il se trouvait avant la formation.

Les autres batteries prennent le trot, et se forment successivement au commandement *Formez la batterie, oblique à gauche*, fait par chaque capitaine, assez à temps pour commander Marche, lorsque sa première section arrive à sa distance.

Le mouvement s'exécute, dans chacune de ces batteries, comme il est prescrit n° 268.

A mesure que chaque batterie est formée, le capitaine commande le guide du même côté où il était avant la formation des batteries.

389. Le régiment marchant en colonne par sections, pour diminuer la profondeur de la colonne, en doublant l'allure, et en gagnant du terrain à droite, le mouvement s'exécute suivant les mêmes principes, aux commandements : 1. *Garde à vous;* 2. *Formez les batteries, oblique à droite = au trot;* 3. Marche.

Changer de direction en colonne serrée.

390. Le régiment marchant en colonne serrée, pour le faire changer de direction à gauche par des conversions successives, le colonel commande :

Tête de colonne à gauche.

A ce commandement, répété par les chefs d'escadrons, le capitaine de la première batterie commande : 1. *Tournez =* (à) gauche; 2. *En =* avant, et le mouvement s'exécute dans cette batterie, comme il est prescrit n° 251.

Chaque capitaine fait successivement les mêmes commandements, lorsque sa batterie arrive au point où celle qui précède a commencé à tourner.

Les guides-généraux se conforment à ce qui est prescrit n° 378 pour le changement de direction de la colonne par sections.

391. Le changement de direction à droite s'exécute suivant les mêmes principes et par les moyens inverses, au commandement : *Tête de colonne à droite.* .

392. Dans tous les changements de direction, les capitaines ont l'attention de faire leurs commandements assez à temps, pour que les batteries ne se jettent ni en dehors, ni en dedans de la direction, et qu'elles conservent leur distance.

393. Le régiment étant en colonne serrée, et les officiers étant sur le flanc gauche de la colonne, pour faire changer de direction à gauche, par un mouvement général, le colonel commande :

    1. *Garde à vous.*
    2. *Changement de direction à gauche.*
    3. Marche.

Au deuxième commandement, répété par les chefs d'escadrons, le capitaine de la première batterie commande : *Pièces et caissons à droite = tête de colonne à gauche.*

Les capitaines des trois dernières batteries commandent : *Pièces et caissons à droite = tête de colonne demi-à-gauche.*

Le premier guide-général se porte à 20 mètres en avant du front de la colonne et à 5 mètres en dedans de la droite de ce même front, pour marquer le point où doit s'appuyer la gauche de la première batterie, à la fin du mouvement ; le deuxième guide-général se porte au point où doit s'appuyer la droite de cette batterie.

Au commandement MARCHE, répété par les chefs d'escadrons et par les capitaines, toutes les batteries rompent par pièces et par caissons à droite. Quand l'à-droite par voiture est près de finir, les capitaines commandent: 1. *En = AVANT*; 2. *Guide à gauche*, et se portent à hauteur de leur tête de colonne, pour la diriger.

Au commandement *En = AVANT*, fait par le capitaine de la première batterie, le chef de la section de droite commande de suite: 1. *Tournez = (à) GAUCHE*; 2. *En = AVANT*, et se dirige perpendiculairement au front de la batterie.

Les deux autres sections, après s'être portées en avant, viennent, au commandement de leurs chefs, tourner successivement sur le même terrain où celle de droite a tourné.

Le capitaine, qui a marché à la tête de sa batterie jusqu'à 20 mètres en avant du front, s'arrête, laisse filer sa colonne, et commande assez à temps *Pièces et caissons à gauche*, pour commander MARCHE, lorsque la tête des premiers chevaux de ses dernières voitures arrive à sa hauteur.

Les voitures étant près de terminer leur à-gauche, le capitaine commande: 1. *En = AVANT*; 2. *Guide à gauche*, et, lorsqu'il a marché 3 mètres: 1. *Batterie:* 2. HALTE; 3. *A gauche = ALIGNEMENT*; 4. FIXE.

Au commandement *En = AVANT*, fait par le capitaine de la deuxième batterie, le chef de la section de droite commande de suite: 1. *Tournez = (à) GAUCHE*;

2. *En* = AVANT, et se dirige diagonalement de manière à tourner ensuite à gauche, sur une ligne parallèle à la première batterie, au commandement *Tête de colonne demi-à-gauche* fait par le capitaine, quand la section de droite arrive à hauteur de la gauche de la première batterie.

Les deux autres sections, après s'être portées en avant, viennent, au commandement de leurs chefs, tourner successivement sur le même terrain où celle de droite a tourné.

Le capitaine qui a marché à la tête de sa batterie, jusqu'à ce qu'il soit parvenu à hauteur de la gauche de la première batterie, s'arrête, laisse filer sa colonne, et commande assez à temps *Pièces et caissons à gauche*, pour commander MARCHE, lorsque la tête des premiers chevaux de ses dernières voitures arrive à sa hauteur.

Les voitures étant près de terminer leur *à-gauche*, le capitaine commande : 1. *En* = AVANT; 2. *Guide à gauche*, et, à 5 mètres avant d'arriver à sa distance : 1. *Batterie*; 2. HALTE; 3. *A gauche* = ALIGNEMENT; 4. FIXE.

.Les troisième et quatrième batteries se conforment exactement à ce qui est prescrit pour la deuxième.

394. Le régiment étant en colonne serrée, et les officiers étant sur le flanc droit de la colonne, le changement de direction à droite s'exécute suivant les mêmes principes et par les moyens inverses, aux commandements : 1. *Garde à vous*; 2. *Changement de direction à droite*; 3. MARCHE.

395. Lorsque les officiers sont sur le flanc gauche, et qu'on change de direction à droite; ou inversement, lors-

que les officiers étant sur le flanc droit, on change de direction à gauche, le mouvement s'exécute suivant les
principes prescrits nᵒˢ 393 et 394, avec cette différence
que les capitaines, au lieu de s'arrêter et de laisser filer
leur colonne, accompagnent leur tête de colonne, et
restent sur le flanc de leur batterie, du côté où ils se
trouvaient avant le changement de direction; ils commandent l'alignement de ce même côté.

396. Les mouvements détaillés pour la colonne par sections, nᵒˢ 379, 380, 381, 382, 383, 384 et 385, s'exécutent
suivant les mêmes principes, et aux mêmes commandements,
lorsque les batteries sont en colonne serrée, avec cette
différence, que les capitaines remplacent, dans leurs commandements, le mot *colonne* par le mot *batterie*.

Passer de l'ordre en colonne serrée à l'ordre en colonne par sections, par la rupture successive des batteries.

397. Le régiment étant en colonne serrée, si l'on veut
diminuer le front de la colonne, le colonel commande:

1. *Garde à vous.*
2. *Par la droite = par sections = rompez les batteries.*
3. MARCHE.

Au deuxième commandement, répété par les chefs
d'escadrons, le capitaine de la première batterie
commande: *Par la droite = par sections = rompez
la batterie.*

Au commandement MARCHE, répété par les chefs
d'escadrons et par le capitaine de la première bat-

terie, le mouvement s'exécute, dans cette batterie, comme il est prescrit n° 222.

Les capitaines des autres batteries commandent successivement *Par la droite = par sections = rompez la batterie,* assez à temps pour commander MARCHE, au moment où la section de droite de leur batterie doit se porter en avant, pour prendre rang dans la colonne, à sa distance de la batterie qui précède.

398. Si la colonne serrée est en marche, pour la rompre par sections, à la même allure, le mouvement s'exécute comme il est prescrit n° 397, excepté qu'au commandement *Par la droite = par sections = rompez les batteries,* les capitaines des trois dernières batteries commandent à la fois : *Batterie,* et qu'au commandement MARCHE, ils commandent : HALTE. Ils font ensuite successivement leurs commandements pour rompre, de manière à reprendre leurs distances dans la colonne.

399. Pour rompre par sections à la même allure, la colonne étant au trot, les capitaines des trois dernières batteries commandent : 1. *Au pas;* 2. MARCHE, et ensuite : 1. *Par la droite = par sections = rompez les batteries = au trot;* 2. MARCHE, assez à temps, pour que leur section de droite se trouve à sa distance de la batterie qui précède.

400. Le régiment étant en colonne serrée, de pied ferme ou en marche, la rupture par sections s'exécute, par la gauche, suivant les mêmes principes et par les moyens inverses, aux commandements : 1. *Garde à vous;* 2. *Par la gauche = par sections = rompez les batteries;* 3. MARCHE.

401. Le régiment marchant en colonne serrée, pour diminuer le front de la colonne, en doublant l'allure, le colonel commande :

1. *Garde à vous.*
2. *Par la droite = par sections = rompez les batteries = au trot.*
3. MARCHE.

Au deuxième commandement, répété par les chefs d'escadrons, le capitaine de la première batterie commande: *Par la droite = par sections = rompez la batterie = au trot.*

Au commandement MARCHE, répété par les chefs d'escadrons et par le capitaine de la première batterie, le mouvement s'exécute, dans cette batterie, comme il est prescrit n° 270.

Toutes les autres batteries continuent de marcher au pas, et leurs capitaines commandent successivement: 1. *Par la droite = par sections = rompez la batterie = au trot;* 2. MARCHE, assez à temps pour que leur section de droite se trouve à sa distance de la batterie qui précède.

402. La rupture par sections, en doublant l'allure, s'exécute par la gauche, suivant les mêmes principes, et par les moyens inverses, aux commandements: 1. *Garde à vous;* 2. *Par la gauche = par sections = rompez les batteries = au trot;* 3. MARCHE.

ARTICLE III.

Passer de l'ordre en colonne à l'ordre en bataille.

Troisième évolution.

Former le régiment en bataille sur l'un de ses flancs, ou sur le prolongement en avant de l'un de ses flancs.

403. Le régiment étant en colonne par sections, de pied ferme ou en marche, pour le former en bataille sur son flanc gauche, le colonel commande :

> 1. *Garde à vous.*
> 2. *A gauche en bataille.*
> 3. Marche.

Le deuxième commandement est répété par les chefs d'escadrons et par les capitaines.

Au commandement Marche, répété par ces mêmes officiers, le mouvement s'exécute à la fois, dans chaque batterie, comme il est prescrit n° 216.

Le régiment étant aligné, le colonel commande : Fixe.

404. Le régiment étant en colonne par sections, de pied ferme ou en marche, pour le former en bataille sur son flanc droit, le mouvement s'exécute suivant les mêmes principes et par les moyens inverses, aux commandements : 1. *Garde à vous;* 2. *A droite en bataille;* 3. Marche.

405. Le régiment marchant en colonne par sections, pour le former en bataille, sur le prolongement en avant de son flanc droit, le colonel commande :

1. *Garde à vous.*
2. *Sur la droite en bataille.*
3. MARCHE.

Le deuxième commandement est répété par les chefs d'escadrons et par le capitaine de la première batterie.

Au commandement MARCHE, répété par ces mêmes officiers, le mouvement s'exécute dans la première batterie, comme il est prescrit n° 220.

Les capitaines des autres batteries commandent : *Guide à droite;* se portent à hauteur de leur tête de colonne, et commandent successivement *Sur la droite en bataille,* assez à temps pour commander MARCHE, lorsque leur première section arrive à hauteur du point où elle doit tourner à droite, pour venir se former sur la ligne de bataille.

Le régiment étant aligné, le colonel commande : FIXE.

406. Le régiment marchant en colonne par sections, on le forme en bataille, sur le prolongement en avant de son flanc gauche, suivant les mêmes principes et par les moyens inverses, aux commandements: 1. *Garde à vous;* 2. *Sur la gauche en bataille;* 3. MARCHE.

Quatrième évolution.

Former le régiment en avant en bataille.

407. Le régiment étant en colonne par sections, pour le former en avant en bataille, sur la tête de la colonne, en gagnant du terrain à gauche, le colonel commande:

1. *Garde à vous.*
2. *En avant en bataille, oblique à gauche.*
3. Marche.

Au deuxième commandement, répété par les chefs d'escadrons et par le capitaine de la première batterie, les capitaines des autres batteries commandent : *Colonne en avant = tête de colonne demi-à-gauche.*

Au commandement Marche, répété par les chefs d'escadrons et par les capitaines, la première batterie se forme, comme il est prescrit n° 224.

Les capitaines des autres batteries se portent à hauteur de leur tête de colonne, pour la diriger.

Le chef de la première section de chacune de ces batteries commande de suite : 1. *Tournez* = (à) gauche ; 2. *En* = avant. Les deux autres sections, après s'être portées en avant, viennent, au commandement de leurs chefs, tourner successivement sur le même terrain où la première a tourné.

Les capitaines des trois dernières batteries commandent *Guide à droite*, dès que leur première section a tourné à gauche.

Chaque batterie, formant ainsi une colonne partielle, se dirige à 80 mètres environ en arrière du point où sa droite doit s'appuyer dans la ligne de bataille.

Le capitaine de la deuxième batterie commande *Tête de colonne demi-à-droite*, lorsque la droite de sa première section arrive à la hauteur ci-dessus indiquée ; il commande ensuite *En avant en bataille, oblique à gauche*, assez à temps pour commander

MARCHE lorsque la deuxième section a tourné à droite, la troisième section se dirigeant sur le point où elle doit se redresser pour entrer en ligne; cette batterie se forme comme la première.

Les capitaines des troisième et quatrième batteries se conforment à ce qui est prescrit pour la deuxième.

Le régiment étant aligné, le colonel commande: FIXE.

408. La formation en avant en bataille en gagnant du terrain à droite, s'exécute suivant les mêmes principes et par les moyens inverses, aux commandements: 1. *Garde à vous;* 2. *En avant en bataille, oblique à droite;* 3. MARCHE.

409. Ces formations en avant en bataille, sur la tête de la colonne, la colonne étant en marche, s'exécutent comme il est prescrit, la colonne étant de pied ferme, excepté qu'au deuxième commandement, les capitaines des trois dernières batteries ne commandant pas: *Colonne en avant,* mais seulement: *Tête de colonne demi-à-gauche* (ou *demi-à-droite*).

Cinquième évolution.

Former le régiment face en arrière en bataille.

410. Le régiment étant en colonne par sections, pour le former face en arrière en bataille, sur la tête de la colonne, en gagnant du terrain à gauche, le colonel commande:

1. *Garde à vous.*
2. *Face en arrière en bataille, oblique à gauche.*
3. MARCHE.

Au deuxième commandement, répété par les chefs

d'escadrons et par le capitaine de la première batterie, les capitaines des autres batteries commandent: *Colonne en avant = tête de colonne demi-à-gauche.*

Au commandement MARCHE, répété par les chefs d'escadrons et par les capitaines, la première batterie se forme comme il est prescrit nº 231. Le reste du mouvement s'exécute suivant les principes prescrits nº 407, et chaque batterie est formée en ligne face en arrière en bataille, à hauteur de celle qui la précède du côté de la formation, comme il est prescrit nº 231.

Le régiment étant aligné, le colonel commande : FIXE.

411. La formation face en arrière en bataille sur la tête de la colonne, s'exécute suivant les mêmes principes et par les moyens inverses, en gagnant du terrain à droite, aux commandements: 1. *Garde à vous;* 2. *Face en arrière en bataille, oblique à droite;* 3. MARCHE.

412. Ces diverses formations, la colonne étant en marche, s'exécutent comme il est prescrit la colonne étant de pied ferme, excepté qu'au deuxième commandement, les capitaines des trois dernières batteries ne commandent pas: *Colonne en avant,* mais seulement: *Tête de colonne demi-à-gauche* (ou *demi-à-droite*).

413. Les batteries étant en colonne par sections, de pied ferme ou en marche, si l'on veut les former face en arrière en bataille sur la queue de la colonne, le colonel fait d'abord exécuter une contre-marche; il fait ensuite exécuter une formation en avant en bataille sur la tête de la colonne.

Formations en bataille par la réunion des 3e et 4e ou 5e évolutions.

414. Le régiment marchant en colonne par sections, et une partie de la colonne ayant changé de direction à droite, si l'on veut le former en bataille, pour faire face du côté vers lequel on marchait avant le changement de direction, le colonel arrête la colonne avant que la dernière section de la batterie qui est entrée la dernière dans la nouvelle direction, ait complétement terminé sa conversion, et il commande :

> 1. *Garde à vous.*
> 2. *A gauche* = *et en avant en bataille.*
> 3. MARCHE.

Au deuxième commandement, répété par les chefs d'escadrons, les capitaines des batteries qui ont changé de direction, commandent : *A gauche en bataille.*

Le capitaine de la batterie qui est immédiatement en arrière de celles qui ont changé de direction, commande : *Colonne en avant.*

Les capitaines des autres batteries commandent : *Colonne en avant* = *tête de colonne demi-à-gauche.*

Au commandement MARCHE, répété par les chefs d'escadrons et par les capitaines, on se conforme respectivement, dans chaque portion de la colonne, à ce qui est prescrit pour l'*A gauche en bataille*, et pour l'*En avant en bataille* en gagnant du terrain à gauche.

Le régiment étant aligné, le colonel commande : FIXE.

10

415. Le régiment marchant en colonne par sections, et une partie de la colonne ayant changé de direction à gauche, le mouvement s'exécute suivant les mêmes principes, aux commandements : 1. *Garde à vous*; 2. *A droite = et en avant en bataille*; 3. MARCHE. On se conforme respectivement, dans chaque portion de la colonne, à ce qui est prescrit pour l'*A droite en bataille*, et pour l'*En avant en bataille* en gagnant du terrain à droite.

416. Le régiment marchant en colonne par sections, et une partie de la colonne ayant changé de direction à gauche, si l'on veut le former en bataille pour faire face du côté opposé à sa première direction, le colonel arrête la colonne avant que la dernière section de la batterie qui est entrée la dernière dans la nouvelle direction, ait complétement terminé sa conversion, et il commande :

1. *Garde à vous.*
2. *A gauche = et face en arrière en bataille.*
3. MARCHE.

Au deuxième commandement, répété par les chefs d'escadrons, les capitaines des batteries qui sont entrées dans la nouvelle direction commandent : *A gauche en bataille.*

Les capitaine de la batterie qui est immédiatement en arrière de celles qui ont changé de direction commande : *Face en arrière en bataille, oblique à droite.*

Le capitaines des autres batteries commandent : *Colonne en avant = tête de colonne demi-à-droite.*

Au commandement MARCHE, répété par les chefs d'escadrons et par les capitaines, on se conforme respectivement, dans chaque portion de la colonne, à ce qui est prescrit pour l'*A gauche en bataille*, et pour le *Face en arrière en bataille* en gagnant du terrain à droite.

Le régiment étant aligné, le colonel commande : FIXE.

417. Le régiment marchant en colonne par sections, et une partie de la colonne ayant changé de direction à droite, la formation à droite et face en arrière en bataille s'exécute suivant les mêmes principes, aux commandements : **1.** *Garde à vous ;* **2.** *A droite = et face en arrière en bataille ;* **3.** MARCHE. On se conforme respectivement, dans chaque portion de la colonne, à ce qui est prescrit pour l'*A droite en bataille*, et pour le *Face en arrière en bataille* en gagnant du terrain à gauche.

418. Le régiment étant en colonne par sections, pour le former en avant en bataille, sur une ligne que la tête de colonne a dépassée, en portant les premières batteries à la droite, le colonel commande :

1. *Garde à vous.*
2. *Sur la troisième (2e ou 4c) batterie = en avant en bataille = premières batteries à la droite.*
3. MARCHE.

Au deuxième commandement, répété par les chefs d'escadrons, les capitaines des batteries qui sont en avant de la batterie de formation commandent : *Colonne en avant.*

Le capitaine de la batterie de formation commande : *En avant en bataille, oblique à gauche.*

Les capitaines des batteries qui sont en arrière de la batterie de formation commandent : *Colonne en avant = tête de colonne demi-à-gauche.*

Au commandement MARCHE, répété par les chefs

d'escadrons et par les capitaines, la batterie de formation et les batteries qui sont en arrière d'elle, exécutent ce qui est prescrit n° 407 pour l'*En avant en bataille* en gagnant du terrain à gauche.

Les batteries qui sont en avant de la batterie de formation se portent droit devant elles; lorsqu'elles ont marché 35 mètres, leurs capitaines commandent simultanément: 1. *Pièces et caissons à droite;* 2. Marche, et, dès qu'elles sont redressées dans la nouvelle direction: 3. *En* = avant; 4. *Guide à droite;* ils commandent ensuite *Pièces et caissons à droite,* assez à temps pour commander simultanément Marche, lorsque les chevaux de devant des voitures du deuxième rang sont à 3 mètres en deçà de l'intervalle qui doit exister entre la batterie de formation et celle qui doit venir se placer immédiatement à sa droite. Dès que les batteries qui marchent en avant de la batterie de formation sont de nouveau formées en colonne les caissons en tête, les capitaines se conforment à ce qui est prescrit n° 407 pour l'*En avant en bataille* en gagnant du terrain à gauche, et ils complètent leur mouvement par celui de *Pièces et caissons demi-tour à gauche.*

Le régiment étant aligné, le colonel commande: Fixe.

419. Le mouvement s'exécute suivant les mêmes principes et par les moyens inverses, en portant les premières batteries à la gauche, aux commandements: 1. *Garde à vous;* 2. *Sur la troisième (2e ou 4e) batterie* = *en avant en bataille* = *premières batteries à la gauche;* 3. Marche.

420. Le régiment étant en colonne par sections, pour le former face en arrière en bataille, sur une ligne que la tête de colonne a dépassée, le colonel fait d'abord exécuter une contre-marche, et se conforme ensuite à ce qui est prescrit nᵒˢ 418 et 419 pour former le régiment en avant en bataille sur une ligne que la tête de la colonne a dépassée.

Sixième évolution.

Former une colonne serrée en bataille sur l'un de ses flancs, ou sur le prolongement en avant de l'un de ses flancs.

421. Le régiment étant en colonne serrée, pour le former en bataille, sur le flanc gauche de la colonne, le colonel commande :

1. *Garde à vous.*
2. *Par la queue de la colonne = à gauche en bataille.*
3. Marche.

Au deuxième commandement, répété par les chefs d'escadrons, le capitaine de la quatrième batterie commande : *Batterie à gauche.*

Les capitaines des autres batteries commandent : 1. *Batterie en avant;* 2. *Guide à gauche;* 3. *Au trot.*

Au commandement Marche, répété par les chefs d'escadrons et par les capitaines, les trois premières batteries se portent en avant, au trot. La quatrième exécute son à-gauche, comme il est prescrit nᵒ 246. Le capitaine commande *En = avant,* lorsque la voiture pivot a achevé de parcourir le quart de cercle de 20 mètres, et, lorsque la conversion est près de finir, il commande: 1. *Batterie*; 2. Halte; 3. *A gauche* = alignement; 4. Fixe.

Le capitaine de la troisième batterie, un peu avant d'arriver au point où sa conversion doit commencer, commande: 1. *Au pas*; 2. Marche, et ensuite: 1. *Batterie à gauche*; 2. Marche, de manière à placer sa batterie à l'intervalle voulu de la quatrième batterie. Il se conforme, pour le reste du mouvement, à ce qui est prescrit pour la quatrième batterie.

Les capitaines des autres batteries se conforment successivement à ce qui est prescrit pour le capitaine de la troisième.

Le régiment étant aligné, le colonel commande : Fixe.

422. Cette formation en bataille s'exécute, la colonne serrée étant en marche, comme il est prescrit la colonne étant de pied ferme, excepté qu'au deuxième commandement, les capitaines des trois premières batteries ne commandent pas: *Batterie en avant*, mais seulement: 1. *Guide à gauche*; 2. *Au trot*.

423. La colonne serrée étant de pied ferme ou en marche, pour la former en bataille sur son flanc droit, le mouvement s'exécute suivant les mêmes principes et par les moyens inverses, aux commandements: 1. *Garde à vous*; 2. *Par la queue de la colonne* = *à droite en bataille*; 3. Marche.

424. Le régiment marchant en colonne serrée, pour le former en bataille sur le prolongement en avant du flanc droit de la colonne, le colonel commande:

1. *Garde à vous.*
2. *Sur la droite en bataille.*
3. MARCHE.

Au deuxième commandement, répété par les chefs d'escadrons, le capitaine de la première batterie commande : *Tournez.*

Au commandement MARCHE, répété par les chefs d'escadrons, le capitaine de la première batterie commande : (à) DROITE. Cette batterie exécute une conversion à droite, comme il est prescrit nº 251, et, lorsque la conversion est près de finir, le capitaine arrête la batterie, et l'aligne à droite.

Les capitaines des autres batteries commandent : *Guide à droite;* se portent à la droite de leur batterie, et commandent successivement *Tournez,* assez à temps pour commander (à) DROITE, lorsque leur batterie arrive au point où elle doit tourner pour se trouver à son intervalle de la batterie qui précède.

Le régiment étant aligné, le colonel commande : FIXE.

425. La colonne serrée étant en marche, pour la former en bataille sur le prolongement en avant du flanc gauche de la colonne, le mouvement s'exécute suivant les mêmes principes et par les moyens inverses, aux commandements : 1. *Garde à vous;* 2. *Sur la gauche en bataille;* 3. MARCHE.

Septième évolution.

Déployer une colonne serrée.

426. Le régiment étant en colonne serrée, pour le déployer en bataille, en avant du front de la colonne, sur

l'une des trois dernières batteries, en portant les premières batteries à la droite, le colonel commande :

1. *Garde à vous.*
2. *Sur la troisième* (2ᵉ ou 4ᵉ) *batterie = en avant en bataille = premières batteries à la droite.*
3. Marche.

Au deuxième commandement, répété par les chefs d'escadrons, les capitaines des batteries qui sont en avant de celle sur laquelle on se déploie, commandent : *Pièces et caissons à droite.*

Les capitaines des batteries qui sont en arrière de celle-ci, commandent : *Pièces et caissons à gauche.*

Le capitaine de la batterie sur laquelle on se déploie, commande : 1. *Batterie en avant;* 2. *Guide à droite.*

Au commandement Marche, répété par les chefs d'escadrons et par les capitaines, excepté celui de la batterie sur laquelle on se déploie, les batteries rompent par pièces et par caissons à droite, et par pièces et par caissons à gauche. Lorsque la conversion par voiture est près de finir, les capitaines des batteries qui ont fait *Pièces et caissons à droite*, commandent : 1. *En =* avant; 2. *Guide à gauche;* ceux des batteries qui ont fait *Pièces et caissons à gauche*, commandent : 1. *En =* avant; 2. *Guide à droite;* et ils se portent aussitôt à la tête de leur colonne, pour la diriger.

Le capitaine de la batterie sur laquelle on se déploie ne commande Marche, que lorsque la batterie qui est devant lui a démasqué son front. Il porte ensuite sa

batterie à 30 mètres en avant du front de la tête de
la colonne, l'arrête, et commande : 1. *A droite* =
ALIGNEMENT ; 2. FIXE.

Les capitaines des autres batteries, qui ont marché
à la tête de leurs batteries, jusqu'à ce qu'ils soient
parvenus à la hauteur du point, où la gauche pour les
batteries de droite, et la droite pour celles de gauche,
doit s'établir sur la ligne, s'arrêtent, laissent filer leur
colonne, et commandent, ceux de droite : *Pièces et
caissons à gauche*, et ceux de gauche : *Pièces et
caissons à droite*, assez à temps, pour commander
MARCHE, lorsque les premiers chevaux du dernier rang
de voitures arrivent à 3 mètres du point où ils se sont
arrêtés. La conversion par voiture étant près de finir,
les capitaines commandent : 1. *En.* = AVANT ; ceux de
droite : 2. *Guide à gauche*, et ceux de gauche : 2.
Guide à droite, et, à 5 mètres en arrière du front
de la batterie sur laquelle ils s'alignent : 1. *Batterie ;*
2. HALTE ; 3. *A gauche* (ou *à droite*) = ALIGNEMENT ;
4. FIXE.

Le régiment étant aligné, le colonel commande : FIXE.

427. Dans ce mouvement, les capitaines des batteries qui
sont en avant de la batterie sur laquelle on se déploie,
excepté le capitaine de la batterie tête de colonne, ont
l'attention, après avoir fait *Pièces et caissons à gauche*,
de commander : HALTE, et immédiatement après : 1. *Batterie en avant* ; 2. *Guide à gauche*, pour commander MARCHE
lorsqu'ils sont démasqués.

428. Si l'on veut déployer la colonne serrée en portant
les premières batteries à la gauche, le mouvement s'exécute suivant les mêmes principes et par les moyens in-

verses, aux commandements: 1. *Garde à vous*; 2. *Sur la troisième* (2ᵉ *ou* 4ᵉ) *batterie* = *en avant en bataille* = *premières batteries à la gauche*; 3. Marche.

429. Le déploiement de la colonne serrée s'exécute, sur la batterie tête de colonne, suivant les mêmes principes, aux commandements: 1. *Garde à vous*; 2. *Sur la première batterie* = *en avant en bataille* = *dernières batteries à la gauche* (ou *à la droite*); 3. Marche.

La batterie tête de colonne se porte à 30 mètres en avant de sa position.

430. Le régiment étant en colonne serrée, si, au lieu de le déployer en avant du front de la tête de la colonne, on veut le déployer en bataille, sur le front d'une des trois dernières batteries, et en portant les premières batteries à la droite, le colonel commande:

1. *Garde à vous.*
2. *Sur le front de la troisième* (2ᵉ *ou* 4ᵉ) *batterie* = *en avant en bataille* = *premières batteries à la droite.*
3. Marche.

Au deuxième commandement, répété par les chefs d'escadrons, les capitaines des batteries qui sont en avant de celle sur laquelle on se déploie commandent: *Pièces et caissons à droite.*

Les capitaines des batteries qui sont en arrière de celle-ci commandent: *Pièces et caissons à gauche.*

Le capitaine de la batterie sur laquelle on se déploie se tient sur le flanc de sa batterie, du côté du guide de la colonne, commande l'alignement de ce côté, et ne reprend sa place de bataille, qu'au commandement Fixe du colonel.

Au commandement Marche, répété par les chefs
d'escadrons et par les capitaines, excepté celui de la
batterie sur laquelle on se déploie, les batteries qui
sont en arrière de celle-ci se conforment à ce qui est
prescrit n° 426 pour le déploiement de la colonne
serrée en avant du front.

Lorsque les batteries qui sont en avant de celle sur
laquelle on se déploie ont gagné leur intervalle, les
capitaines de ces batteries leur font exécuter un nouvel *à-droite* individuel par pièces et par caissons et
les portent en avant, aux commandements: 1. *Pièces
et caissons à droite;* 2. Marche; 3. *En* = avant; 4.
Guide à droite. Pour chacune de ces batteries, lorsque le derrière des voitures du second rang a dépassé
de 10 mètres la ligne de bataille, le capitaine commande: 1. *Pièces et caissons demi-tour à gauche;*
2. Marche; 3. *En* = avant; 4. *Guide à gauche,* et,
à 5 mètres avant d'arriver sur la ligne, il commande:
1. *Batterie;* 2. Halte; 3. *A gauche* = alignement;
4. Fixe.

Le régiment étant aligné, le colonel commande:
Fixe.

431. Le mouvement s'exécute suivant les mêmes principes
et par les moyens inverses, en portant les premières
batteries à la gauche, aux commandements: 1. *Garde à
vous;* 2. *Sur le front de la troisième* (2e ou 4e) *batterie* =
en avant en bataille = *premières batteries à la gauche;*
3. Marche.

432. Le régiment marchant en colonne serrée, pour le
déployer en avant du front de la colonne, sans l'arrêter,
le colonel commande:

1. *Garde à vous.*
2. *Sur la première batterie = à gauche (ou à droite) = déployez la colonne.*
3. MARCHE.

Le déploiement s'exécute, comme il est prescrit n° 429 pour l'*En avant en bataille* sur la batterie tête de colonne ; mais le capitaine de cette batterie ne commande ni *Batterie en avant*, ni MARCHE ; il indique seulement le guide du côté opposé au déploiement, et continue de marcher au pas ; les capitaines des autres batteries exécutent leur mouvement au trot, et passent au pas en arrivant en ligne.

433. Le régiment étant en colonne serrée, si l'on veut le déployer pour faire face du côté opposé à sa direction, le colonel fait d'abord exécuter une contre-marche, et commande ensuite le déploiement, dans le sens de la nouvelle direction, sur telle batterie qu'il juge convenable, et par l'application des principes prescrits n° 426, 430 ou 432.

ARTICLE IV.

Marcher en bataille.

Huitième évolution.

Marche en bataille.

434. Le régiment étant en bataille, pour le faire marcher en avant, le colonel commande :

1. *Garde à vous.*
2. *Batteries en avant.*
3. *Batterie de droite* (ou *de gauche*) = *batterie de direction.*
4. MARCHE.

Le deuxième commandement est répété par les chefs d'escadrons et par les capitaines.

Au troisième commandement, répété par les chefs d'escadrons, les capitaines commandent : *Guide à droite* (ou *à gauche*). L'adjudant-major indique les points de direction au guide.

Au commandement MARCHE, répété par les chefs d'escadrons et par les capitaines, les batteries se mettent en mouvement; la batterie de direction se conformant à ce qui est prescrit n° 240, et les autres ayant l'attention de conserver leur alignement et leurs intervalles, du côté du guide.

435. Le régiment marchant en bataille, pour l'arrêter, le colonel commande :

1. *Garde à vous.*
2. *Batteries.*
3. Halte.
4. *A droite* (ou *à gauche*) == ALIGNEMENT.

Les trois derniers commandements sont répétés par les chefs d'escadrons et par les capitaines.

Au commandement HALTE, les batteries s'arrêtent.

Au quatrième commandement, les capitaines alignent leurs batteries, et commandent : FIXE.

Le régiment étant aligné, le colonel commande : FIXE.

436. Le régiment étant en bataille, de pied ferme ou en marche, pour faire face du côté opposé au front, en conservant la même espèce de voitures en tête, le colonel commande :

1. *Garde à vous.*
2. *Contre-marche.*
3. MARCHE.

Les deux derniers commandements sont répétés par les chefs d'escadrons et par les capitaines, et le mouvement s'exécute à la fois, dans chaque batterie, comme il est prescrit n° 244.

Selon que le colonel veut arrêter le régiment, après la contre-marche, ou faire continuer la marche, il commande, avant que la contre-marche ne soit terminée :

4. Halte ou *En* = avant.

Le commandement Halte, ou celui *En* = avant, est répété par les chefs d'escadrons et par les capitaines.

Après le commandement *En* = avant, les capitaines commandent : *Guide à droite.*

437. Le régiment étant en bataille, de pied ferme ou en marche, pour lui faire gagner du terrain vers l'un de ses flancs, sans changer de front, le colonel commande :

1. *Garde à vous.*
2. *Pièces et caissons oblique à gauche* (ou *à droite*).
3. Marche.

Les deux derniers commandements sont répétés par les chefs d'escadrons et par les capitaines, et le mouvement s'exécute, dans chaque batterie, comme il est prescrit n° 252.

Pour faire reprendre la direction primitive, le colonel commande :

$$En = \text{avant.}$$

Ce commandement est répété par les chefs d'escadrons et par les capitaines.

438. Le régiment étant en bataille, de pied ferme ou en marche, pour lui faire gagner du terrain vers l'un de ses flancs, par un mouvement individuel, le colonel commande :

1. *Garde à vous.*
2. *Pièces et caissons à gauche* (ou *à droite*).
3. Marche.
4. *En* = avant.

Les trois derniers commandements sont répétés par les chefs d'escadrons et par les capitaines, et le mouvement s'exécute à la fois, dans chaque batterie, comme il est prescrit nº 253.

Après le commandement *En = AVANT*, les capitaines commandent: *Guide à droite* (ou *à gauche*).

Lorsque le régiment a gagné assez de terrain vers le flanc, le colonel commande:

1. *Garde à vous.*
2. *Pièces et caissons à droite* (ou *à gauche*).
3. MARCHE ou *En = AVANT.*

Et selon qu'il veut arrêter le régiment ou le porter en avant:

4. HALTE ou *En = AVANT.*

Les trois derniers commandements sont répétés par les chefs d'escadrons et par les capitaines, et le mouvement s'exécute, dans chaque batterie, comme il est prescrit nº 253.

Après le commandement *En = AVANT*, les capitaines commandent: *Guide à gauche* (ou *à droite*).

439. Le régiment étant en bataille, de pied ferme ou en marche, pour gagner du terrain en arrière, le colonel commande:

1. *Garde à vous.*
2. *Pièces et caissons demi-tour à gauche.*
3. MARCHE.

Les deux derniers commandements sont répétés par les chefs d'escadrons et par les capitaines, et le mouvement s'exécute à la fois, dans chaque batterie, comme il est prescrit n° 256.

Selon que le colonel veut, après le demi-tour, arrêter le régiment, ou faire continuer la marche, il commande, avant que le demi-tour ne soit terminé :

4. Halte ou *En* = avant.

Le commandement Halte, ou celui *En* = avant, est répété par les chefs d'escadrons et par les capitaines.

Après le commandement *En* = avant, les capitaines commandent : *Guide à droite.*

440. Lorsque le colonel arrête le régiment, après lui avoir fait exécuter soit une *contre-marche*, soit une *marche de flanc*, soit un *demi-tour individuel*, il peut, s'il le juge nécessaire, aligner le régiment.

441. Le régiment étant en bataille, de pied ferme ou en marche, pour faire passer le second rang de voitures en avant du premier, le colonel fait, suivant le cas, les commandements :

1. *Garde à vous.*
2. *Pièces doublez vos caissons* (ou *caissons doublez vos pièces*).
3. Marche.

Les deux derniers commandements sont répétés par les chefs d'escadrons et par les capitaines, et le mouvement s'exécute à la fois, dans chaque batterie, comme il est prescrit n°s 99, 100 et 101.

442. Le régiment étant en bataille, de pied ferme ou en marche, pour diminuer l'étendue du front, en faisant serrer les intervalles, le colonel commande :

1. *Garde à vous.*
2. *Sur la droite* (ou *la gauche*) *de la deuxième* (1re, 3e ou 4e) *batterie = à* (tant de) *mètres = serrez les intervalles.*
3. MARCHE.

Au deuxième commandement, répété par les chefs d'escadrons, le capitaine de la première batterie commande: *Pièces et caissons, oblique à gauche.*

Les capitaines des troisième et quatrième batteries commandent: *Pièces et caissons, oblique à droite.*

Le capitaine de la batterie sur laquelle on serre, commande: *A droite* (ou *à gauche*) *= à* (tant de) *mètres = serrez les intervalles.*

Au commandement MARCHE, répété par les chefs d'escadrons et par les capitaines, la batterie sur laquelle on serre exécute son mouvement, comme il est prescrit n° 259; les autres batteries exécutent une marche oblique.

Lorsque la pièce de gauche de la première batterie arrive à son intervalle, le capitaine commande: 1. *A gauche = à* (tant de) *mètres = serrez les intervalles*; 2. MARCHE.

Les capitaines des troisième et quatrième batteries, quand la pièce de droite de leur batterie est à son intervalle, commandent: 1. *A droite = à* (tant de) *mètres = serrez les intervalles*; 2. MARCHE.

Au commandement MARCHE, les pièces sur lesquelles on serre, dans chaque batterie, se redressent, et marchent droit devant elles; les autres pièces continuent de marcher dans la direction oblique, et se redressent successivement lorsqu'elles arrivent à l'intervalle indiqué.

A mesure que les batteries sont formées à intervalles serrés, leurs capitaines commandent: 1. *Au trot;* 2. MARCHE, pour les porter en ligne, et, lorsqu'elles y arrivent, ils commandent: 1. *Au pas;* 2. MARCHE.

Lorsque toutes les batteries sont rentrées en ligne, le colonel désigne la batterie de direction.

443. Le régiment étant en bataille, à intervalles serrés, pour lui faire exécuter un *demi-tour* ou une *contre-marche,* le colonel commande:

1. *Garde à vous.*
2. *Dans chaque section = pièce et caisson de droite, en avant.*
3. MARCHE.

Et lorsque les voitures du deuxième rang ont dépassé de 5 mètres celles du premier :

4. *Pièces et caissons demi-tour à gauche* (ou *contre-marche*).
5. MARCHE.
6. HALTE.

Les cinq derniers commandements sont répétés par les chefs d'escadrons et par les capitaines, et le mouvement s'exécute à la fois, dans chaque batterie, comme il est prescrit n° 262.

444. Le régiment marchant en bataille, à intervalles serrés, pour faire reprendre les intervalles réguliers, le colonel commande :

1. *Garde à vous.*
2. *Sur la droite (ou sur la gauche) de la deuxième (1re, 3e ou 4e) batterie = reprenez les intervalles.*
3. MARCHE.

Au deuxième commandement, répété par les chefs d'escadrons, le capitaine de la première batterie commande : *Pièces et caissons, oblique à droite.*

Les capitaines des troisième et quatrième batteries commandent: *Pièces et caissons, oblique à gauche.*

Le capitaine de la deuxième batterie commande : *A gauche (ou à droite) = reprenez les intervalles.*

Au commandement MARCHE, répété par les chefs d'escadrons et par les capitaines, la deuxième batterie reprend les intervalles, comme il est prescrit n° 260. Les autres batteries exécutent une marche oblique.

Lorsque la pièce de gauche de la première batterie est à son intervalle, le capitaine commande: 1. *A droite = reprenez les intervalles;* 2. MARCHE.

Les capitaines des troisième et quatrième batteries, quand la pièce de droite de leurs batteries est à son intervalle, commandent: 1. *A gauche = reprenez les intervalles;* 2. MARCHE.

Dans chaque batterie, les pièces sur lesquelles on se règle pour reprendre les intervalles, se redressent au commandement MARCHE, et se portent droit devant elles; les autres pièces continuent de marcher dans la direction oblique, et se redressent successivement lorsqu'elles ont repris leur intervalle.

A mesure que les batteries sont reformées à intervalles réguliers, leurs capitaines commandent : 1. *Au trot;* 2. MARCHE, pour les porter en ligne, et, lorsqu'elles y arrivent, ils commandent : 1. *Au pas;* 2. MARCHE.

Lorsque toutes les batteries sont rentrées en ligne, le colonel désigne la batterie de direction.

Neuvième évolution.

Changer le front de la ligne de bataille.

445. Le régiment étant en bataille, si l'on veut changer le front de la ligne, en se formant sur une des ailes, ou sur une des batteries du centre, le colonel fait d'abord rompre par sections à droite ou à gauche, et fait ensuite exécuter une formation en avant ou face en arrière en bataille, sur la tête de la colonne, ou sur une des batteries dépassées par la tête de la colonne, selon le nouveau front qu'il veut établir.

Dixième évolution.

Formation et déploiement des colonnes parallèles.

446. Le régiment étant en bataille, pour le rompre en deux colonnes parallèles formées sur les deux sections du centre de la ligne, le colonel commande :

1. *Garde à vous.*
2. *Sur la section de gauche de la deuxième batterie = et celle de droite de la troisième = formez la double colonne.*
3. Marche.

Au deuxième commandement, répété par les chefs d'escadrons, le capitaine de la deuxième batterie commande : *Par la gauche = par sections = rompez la batterie;* le capitaine de la troisième batterie commande : *Par la droite = par sections = rompez la batterie.*

Les capitaines des batteries des ailes commandent, celui de l'aile droite : *Sections à gauche = tête de colonne demi-à-droite*, et celui de l'aile gauche : *Sections à droite = tête de colonne demi-à-gauche.*

Au commandement Marche, répété par les chefs d'escadrons et par les capitaines, chaque batterie exécute son mouvement.

Les capitaines des batteries des ailes commandent ensuite et à propos, celui de l'aile droite : 1. *En =* avant; 2. *Guide à droite;* et celui de l'aile gauche : 1. *En =* avant ; 2. *Guide à gauche.* Ils se portent aussitôt à hauteur de leur tête de colonne pour la diriger, et chacun d'eux fait entrer sa batterie dans la colonne qui lui correspond, au commandement : *Tête de colonne demi-à-droite,* pour la batterie de l'aile droite, et : *Tête de colonne demi-à-gauche,* pour celle de l'aile gauche.

Dans ce mouvement, la colonne de gauche se règle toujours, sans commandement, sur celle de droite.

La double colonne ainsi formée sur les deux sections du centre de la ligne, est souvent employée pour passer un défilé en avant; si le défilé n'est pas suffisamment large pour donner passage à la colonne, en conservant les intervalles réguliers, le colonel fait serrer les intervalles, qu'il fait reprendre dès que le terrain le permet.

447. Lorsqu'au sortir d'un défilé, le colonel veut déployer en avant en bataille le régiment formé en double colonne, il commande, dès que les deux batteries têtes de colonne sont hors du défilé :

> 1. *Garde à vous.*
> 2. *En avant en bataille.*
> 3. Marche.

Au deuxième commandement, répété par les chefs d'escadrons, les capitaines des batteries têtes de colonne commandent, celui de droite : *En avant en bataille, oblique à droite,* celui de gauche : *En avant en bataille, oblique à gauche.*

Au commandement Marche, répété par les chefs d'escadrons et par les capitaines des deux batteries têtes de colonne, le mouvement s'exécute, dans ces deux batteries, comme il est prescrit nos 227 et 225.

Les capitaines des batteries qui suivent, continuent de marcher droit devant eux, et commandent, celui de droite : *Tête de colonne à droite;* celui de gauche : *Tête de colonne à gauche,* de manière à longer, à 35 mètres de distance, le front des batteries déjà formées, et à venir y établir : la batterie de droite, par le mouvement *Sur la gauche en bataille,* et la batterie de gauche, par le mouvement *Sur la droite en bataille.*

Les batteries étant alignées, le colonel commande :
FIXE.

448. On peut aussi, suivant les circonstances, se porter au delà du défilé, de toute la profondeur de la colonne, et, dans ce cas, faire face en avant, à gauche, ou à droite, par les commandements : *En avant en bataille*, ou bien : *A gauche* = *et sur la gauche en bataille*, ou enfin : *A droite* = *et sur la droite en bataille*.

Si l'on a commandé *En avant en bataille*, le mouvement s'exécute à la fois, dans les deux colonnes, suivant les principes prescrits pour l'*En avant en bataille* en gagnant du terrain à droite, et l'*En avant en bataille* en gagnant du terrain à gauche.

Si l'on a commandé *A gauche* = *et sur la gauche en bataille*, la colonne de gauche exécute de suite son *A gauche en bataille*, et celle de droite continue de marcher jusqu'au point où elle doit se former sur la gauche en bataille.

La formation *A droite* = *et sur la droite en bataille*, s'exécute suivant les mêmes principes et par les moyens inverses.

449. Le régiment étant en bataille, de pied ferme ou en marche, pour le rompre en quatre colonnes parallèles formées sur l'une des ailes de chaque batterie, le colonel commande :

1. *Garde à vous.*
2. *Par la droite* (ou *par la gauche*) = *par sections* = *rompez les batteries.*
3. MARCHE.
4. *Colonne de droite* (ou *de gauche*) = *colonne de direction.*

Au deuxième commandement répété par les chefs d'escadrons, les capitaines commandent: *Par la droite = par sections = rompez la batterie*, et au commandement MARCHE, le mouvement s'exécute, dans chaque batterie, comme il est prescrit nos 222 ou 223, lorsque le régiment est de pied ferme; et nos 264 ou 266, lorsqu'il est en marche.

Pour former les quatre colonnes parallèles en avant en bataille, le colonel commande:

1. *Garde à vous.*
2. *En avant en bataille = oblique à gauche* (ou *à droite*).
3. MARCHE.

Ces mouvements s'exécutent à la fois, dans chaque batterie, comme il est prescrit nos 225 ou 227.

450. Le régiment étant en bataille, de pied ferme ou en marche, la rupture de chaque batterie par le centre en colonne d'attaque, s'exécute d'une manière analogue, aux commandements: 1. *Garde à vous;* 2. *Par le centre = rompez les batteries;* 3. MARCHE; 4. *Colonne de droite* (ou *de gauche*) *= colonne de direction.* Pour reformer les batteries, le colonel commande: 1. *Garde à vous;* 2. *En avant en bataille;* 3. MARCHE.

ARTICLE V.

Formations en batterie.

Passer de l'ordre en bataille à l'ordre en batterie, et réciproquement.

Onzième évolution.

Le régiment étant en bataille, le former en avant en batterie.

451. Le régiment étant en bataille, les pièces en tête[1], pour le former en avant en batterie, le colonel commande :

1. *Garde à vous.*
2. *En avant en batterie.*
3. MARCHE.

Au deuxième commandement, répété par les chefs d'escadrons, les capitaines commandent : 1. *Feu en avant;* 2. *Guide à droite.*

Au commandement MARCHE, répété par les chefs d'escadrons, les capitaines commandent : EN BATTERIE,

---

1. Conformément à ce qui est prescrit à l'École de batterie, le colonel doit, selon le terrain, les circonstances, ou les prévisions du moment, faire prendre à l'avance aux caissons, par un doublement de voitures, la disposition la plus avantageuse pour se mettre le plus promptement possible en batterie.

et le mouvement commence à la fois, dans toutes les batteries, comme il est prescrit n° 281.

Au commandement HALTE, fait à propos par les capitaines, les pièces sont mises rapidement en batterie.

452. Le régiment marchant en bataille, le mouvement s'exécute aux mêmes commandements et suivant les mêmes principes; les capitaines ayant soin de répéter l'indication du guide, pour la formation en batterie, du côté où il était pendant la marche en bataille.

Exécution des feux.

453. Le régiment étant en ligne dans l'ordre en batterie, pour faire commencer le feu, le colonel commande :

1. *Garde à vous.*
2. COMMENCEZ LE FEU.

Le deuxième commandement est répété par les chefs d'escadrons et par les capitaines; et, dans chaque batterie, l'on se conforme à ce qui est prescrit n° 284.

454. Pour faire cesser le feu, le colonel commande:

1. *Garde à vous.*
2. CESSEZ LE FEU.

Le deuxième commandement est répété par les chefs d'escadrons et par les capitaines; et, dans chaque batterie, l'on se conforme à ce qui est prescrit n° 285.

455. Lorsque les batteries font feu réellèment, le colonel, pour faire cesser le feu, fait sonner un demi-appel.

456. Lorsque le colonel le juge à propos, il prévient les capitaines que, dans toutes les formations en batterie, ils devront commander COMMENCEZ LE FEU, dès que leurs pièces seront en batterie.

Le régiment étant en batterie, le former en avant en bataille.

457. Le régiment étant en ligne dans l'ordre en batterie, pour le former en avant en bataille, les pièces en tête, le colonel commande :

1. *Garde à vous.*
2 *En avant en bataille = les pièces en tête.*
3. MARCHE.

Au deuxième commandement, répété par les chefs d'escadrons, les capitaines commandent : *Amenez les avant-trains en avant = caissons en avant.*

Au commandement MARCHE, répété par les chefs d'escadrons et par les capitaines, le mouvement s'exécute à la fois, dans toutes les batteries, comme il est prescrit n° 286, les avant-trains et les caissons se réglant à droite.

458. Pour former le régiment en avant en bataille, les caissons en tête, le colonel commande :

1. *Garde à vous.*
2. *En avant en bataille = les caissons en tête.*
3. MARCHE.

Au deuxième commandement, répété par les chefs d'escadrons, les capitaines commandent: *Amenez les avant-trains en avant = caissons doublez vos pièces.*

Au commandement MARCHE, répété par les chefs d'escadrons et par les capitaines, le mouvement s'exécute à la fois, dans toutes les batteries, comme il est prescrit n° 287, les avant-trains et les caissons se réglant à droite.

Douzième évolution.

Le régiment étant en bataille, le former face en arrière en batterie.

459. Le régiment étant en bataille, les caissons en tête, pour le former face en arrière en batterie, le colonel commande:

    1. *Garde à vous.*
    2. *Face en arrière en batterie.*
    3. MARCHE.

Au deuxième commandement, répété par les chefs d'escadrons, les capitaines commandent: 1. *Feu en arrière;* 2. *Guide à droite.*

Au commandement MARCHE, répété par les chefs d'escadrons, les capitaines commandent: EN BATTERIE, et le mouvement s'exécute à la fois, dans toutes les batteries, comme il est prescrit n° 288.

460. Le régiment marchant en bataille, les caissons en tête, pour le former face en arrière en batterie, le mouvement s'exécute aux mêmes commandements, avec cette

différence que les capitaines indiquent le guide, pour la formation en batterie, du côté où il était pendant la marche en bataille, et commandent: *En batterie* = Halte, au lieu de : En batterie.

Le régiment étant en batterie, le former face en arrière en bataille.

461. Le régiment étant en ligne dans l'ordre en batterie, pour le former face en arrière en bataille, les pièces en tête, le colonel commande :

1. *Garde à vous.*
2. *Face en arrière en bataille* = *les pièces en tête.*
3. Marche.

Au deuxième commandement, répété par les chefs d'escadrons, les capitaines commandent : *Amenez les avant-trains* = *caissons derrière vos pièces.*

Au commandement Marche, répété par les chefs d'escadrons et par les capitaines, le mouvement s'exécute à la fois, dans toutes les batteries, comme il est prescrit n° 290, les avant-trains et les caissons se réglant à droite.

462. Pour former le régiment face en arrière en bataille, les caissons en tête, le colonel commande :

1. *Garde à vous.*
2. *Face en arrière en bataille* = *les caissons en tête.*
3. Marche.

Au deuxième commandement, répété par les chefs d'escadrons, les capitaines commandent: *Amenez les avant-trains = caissons devant vos pièces.*

Au commandement MARCHE, répété par les chefs d'escadrons et par les capitaines, le mouvement s'exécute à la fois, dans toutes les batteries, comme il est prescrit n° 291, les avant-trains et les caissons se réglant à droite.

Passer de l'ordre en colonne à l'ordre en batterie.

Treizième évolution.

Le régiment étant en colonne par sections, le former en batterie sur l'un de ses flancs, ou sur le prolongement en avant de l'un de ses flancs.

463. Le régiment étant en colonne par sections, de pied ferme ou en marche, les pièces en tête, pour le former à gauche en batterie, en gagnant du terrain à gauche, le colonel commande:

1. *Garde à vous.*
2. *A gauche en batterie = sections à gauche.*
3. MARCHE.

Le deuxième commandement est répété par les chefs d'escadrons et par les capitaines.

Au commandement MARCHE, répété par ces mêmes

officiers, les batteries sont formées à la fois à gauche en batterie par leurs capitaines, suivant les principes et aux commandements prescrits n° 295.

464. Le régiment étant en colonne par sections, de pied ferme ou en marche, les caissons en tête, pour le former à gauche en batterie, en gagnant du terrain à droite, le colonel commande :

1. *Garde à vous.*
2. *A gauche en batterie = sections à droite.*
3. Marche.

Les deux derniers commandements sont répétés par les chefs d'escadrons et par les capitaines, et les batteries sont formées à la fois à gauche en batterie par leurs capitaines, suivant les principes et aux commandements prescrits n° 296.

465. Les formations à droite en batterie en gagnant du terrain à droite, et à droite en batterie en gagnant du terrain à gauche, s'exécutent suivant les mêmes principes, aux commandements : 1. *Garde à vous* ; 2. *A droite en batterie = sections à droite* (ou *A droite en batterie = sections à gauche*) ; 3. Marche.

466. Le régiment marchant en colonne par sections, les pièces en tête, pour le former en batterie sur le prolongement en avant de son flanc droit, le colonel commande :

1. *Garde à vous.*
2. *Sur la droite en batterie.*
3. Marche.

Au deuxième commandement, répété par les chefs d'escadrons et par le capitaine de la première batterie, cette batterie exécute son mouvement, comme il est prescrit n° 299.

Les capitaines des autres batteries commandent: *Guide à droite*, se portent à hauteur de leur tête de colonne, et commandent successivement *Sur la droite en batterie*, assez à temps pour commander Marche, lorsque la première section de leur batterie arrive à hauteur du point où elle doit tourner à droite, pour venir se former sur la ligne.

467. Le régiment marchant en colonne par sections, on le forme en batterie sur le prolongement en avant de son flanc gauche, suivant les mêmes principes et par les moyens inverses, aux commandements: 1. *Garde à vous;* 2. *Sur la gauche en batterie;* 3. Marche.

Quatorzième évolution.

Le régiment étant en colonne par sections, le former en avant en batterie.

468. Le régiment étant en colonne par sections, les pièces en tête, pour le former en avant en batterie sur la tête de la colonne, en gagnant du terrain à gauche, le colonel commande:

1. *Garde à vous.*
2. *En avant en batterie, oblique à gauche.*
3. Marche.

Au deuxième commandement, répété par les chefs d'escadrons et par le capitaine de la première batterie les capitaines des autres batteries commandent: *Co-lonne en avant = tête de colonne demi-à-gauche.*

Au commandement MARCHE, répété par les chefs d'escadrons et par les capitaines, le mouvement s'exécute comme il est prescrit n° 407, pour former le régiment en avant en bataille, avec cette différence que chaque batterie, en arrivant en ligne, est formée en avant en batterie, suivant les principes et aux commandements prescrits n° 292.

469. La formation en avant en batterie, en gagnant du terrain à droite, s'exécute suivant les mêmes principes et par les moyens inverses, aux commandements: 1. *Garde à vous;* 2. *En avant en batterie, oblique à droite;* 3. MARCHE.

470. Ces formations en avant en batterie sur la tête de la colonne, la colonne étant en marche, s'exécutent comme il est prescrit la colonne étant de pied ferme, excepté qu'au deuxième commandement, les capitaines des trois dernières batteries ne commandent pas: *Colonne en avant,* mais seulement: *Tête de colonne demi-à-gauche* (ou *demi-à-droite*).

Quinzième évolution.

Le régiment étant en colonne par sections, le former face en arrière en batterie.

471. Le régiment étant en colonne par sections, les cais-sons en tête, pour le former face en arrière en batterie sur la tête de la colonne, en gagnant du terrain à gauche, le colonel commande:

1. *Garde à vous.*
2. *Face en arrière en batterie, oblique à gauche.*
3. MARCHE.

Au deuxième commandement, répété par les chefs d'escadrons et par le capitaine de la première batterie, les capitaines des autres batteries commandent: *Colonne en avant = tête de colonne demi-à-gauche.*

Au commandement MARCHE, répété par les chefs d'escadrons et par les capitaines, le mouvement s'exécute comme il est prescrit n° 407, pour former le régiment en avant en bataille, avec cette différence que chaque batterie, en arrivant en ligne, est formée face en arrière en batterie, suivant les principes et aux commandements prescrits n° 302.

472. La formation face en arrière en batterie, en gagnant du terrain à droite, s'exécute suivant les mêmes principes et par les moyens inverses, aux commandements: 1. *Garde à vous;* 2. *Face en arrière en batterie, oblique à droite;* 3. MARCHE.

473. Ces formations face en arrière en batterie sur la tête de la colonne, la colonne étant en marche, s'exécutent comme il est prescrit la colonne étant de pied ferme, excepté qu'au deuxième commandement, les capitaines des trois dernières batteries ne commandent pas: *Colonne en avant,* mais seulement: *Tête de colonne demi-à-gauche* (ou *demi-à-droite*).

474. Le régiment étant en colonne par sections, de pied ferme ou en marche, si l'on veut le former face en arrière en batterie sur la queue de la colonne, le colonel fait d'abord exécuter une contre-marche, et fait ensuite exécuter une formation en avant en batterie sur la tête de la colonne.

Formations en batterie par la réunion des 13ᵉ et 14ᵉ ou 15ᵉ évolutions.

475. Le régiment marchant en colonne par sections, les pièces en tête, et une partie de la colonne ayant changé de direction à droite, si l'on veut le former en batterie pour faire feu du côté vers lequel marchait la colonne avant le changement de direction, le colonel arrête la colonne avant que la dernière section de la batterie qui est entrée la dernière dans la nouvelle direction, ait complétement terminé sa conversion, et il commande :

1. *Garde à vous.*
2. *A gauche = et en avant en batterie.*
3. Marche.

Au deuxième commandement, répété par les chefs d'escadrons, les capitaines dont les batteries ont changé de direction, commandent : *A gauche en batterie = sections à gauche.*

Le capitaine de la batterie qui suit immédiatement celles qui ont changé de direction, commande : *Colonne en avant.*

Les capitaines des autres batteries commandent : *Colonne en avant = tête de colonne demi-à-gauche.*

Au commandement Marche, répété par les chefs d'escadrons et par les capitaines, on se conforme respectivement, dans chaque portion de la colonne, à ce qui est prescrit nᵒ 463 pour l'*A gauche en batterie, sections à gauche,* et nᵒ 468 pour l'*En avant en batterie,* en gagnant du terrain à gauche.

476. Le régiment marchant en colonne par sections, les pièces en tête, et une partie de la colonne ayant changé de direction à gauche, si l'on veut le former à droite et en avant en batterie, le mouvement s'exécute suivant les mêmes principes et par les moyens inverses, aux commandements : 1. *Garde à vous ;* 2. *A droite = et en avant en batterie ;* 3. MARCHE.

477. Le régiment marchant en colonne par sections, les caissons en tête, et une portion de la colonne ayant changé de direction à droite, si l'on veut le former en batterie pour faire feu du côté opposé à celui vers lequel marchait la colonne avant le changement de direction, le colonel arrête la colonne avant que la dernière section de la batterie qui est entrée la dernière dans la nouvelle direction, ait complétement terminé sa conversion, et commande :

1. *Garde à vous.*
2. *A droite = et face en arrière en batterie.*
3. MARCHE.

Au deuxième commandement, répété par les chefs d'escadrons, les capitaines dont les batteries ont changé de direction, commandent : *A droite en batterie = sections à gauche.*

Le capitaine de la batterie qui est immédiatement en arrière de celle qui a changé de direction, commande : *Colonne en avant.*

Les capitaines des autres batteries commandent : *Colonne en avant = tête de colonne demi-à-gauche.*

Au commandement MARCHE, répété par les chefs d'escadrons et par les capitaines, on se conforme respectivement, dans chaque portion de la colonne, à ce qui est prescrit n° 465 pour l'*A droite en bat-*

11

terie, sections à gauche, et n° 471 pour le *Face en arrière en batterie,* en gagnant du terrain à gauche.

478. Le régiment marchant en colonne par sections, les caissons en tête, et une partie de la colonne ayant changé de direction à gauche, si l'on veut le former à gauche et face en arrière en batterie, le mouvement s'exécute suivant les mêmes principes et par les moyens inverses, aux commandements : 1. *Garde à vous;* 2. *A gauche = et face en arrière en batterie;* 3. MARCHE.

479. Le régiment étant en colonne par sections, les pièces en tête, pour le former en avant en batterie, sur une ligne que la tête de colonne a dépassée, en portant les premières batteries à la droite, le colonel commande :

1. *Garde à vous.*
2. *Sur la troisième* (2ᵉ ou 4ᵉ) *batterie = en avant en batterie = premières batteries à la droite.*
3. MARCHE.

Au deuxième commandement, répété par les chefs d'escadrons, les capitaines des batteries qui sont en avant de la batterie de formation commandent : *Colonne en avant.*

Le capitaine de la batterie de formation commande : *En avant en batterie, oblique à gauche.*

Les capitaines des batteries qui sont en arrière de la batterie de formation commandent : *Colonne en avant = tête de colonne demi-à-gauche.*

Au commandement MARCHE, répété par les chefs d'escadrons et par les capitaines, les batteries qui sont en avant de la batterie de formation se portent droit devant elles; lorsqu'elles ont marché 35 mètres, leurs capitaines commandent simultanément: 1. *Pièces*

et caissons à droite; 2. MARCHE, et, dès que les voitures sont redressées dans la nouvelle direction: 3.
En = AVANT; 4. *Guide à droite;* ils commandent
ensuite *Pièces et caissons à droite,* assez à temps,
pour commander simultanément MARCHE, lorsque les
chevaux de devant des voitures du deuxième rang sont
à 3 mètres en deçà de l'intervalle qui doit exister
entre la batterie de formation et celle qui doit venir
se placer immédiatement à sa droite. Dès que les batteries qui marchent en avant de la batterie de formation sont de nouveau formées en colonne, les caissons
en tête, leurs capitaines se conforment à ce qui est
prescrit n° 471 pour le *Face en arrière en batterie,*
en gagnant du terrain à gauche; le chef de la section
tête de colonne ayant le soin de commander *En batterie* = HALTE, lorsque ses pièces arrivent sur la ligne
des pièces de la batterie de formation.

La batterie de formation et les batteries qui sont
en arrière de celle-ci, se conforment à ce qui est
prescrit n° 468 pour l'*En avant en batterie,* en gagnant du terrain à gauche.

480. Le régiment étant en colonne par sections, si l'on
veut le former en avant en batterie, sur une ligne que la
tête de colonne a dépassée, en portant les premières batteries à la gauche, le colonel commande: 1. *Garde à vous;*
2. *Sur la troisième* (2e ou 4e) *batterie* = *en avant en batterie* = *premières batteries à la gauche;* 3. MARCHE, et le
mouvement s'exécute suivant les mêmes principes qu'en
portant les premières batteries à la droite, et par les
moyens inverses.

481. Le régiment étant en colonne par sections, les caissons en tête, pour le former face en arrière en batterie,

sur une ligne dépassée par la tête de la colonne, en portant les premières batteries à la droite, le colonel commande :

1. *Garde à vous.*
2. *Sur la troisième* (2ᵉ *ou* 4ᵉ) *batterie = face en arrière en batterie = premières batteries à la droite.*
3. Marche.

Au deuxième commandement, répété par les chefs d'escadrons, les capitaines des batteries qui sont en avant de la batterie de formation, commandent : *Colonne en avant.*

Le capitaine de la batterie de formation commande : *Face en arrière en batterie, oblique à gauche.*

Les capitaines des batteries qui sont en arrière de la batterie de formation, commandent : *Colonne en avant, tête de colonne demi-à-gauche.*

Au commandement Marche, répété par les chefs d'escadrons et par les capitaines, les batteries qui sont en avant de la batterie de formation se portent droit devant elles ; lorsqu'elles ont marché 35 mètres, leurs capitaines commandent simultanément : 1. *Pièces et caissons à droite* ; 2. Marche, et, dès que les voitures sont redressées dans la nouvelle direction : 3. *En =* avant ; 4. *Guide à droite* ; ils commandent ensuite *Pièces et caissons à droite*, assez à temps, pour commander simultanément Marche, lorsque les chevaux de devant des voitures du deuxième rang sont à 3 mètres en deçà de l'intervalle qui doit exister entre la batterie de formation et celle qui doit venir se placer immédiatement à sa droite. Dès que les batteries qui marchent en avant de la batterie de formation sont de nouveau formées en colonne, les pièces en tête, leurs capitaines se conforment à ce qui est prescrit n° 468 pour l'*En avant en batterie*, en gagnant du terrain à gauche; le chef de la section tête de colonne ayant le soin de commander Halte, lorsque ses pièces arrivent sur la ligne des pièces de la batterie de formation.

La batterie de formation et les batteries qui sont en arrière de celle-ci, se conforment à ce qui est prescrit n° 471 pour le *Face en arrière en batterie*, en gagnant du terrain à gauche.

482. Le régiment étant en colonne par sections, si l'on veut le former face en arrière en batterie, sur une ligne dépassée par la tête de la colonne, en portant les premières batteries à la gauche, le colonel commande : 1. *Garde à vous*; 2. *Sur la troisième* (2e ou 4e) *batterie = face en arrière en batterie = premières batteries à la gauche*; 3. Marche, et le mouvement s'exécute suivant les mêmes principes qu'en portant les premières batteries à la droite, et par les moyens inverses.

Seizième évolution.

Le régiment étant formé en deux ou en quatre colonnes parallèles, le former en avant en batterie.

483. Le régiment marchant en double colonne, les pièces en tête, pour le former en avant en batterie, le colonel commande :

1. *Garde à vous.*
2. *En avant en batterie.*
3. MARCHE.

Au deuxième commandement, répété par les chefs d'escadrons, les capitaines des batteries têtes de colonne commandent, celui de droite: *En avant en batterie, oblique à droite*, celui de gauche: *En avant en batterie, oblique à gauche.*

Au commandement MARCHE, répété par les chefs d'escadrons et par les capitaines des batteries têtes de colonne, le mouvement s'exécute dans ces batteries, comme il est prescrit nos 294 et 292.

Les capitaines des autres batteries continuent de marcher droit devant eux, et commandent, celui de droite: *Tête de colonne à droite*, celui de gauche: *Tête de colonne à gauche*, de manière à longer, à 3 mètres de distance, les caissons des batteries déjà formées, et à venir établir sur la ligne: la batterie de droite, par la formation *Sur la gauche en batterie*, et la batterie de gauche, par la formation *Sur la droite en batterie.*

484. On peut aussi former la double colonne en batterie sur l'un des flancs et le prolongement en avant de ce flanc, par les commandements: *A gauche = et sur la gauche en batterie*, ou *A droite = et sur la droite en batterie;* ces formations en batterie s'exécutent suivant les principes prescrits pour les formations en bataille correspondantes n° 448.

485. Le régiment marchant en quatre colonnes parallèles, par sections (chaque colonne sur une des ailes de chaque

batterie), pour le former en avant en batterie, le colonel commande :

1. *Garde à vous.*
2. *En avant en batterie, oblique à gauche* (ou à droite).
3. MARCHE.

Les deux derniers commandements sont répétés par les chefs d'escadrons et par les capitaines, et chaque batterie exécute son mouvement comme il est prescrit nos 292 ou 294.

486. Le régiment marchant en quatre colonnes d'attaque parallèles, pour le former en avant en batterie, le colonel commande :

1. *Garde à vous.*
2. *En avant en batterie.*
3. MARCHE.

Les deux derniers commandements sont répétés par les chefs d'escadrons et par les capitaines, et chaque batterie exécute son mouvement comme il est prescrit n° 305.

Dix-septième évolution.

Former une colonne serrée en batterie sur l'un de ses flancs, ou sur le prolongement en avant de l'un de ses flancs.

487. Le régiment étant en colonne serrée, les pièces en tête, pour le former à gauche en batterie, en gagnant du terrain à gauche, le colonel commande :

1. *Garde à vous.*
2. *Par la queue de la colonne* = *à gauche en batterie* = *batteries à gauche.*
3. MARCHE.

Au deuxième commandement, répété par les chefs d'escadrons, le capitaine de la quatrième batterie commande: *Batterie à gauche;* les capitaines des autres batteries commandent: 1. *Batterie en avant;* 2. *Guide à gauche;* 3. *Au trot.*

Au commandement MARCHE, répété par les chefs d'escadrons et par les capitaines, les trois premières batteries se portent en avant au trot, la quatrième exécute un à-gauche.

Le reste du mouvement s'exécute comme il est prescrit n° 421 pour la formation *Par la queue de la colonne à gauche en bataille;* avec cette différence que chaque batterie est formée en ligne en avant en batterie, aussitôt sa conversion terminée, suivant les principes et aux commandements prescrits n° 282.

488. Le régiment étant en colonne serrée, les caissons en tête, pour le former à gauche en batterie, en gagnant du terrain à droite, le colonel commande:

1. *Garde à vous.*
2. *Par la queue de la colonne* = *à gauche en batterie* = *batteries à droite.*
3. MARCHE.

Au deuxième commandement, répété par les chefs d'escadrons, le capitaine de la quatrième batterie commande: *Batterie à droite;* les capitaines des autres batteries commandent : 1. *Batterie en avant;* 2. *Guide à droite;* 3. *Au trot.*

Au commandement MARCHE, répété par les chefs d'escadrons et par les capitaines, les trois premières batteries se portent en avant au trot, la quatrième exécute un *à-droite.*

Le reste du mouvement s'exécute comme il est prescrit n° 423 pour la formation *Par la queue de la colonne à droite en bataille;* avec cette différence que chaque batterie, dès que ses pièces sont redressées après la conversion, est formée en ligne, face en arrière en batterie, suivant les principes et aux commandements prescrits n° 289.

489. Les formations par la queue de la colonne à droite en batterie, en gagnant du terrain à droite ou à gauche, s'exécutent suivant les mêmes principes et par les moyens inverses, aux commandements : 1. *Garde à vous;* 2. *Par la queue de la colonne = à droite en batterie = batteries à droite (ou à gauche);* 3. MARCHE,

490. La colonne serrée étant en marche, les formations par la queue de la colonne à gauche (ou à droite) en batterie, s'exécutent comme il est prescrit, la colonne étant de pied ferme; excepté qu'au deuxième commandement du colonel, les capitaines des trois premières batteries commandent seulement *le guide* et *au trot.*

491. Le régiment marchant en colonne serrée, pour le former en batterie sur le prolongement en avant du flanc droit de la colonne, le colonel commande :

      1. *Garde à vous.*

      2. *Sur la droite en batterie.*

      3. MARCHE.

Au deuxième commandement, répété par les chefs d'escadrons, le capitaine de la première batterie commande : *Tournez*.

Au commandement MARCHE, répété par les chefs d'escadrons, le mouvement s'exécute comme il est prescrit nº 424 pour la formation *Sur la droite en bataille* de la colonne serrée ; avec cette différence, que chaque batterie, dès que sa conversion est terminée, est formée successivement en ligne en avant en batterie, suivant les principes et aux commandements prescrits nº 282.

492. La colonne serrée étant en marche, si l'on veut se former en batterie sur le prolongement en avant du flanc gauche de la colonne, le mouvement s'exécute suivant les mêmes principes et par les moyens inverses, aux commandements : 1. *Garde à vous*; 2. *Sur la gauche en batterie*; 3. MARCHE.

Dix-huitième évolution.

Déployer une colonne serrée en avant, ou face en arrière en batterie.

493. Le régiment étant en colonne serrée, les pièces en téte, si l'on veut le déployer en avant en batterie en avant du front de la colonne, sur l'une des trois dernières batteries, et en portant les premières batteries à la droite, le colonel commande :

1. *Garde à vous.*
2. *Sur la troisième* (2e ou 4e) *batterie = en avant en batterie = premières batteries à la droite.*
3. MARCHE.

Au deuxième commandement, répété par les chefs d'escadrons, les capitaines des batteries qui sont en avant de celle sur laquelle on se déploie, commandent: *Pièces et caissons à droite.*

Les capitaines des batteries qui sont en arrière de celle sur laquelle on se déploie, commandent: *Pièces et caissons à gauche.*

Le capitaine de la batterie sur laquelle on se déploie, commande: 1. *Batterie en avant;* 2. *Guide à droite.*

Au commandement MARCHE, répété par les chefs d'escadrons et par les capitaines, excepté celui de la batterie sur laquelle on se déploie, le mouvement s'exécute comme il est prescrit n° 426 pour *Déployer la colonne serrée en bataille* en avant du front de la colonne; avec cette différence que la batterie sur laquelle se fait le déploiement, est formée en avant en batterie, suivant les principes et aux commandements prescrits n° 282, dès qu'elle a dépassé de 30 mètres le front de la colonne. Chacune des autres batteries se porte sur la ligne, à son intervalle, et, en y arrivant, elle est mise aussitôt en batterie.

494. Si l'on veut déployer la colonne serrée en avant en batterie en avant du front de la colonne, en portant les premières batteries à la gauche, le mouvement s'exécute suivant les mêmes principes et par les moyens inverses, aux commandements: 1. *Garde à vous;* 2. *Sur la troisième (2ᵉ ou 4ᵉ) batterie = en avant en batterie = premières batteries à la gauche;* 3. MARCHE.

495. Si l'on veut déployer la colonne serrée en avant en batterie sur la batterie tête de colonne, le mouvement s'exécute suivant les mêmes principes, aux commande-

ments: 1. *Garde à vous*; 2. *Sur la première batterie = en
avant en batterie = dernières batteries à la gauche* (ou à
la droite); 3. MARCHE.

496. Le régiment étant en colonne serrée, les caissons
en tête, si l'on veut le déployer face en arrière en batterie
en avant du front de la colonne, sur l'une des trois dernières batteries, en portant les premières batteries à la
droite, le colonel commande :

1. *Garde à vous.*
2. *Sur la troisième* (2e ou 4e) *batterie = face en
    arrière en batterie = premières batteries à
    la droite.*
3. MARCHE.

Au deuxième commandement, répété par les chefs
d'escadrons, les capitaines des batteries qui sont en
avant de celle sur laquelle on se déploie, commandent: *Pièces et caissons à droite.*

Les capitaines des batteries qui sont en arrière de
celle sur laquelle on se déploie, commandent: *Pièces
et caissons à gauche.*

Le capitaine de la batterie sur laquelle on se déploie, commande: 1. *Batterie en avant*; 2. *Guide à
droite.*

Au commandement MARCHE, répété par les chefs
d'escadrons et par les capitaines, excepté celui de la
batterie sur laquelle on se déploie, le mouvement
s'exécute comme il est prescrit n° 426 pour *Déployer
la colonne serrée en bataille* en avant du front de
la colonne; avec cette différence que les batteries, au
lieu d'être formées en avant en bataille, en arrivant
en ligne, sont formées face en arrière en batterie.

497. Le régiment étant en colonne serrée, les caissons en tête, si l'on veut le déployer face en arrière en batterie en avant du front de la colonne sur l'une des trois dernières batteries, en portant les premières batteries à la gauche, le mouvement s'exécute suivant les mêmes principes et par les moyens inverses, aux commandements : 1. *Garde à vous;* 2. *Sur la troisième* (2e ou 4e) *batterie =* *face en arrière en batterie = premières batteries à la gauche;* 3. MARCHE.

498. Le régiment étant en colonne serrée, les caissons en tête, si l'on veut le déployer face en arrière en batterie sur la batterie tête de colonne, le mouvement s'exécute suivant les mêmes principes, aux commandements : 1. *Garde à vous;* 2. *Sur la première batterie = face en arrière en batterie = dernières batteries à la gauche;* 3. MARCHE.

499. Le régiment étant en colonne serrée, les pièces en tête, si, au lieu de le déployer en avant en batterie en avant du front de la colonne, on veut le déployer en avant en batterie sur le front d'une des batteries, en portant les premières batteries à la droite, le colonel commande :

1. *Garde à vous.*
2. *Sur le front de la troisième* (2e ou 4e) *batterie = en avant en batterie = premières batteries à la droite.*
3. MARCHE.

Au deuxième commandement, répété par les chefs d'escadrons, les capitaines des batteries qui sont en avant de celle sur laquelle on se déploie, commandent : *Pièces et caissons à droite.*

Les capitaines des batteries qui sont en arrière de celle sur laquelle on se déploie, commandent : *Pièces et caissons à gauche.*

Le capitaine de la batterie sur laquelle on se déploie, commande : 1. *Feu en avant* ; 2. *Guide à droite.*

Au commandement MARCHE, répété par les chefs d'escadrons et par les capitaines des batteries autres que celle sur laquelle on se déploie, ces batteries exécutent leur conversion par voiture, et chacune d'elles, au commandement de son capitaine *Pièces et caissons à droite* (ou *à gauche*), exécute une seconde conversion par voiture, pour se porter en ligne, à son intervalle. Les batteries qui sont en avant de la batterie sur laquelle on se déploie, sont formées face en arrière en batterie, comme il est prescrit n° 289 ; celles qui sont en arrière, sont formées en avant en batterie, comme il est prescrit n° 282.

Le capitaine de la batterie sur laquelle on se déploie commande EN BATTERIE, dès que son front est démasqué ; il commande ensuite HALTE, en se conformant à ce qui est prescrit n° 145.

500. Le régiment étant en colonne serrée, les caissons en tête, pour le déployer face en arrière en batterie, sur le front d'une des batteries, en portant les premières batteries à la droite, le colonel commande :

1. *Garde à vous.*
2. *Sur le front de la troisième* (2ᵉ ou 4ᵉ) *batterie* = *face en arrière en batterie* = *premières batteries à la droite.*
3. MARCHE.

Au deuxième commandement, répété par les chefs d'escadrons, les capitaines des batteries qui sont en avant de celle sur laquelle on se déploie, commandent : *Pièces et caissons à droite.*

Les capitaines des batteries qui sont en arrière de celle sur laquelle on se déploie, commandent : *Pièces et caissons à gauche.*

Le capitaine de la batterie sur laquelle on se déploie, commande : 1. *Feu en arrière;* 2. *Guide à droite.*

Au commandement MARCHE, répété par les chefs d'escadrons et par les capitaines, le mouvement s'exécute, comme il est prescrit n° 499 pour *Déployer la colonne serrée en avant en batterie* sur le front d'une des batteries; avec cette différence que les batteries qui sont en avant de celle sur laquelle on se déploie, au lieu d'être formées face en arrière en batterie, en arrivant en ligne, sont formées en avant en batterie, et que les batteries qui sont en arrière de celle sur laquelle on se déploie, sont formées face en arrière en batterie.

501. Le déploiement de la colonne serrée face en arrière en batterie sur le front d'une des batteries, en portant les premières batteries à la gauche, s'exécute suivant les mêmes principes et par les moyens inverses, aux commandements : 1. *Garde à vous;* 2. *Sur le front de la troisième* (2e ou 4e) *batterie = face en arrière en batterie = premières batteries à la gauche;* 3. MARCHE.

Dix-neuvième évolution.

Feu en avançant.

(Les commandements pour le *Feu en avançant,* et pour le *Feu en retraite,* ne se font que dans les exercices où les

batteries ne font pas feu. Pendant le tir, ces commandements sont remplacés par des avertissements.)

502. Le régiment étant en ligne dans l'ordre en batterie,
et faisant feu, pour le porter successivement, par division,
à des positions plus avancées, le colonel commande :

1. *Garde à vous.*
2. *Feu en avançant* = *par division.*
3. *Division de droite* = COMMENCEZ LE MOUVEMENT.

Le deuxième commandement est répété par les chefs
d'escadrons.

Au troisième commandement, répété par les chefs
d'escadrons, les capitaines des première et deuxième
batteries commandent : 1. CESSEZ LE FEU ; 2. *Amenez
les avant-trains en avant ;* 3. MARCHE.

Ces mouvements étant exécutés, le chef d'escadrons
commandant la division de droite, commande : 1. *Division en avant ;* 2. *Guide à gauche ;* 3. MARCHE. La
division de droite se porte en avant, les caissons conservant leur distance de batterie ; lorsque la division
est arrivée au point qui a été indiqué par le colonel,
ou lorsqu'elle a parcouru une distance de 250 mètres
environ, le chef d'escadrons commande : 1. *En batterie* = HALTE ; 2. COMMENCEZ LE FEU.

Dès que la division de droite a commencé son feu,
le chef d'escadrons commandant la division de gauche,
fait cesser le feu. Les capitaines des batteries de cette
division font amener les avant-trains en avant, et dès
que les avant-trains sont remis, le chef d'escadrons
porte sa division en avant, avec le guide à droite, et
l'arrête lorsqu'elle arrive sur le point indiqué par le

colonel, ou lorsqu'elle a dépassé la division de droite d'une distance égale à celle dont cette dernière s'était portée en avant.

La division de gauche commence le feu, et le mouvement se continue, les divisions se portant ainsi alternativement à des positions de plus en plus avancées.

503. Lorsque le colonel veut faire cesser le feu en avançant, il se porte à la division sur laquelle il veut rallier, et fait sonner le ralliement. A la sonnerie du ralliement, la division qui doit se rallier, cesse son feu, rejoint au trot l'autre division, et prend, en arrivant à sa hauteur, la même formation qu'elle.

504. Le feu en avançant s'exécute suivant les mêmes principes, en commençant par la division de gauche.

505. Dans les feux en avançant, on se conforme à ce qui est prescrit n° 308.

506. Le régiment étant en ligne dans l'ordre en batterie, et faisant feu, pour le porter successivement, par batterie, à des positions plus avancées, le colonel commande :

1. *Garde à vous.*
2. *Feu en avançant = par batterie.*
3. *Batterie de droite =* COMMENCEZ LE MOUVEMENT.

Le deuxième commandement est répété par les chefs d'escadrons.

Au troisième commandement, répété par les chefs d'escadrons, le capitaine de la batterie de droite, après avoir fait cesser le feu et amener les avant-trains en avant, porte sa batterie à 150 mètres envi-

ron en avant de la ligne, et lui fait reprendre immédiatement son feu. Les autres batteries continuent le
mouvement, chacune d'elles se portant successivement
à 150 mètres au delà de la batterie la plus avancée,
aussitôt que celle qui la précède a commencé son feu.

Chaque chef d'escadrons accompagne la batterie la
plus avancée de sa division.

507. Pour faire cesser le feu en avançant par batterie, le
colonel se porte à hauteur de la batterie sur laquelle il
veut rallier les autres, et fait sonner le ralliement.

Vingtième évolution.

Feu en retraite.

508. Le régiment étant en ligne dans l'ordre en batterie,
et faisant feu, pour le porter successivement, par division,
à des positions plus en arrière, le colonel commande:

1. *Garde à vous.*
2. *Feu en retraite = par division.*
3. *Division de droite =* COMMENCEZ LE MOUVEMENT.

Le deuxième commandement est répété par les chefs
d'escadrons.

Au troisième commandement, répété par les chefs
d'escadrons, les capitaines des première et deuxième
batteries commandent: 1. CESSEZ LE FEU; 2. *Amenez
les avant-trains = caissons demi-tour à gauche;* 3.
MARCHE.

Ces mouvements étant exécutés, le chef d'escadrons commandant la division de droite, commande: 1. *Division en avant;* 2. *Guide à droite;* 3. Marche. La division de droite se porte en avant, les pièces conservant, par rapport aux caissons, leur distance de batterie. Lorsque la division est arrivée au point qui a été indiqué par le colonel, ou lorsqu'elle a parcouru une distance de 250 mètres environ, le chef d'escadrons commande: 1. *En batterie* = Halte; 2. Commencez le feu.

Dès que la division de droite a commencé son feu, la division de gauche se retire à son tour, mais avec le guide à gauche, et ainsi de suite, les divisions se portant alternativement à des positions de plus en plus en arrière.

509. Pour faire cesser le feu en retraite, le colonel se conforme à ce qui est prescrit pour faire cesser le feu en avançant n° 503.

510. Le régiment étant en ligne, dans l'ordre en batterie, et faisant feu, pour le porter successivement, par batterie, à des positions plus en arrière, le colonel commande:

1. *Garde à vous.*
2. *Feu en retraite* = *par batterie.*
3. *Batterie de droite* = commencez le mouvement.

Le deuxième commandement est répété par les chefs d'escadrons.

Au troisième commandement, répété par les chefs d'escadrons, le capitaine de la batterie de droite commence le mouvement, porte sa batterie à 150 mètres environ en arrière de la ligne, et lui fait reprendre immédiatement son feu. Les autres batteries continuent le mouvement, chacune d'elles se portant successivement à 150 mètres en arrière de la batterie la plus reculée, aussitôt que celle-ci a commencé son feu.

Chaque chef d'escadrons reste avec la batterie de sa division la plus rapprochée de l'ennemi.

511. Pour faire cesser le feu en retraite par batterie, le colonel se conforme à ce qui est prescrit n° 503.

512. Le régiment étant en batterie et faisant feu, pour faire exécuter les feux en retraite, à la prolonge, par division, le colonel commande :

DÉPLOYEZ LES PROLONGES.

A ce commandement répété par les chefs d'escadrons et par les capitaines, on se conforme, dans chaque batterie, à ce qui est prescrit n° 316.

Ce mouvement préparatoire étant exécuté, le colonel commande :

1. *Feu en retraite à la prolonge* = *par division.*
2. *Division de droite* = COMMENCEZ LE MOUVEMENT.

Le premier commandement est répété par les chefs d'escadrons.

Au deuxième commandement, répété par le chef d'escadrons commandant la division de gauche, le chef d'escadrons commandant la division de droite commande : 1. CESSEZ LE FEU ; 2. *Division en avant ;* 3. *Guide à droite ;* 4. MARCHE.

Lorsque la division est arrivée sur le point indiqué par le colonel, ou lorsqu'elle a parcouru une distance de 250 mètres environ, le chef d'escadrons commande : 1. *En batterie* = HALTE ; 2. COMMENCEZ LE FEU.

Le mouvement se continue successivement, la division de gauche se conformant à ce qui est prescrit pour la division de droite, et les caissons restant face en arrière, ainsi que les avant-trains.

Les servants se conforment à ce qui est prescrit n° 160.

513. Pour faire cesser le feu en retraite à la prolonge, le colonel fait exécuter le ralliement, et commande ensuite :

PLOYEZ LES PROLONGES.

A ce commandement répété par les chefs d'escadrons et par les capitaines, on se conforme, dans chaque batterie, à ce qui est prescrit n° 317. Les avant-trains et les caissons se remettent face en tête.

514. Lorsque le colonel le juge à propos, il fait ployer les prolonges sans faire exécuter le ralliement.

515. Le feu en retraite à la prolonge s'exécute par batterie d'une manière analogue.

Vingt et unième évolution.

Changements de front sur les ailes, étant en batterie.

516. Le régiment étant en ligne, dans l'ordre en batterie, et faisant feu, si l'on veut changer perpendiculairement le front de la ligne sur l'aile droite, pour faire feu à droite, en portant l'aile gauche en avant, le colonel fait *cesser le feu,* et commande :

1. *Garde à vous.*
2. *Feu à droite.*
3. *Changement de front = sur la première batterie = l'aile gauche en avant.*
4. MARCHE.

Le deuxième commandement est répété par les chefs d'escadrons.

Au troisième commandement, répété par les chefs d'escadrons, le capitaine de la première batterie commande: *Feu à droite = changement de front sur la pièce de droite = l'aile gauche en avant.*

Les capitaines des autres batteries commandent : 1. *Amenez les avant-trains en avant = caissons en avant.*

Au commandement MARCHE, répété par les chefs d'escadrons et par les capitaines, la première batterie exécute un changement de front sur la pièce de droite, pour faire feu à droite, en portant l'aile gauche en avant, comme il est prescrit n° 320.

Les autres batteries sont formées en avant en bataille, les pièces en tête.

Les capitaines de ces batteries commandent ensuite: 1. *Batterie en avant;* 2. *Guide à droite;* 3. MARCHE, et, après avoir marché 35 mètres en avant, chacun d'eux conduit sa batterie, par deux demi-à-droite, et aux commandements deux fois répétés: 1. *Batterie demi-à-droite;* 2. MARCHE; 3. *En = AVANT;* 4. *Guide à droite,* sur le nouveau front, à son intervalle ; chaque batterie est formée en ligne, en avant en batterie, suivant les principes et aux commandements prescrits n° 282 ; elle commence le feu dès qu'elle est formée.

517. Le changement de front perpendiculaire sur l'aile gauche, pour faire feu à gauche, en portant l'aile droite en avant, s'exécute suivant les mêmes principes et par les moyens inverses, aux commandements : 1. *Garde à vous;* 2. *Feu à gauche;* 3. *Changement de front = sur la quatrième batterie = l'aile droite en avant;* 4. Marche.

518. Le régiment étant en ligne, dans l'ordre en batterie, et faisant feu, si l'on veut changer perpendiculairement le front de la ligne sur l'aile droite, pour faire feu à droite, en portant l'aile gauche en arrière, le colonel fait *cesser le feu,* et commande :

1. *Garde à vous.*
2. *Feu à droite.*
3. *Changement de front = sur la première batterie = l'aile gauche en arrière.*
4. Marche.

Le deuxième commandement est répété par les chefs d'escadrons.

Au troisième commandement, répété par les chefs d'escadrons, le capitaine de la première batterie commande : *Feu à droite, changement de front sur la pièce de droite = l'aile gauche en arrière.* Les capitaines des autres batteries commandent : *Amenez les avant-trains = caissons derrière vos pièces.*

Au commandement Marche, répété par les chefs d'escadrons et par les capitaines, la première batterie exécute un changement de front sur la pièce de droite, pour faire feu à droite, en portant l'aile gauche en arrière, comme il est prescrit n° 322.

Les autres batteries sont formées face en arrière en bataille, les pièces en tête.

Les capitaines de ces batteries, au moment où les avant-trains sont remis et où les caissons ont terminé leur mouvement, commandent : 1. *Batterie en avant;* 2. *Guide à gauche;* et après avoir marché 35 mètres en avant, chacun d'eux conduit sa batterie par deux demi-à-gauche et aux commandements deux fois répétés : 1. *Batterie demi-à-gauche;* 2. MARCHE; 3. *En* = AVANT; 4. *Guide à gauche,* sur le nouveau front, à son intervalle; chaque batterie est formée successivement en ligne, en avant en batterie, suivant les principes et aux commandements prescrits n° 282; elle commence le feu dès qu'elle est formée.

519. Le changement de front perpendiculaire sur l'aile gauche, pour faire feu à gauche, en portant l'aile droite en arrière, s'exécute suivant les mêmes principes et par les moyens inverses, aux commandements : 1. *Garde à vous;* 2. *Feu à gauche;* 3. *Changement de front = sur la quatrième batterie = l'aile droite en arrière;* 4. MARCHE.

520. Le régiment étant en ligne, dans l'ordre en batterie, et faisant feu, si, au lieu de faire exécuter un changement de front perpendiculaire sur l'une des ailes, on veut faire avancer plus ou moins obliquement l'aile opposée, le colonel fait placer, successivement et par de simples avertissements, chacune des pièces de la batterie qui est au pivot, dans la direction nouvelle qu'il veut donner au tir; ce mouvement s'exécute sans que la batterie pivot cesse son feu, et en amenant à bras sur la nouvelle ligne,

autant que le terrain le permet, toutes les pièces de cette batterie; les caissons viennent se placer derrière leur pièce individuellement, et par le chemin le plus court.

Lorsque la batterie pivot est établie dans sa nouvelle position, les autres batteries cessent leur feu, sont formées en avant en bataille, et sont conduites sur la nouvelle ligne par le chemin le plus court; dès qu'elles y sont arrivées, elles commencent le feu.

Vingt-deuxième évolution.

Changements de front sur le centre, étant en batterie.

521. Le régiment étant en ligne dans l'ordre en batterie, et faisant feu, si l'on veut changer perpendiculairement le front de la ligne sur une batterie du centre, pour faire feu à droite, en portant l'aile gauche en avant, le colonel fait *cesser le feu,* et commande:

1. *Garde à vous.*
2. *Feu à droite.*
3. *Changement de front = sur la troisième* (ou 2e) *batterie = l'aile gauche en avant.*
4. MARCHE.

Le deuxième commandement est répété par les chefs d'escadrons.

Au troisième commandement, répété par les chefs d'escadrons, le capitaine de la troisième batterie commande: *Feu à droite, changement de front sur la pièce de droite = l'aile gauche en avant.*

11*

Le capitaine de la quatrième batterie commande :
*Amenez les avant-trains en avant = caissons en
avant.*

Les capitaines des première et deuxième batteries
commandent : *Amenez les avant-trains = caissons
devant vos pièces.*

Au commandement MARCHE, répété par les chefs
d'escadrons et par les capitaines, la batterie pivot
exécute un changement de front sur la pièce de droite,
pour faire feu à droite, en portant l'aîle gauche en
avant, comme il est prescrit n° 320.

Les autres batteries sont formées : celles de droite,
face en arrière en bataille, les caissons en tête, et celles de gauche, en avant en bataille, les pièces en tête.

Les capitaines de ces batteries, au moment où les
avant-trains sont remis et où les caissons ont terminé
leur mouvement, commandent : 1. *Batterie en avant;*
2. *Guide à droite;* 3. MARCHE.

La quatrième batterie, après avoir marché 35 mètres
en avant, est conduite par deux demi-à-droite et aux
commandements deux fois répétés : 1. *Batterie demi-
à-droite;* 2. MARCHE; 3. *En* = AVANT; 4. *Guide à
droite,* sur le nouveau front, à son intervalle, et est
formée en ligne, en avant en batterie, suivant les
principes prescrits n° 282.

La deuxième batterie est conduite par une conversion à droite immédiate, aux commandements : 1.
Batterie à droite; 2. MARCHE, sur le nouveau front,
à son intervalle, et est formée en ligne, face en arrière en batterie, suivant les principes et aux commandements prescrits n° 289.

Dans la conversion de cette batterie, c'est la deuxième pièce qui sert de pivot et qui décrit le quart de cercle prescrit. La première pièce se porte à son intervalle de la batterie voisine, par un à-droite.

La première batterie, après avoir marché 5 mètres en avant, est conduite par deux demi-à-droite et aux commandements deux fois répétés : *Batterie demi-à-droite*; 2. Marche; 3. *En = avant*; 4. *Guide à droite*, sur le nouveau front, à son intervalle; et est formée en ligne, face en arrière en batterie, suivant les principes et aux commandements prescrits n° 289.

Chaque batterie commence le feu dès qu'elle est formée.

522. Le changement de front sur la troisième (ou 2ᵉ) batterie, pour faire feu à gauche, en portant l'aile droite en avant, s'exécute suivant les mêmes principes et par les moyens inverses, aux commandements: 1. *Garde à vous;* 2. *Feu à gauche; 3. Changement de front = sur la troisième (ou 2ᵉ) batterie = l'aile droite en avant;* 4. Marche.

523. Les batteries étant en ligne et faisant feu, si l'on veut changer perpendiculairement le front de la ligne, sur une batterie du centre, pour faire feu à droite, en portant l'aile gauche en arrière, le colonel fait *cesser le feu*, et commande:

1. *Garde à vous.*
2. *Feu à droite.*
3. *Changement de front = sur la troisième (ou 2ᵉ) batterie = l'aile gauche en arrière.*
4. Marche.

Le deuxième commandement est répété par les chefs d'escadrons.

Au troisième commandement, répété par les chefs d'escadrons, le capitaine de la troisième batterie commande : *Feu à droite, changement de front sur la pièce de droite = l'aile gauche en arrière.*

Le capitaine de la quatrième batterie commande : *Amenez les avant-trains = caissons derrière vos pièces.*

Les capitaines des première et deuxième batteries commandent : *Amenez les avant-trains en avant = caissons doublez vos pièces.*

Au commandement MARCHE, répété par les chefs d'escadrons et par les capitaines, la batterie pivot exécute un changement de front sur la pièce de droite, pour faire feu à droite, en portant l'aile gauche en arrière, comme il est prescrit nº 322.

Les autres batteries sont formées : celles de droite en avant en bataille, les caissons en tête, et celles de gauche, face en arrière en bataille, les pièces en tête.

Les capitaines de ces batteries, au moment où les avant-trains sont remis, et où les caissons ont terminé leur mouvement, commandent : 1. *Batterie en avant*; 2. *Guide à gauche*; 3. MARCHE.

La quatrième batterie, après avoir marché 35 mètres en avant, est conduite par deux demi-à-gauche et aux commandements deux fois répétés : 1. *Batterie demi-à-gauche*; 2. MARCHE; 3. *En = AVANT*; 4. *Guide à gauche*, sur le nouveau front, à son intervalle, et est formée en ligne, en avant en batterie, suivant les principes et aux commandements prescrits nº 282.

La deuxième batterie est conduite par une conversion à gauche immédiate, aux commandements : 1. *Batterie à gauche;* 2. Marche, sur le nouveau front, à son intervalle, et est formée en ligne, face en arrière en batterie, suivant les principes prescrits n° 289.

Dans la conversion de cette batterie, c'est la cinquième pièce qui sert de pivot, et qui décrit le quart de cercle prescrit; la sixième pièce se porte à son intervalle de la batterie voisine, par un à-gauche.

La première batterie, après avoir marché 5 mètres en avant, est conduite par deux demi-à-gauche et aux commandements deux fois répétés : 1. *Batterie demi-à-gauche;* 2. Marche; 3. *En* = avant; 4. *Guide à gauche,* sur le nouveau front, à son intervalle, et y est formée en ligne, face en arrière en batterie, suivant les principes et aux commandements prescrits n° 289.

Chaque batterie commence le feu dès qu'elle est formée.

524. Le changement de front sur la troisième (ou 2ᵉ) batterie, pour faire feu à gauche, en portant l'aile droite en arrière, s'exécute suivant les mêmes principes, et par les moyens inverses, aux commandements : 1. *Garde à vous;* 2. *Feu à gauche;* 3. *Changement de front* = *sur la troisième* (ou 2ᵉ) *batterie* = *l'aile droite en arrière;* 4. Marche.

525. Les changements de front obliques sur le centre s'exécutent suivant les principes prescrits pour les changements de front obliques sur les ailes.

Vingt-troisième évolution.

Passer le défilé en exécutant les feux.

526. Le passage de défilé par des batteries faisant feu, a pour principe de porter chaque batterie au delà ou en deçà du défilé, dans une position parallèle, en avant ou en arrière de celle qu'elle occupait avant le mouvement.

Pour le passage du défilé *en avant*, la batterie qui est vis-à-vis du défilé, est portée la première en avant, et dans une position assez éloignée, pour permettre de couvrir le passage des autres batteries. Si c'est une batterie du centre, l'autre batterie du centre la suit immédiatement, et ne commence son mouvement que lorsque la première a recommencé son feu; elle est suivie par celle de l'aile droite, et ensuite par celle de l'aile gauche, à moins d'ordres contraires. Si c'est une batterie des ailes qui se trouve en face du défilé, elle passe la première, et est suivie successivement par les autres, par ordre de numéro. Chaque batterie ne commence son mouvement que lorsque la batterie qui l'a précédée a recommencé son feu, afin de n'interrompre le feu que d'une seule batterie à la fois.

Pour le passage du défilé *en arrière*, la batterie qui est la plus éloignée du défilé, le passe la première. Si le défilé est en arrière du centre, la batterie de l'aile droite passe la première, à moins d'ordres contraires, ensuite celle de l'aile gauche, et, en dernier lieu, les deux batteries du centre, en finissant par celle qui couvre le mieux le défilé et qui ne cesse son feu que lorsque les trois autres ont repris le leur. Si le défilé est en arrière de l'une des ailes, la batterie de l'aile opposée le passe la première et les autres la suivent par ordre de numéro. Chaque batterie ne commence son mouvement que lorsque celle qui l'a précédée a recommencé son feu, afin de n'interrompre jamais le feu que d'une seule batterie à la fois, comme dans le passage de défilé en avant.

Les mouvements s'exécutent par section et en se formant en colonne par une des ailes de chaque batterie, excepté dans le cas du passage de défilé en avant, pour lequel la batterie qui franchit le défilé devant elle, est plus convenablement formée en colonne d'attaque. Si le défilé est resserré, on le passe en faisant serrer les intervalles ou en rompant par pièces.

Le colonel fait, selon les circonstances, les commandements suivants:

1. *Garde à vous.*
2. *Par la troisième* (ou la 2ᵉ) *batterie* = *en avant* = PASSEZ LE DÉFILÉ.

ou

2. *Par l'aile droite* (ou *l'aile gauche*) = *en avant* = PASSEZ LE DÉFILÉ.

ou

2. *Par l'aile droite* (ou *l'aile gauche*) = *en arrière du centre* = PASSEZ LE DÉFILÉ.

ou

2. *Par l'aile droite* (ou *l'aile gauche*) = *en arrière de la gauche* (ou *de la droite*) = PASSEZ LE DÉFILÉ.

TABLE DES MATIÈRES.

DEUXIÈME PARTIE.

ÉCOLE DE SECTION.

ARTICLE Ier.

ARTICLE II.

ÉCOLE DE BATTERIE.

ARTICLE Iᵉʳ.

ARTICLE II.

ARTICLE IV.

Marcher en bataille.

ARTICLE V.

Formations en batterie.

Passer de l'ordre en bataille à l'ordre en batterie, et réciproquement.

FIN

www.ingramcontent.com/pod-product-compliance
Lightning Source LLC
Chambersburg PA
CBHW072003270326
41928CB00009B/1529